Womo & weg

AF545957

Deutschlands Weinstraßen

Die schönsten Touren zwischen Mosel, Main und Kaiserstuhl

Osnabrück
Weser
Braunschweig
Leine
Magdeburg
Münster
Bielefeld
Rhein
SACHSEN-
ANHALT
Paderborn
Dortmund
Göttingen
Düsseldorf
Kassel
NORDRHEIN-
WESTFALEN
Köln
Aachen
Erfurt
Jena
Bonn
THÜRINGEN
BELGIEN
HESSEN
Fulda
Koblenz
4
Frankfurt am Main
1
Rhein
5
2
Mosel
Mainz
8
3
6
LUXEM-
BURG
Trier
Main
Würzburg
BAYERN
RHEINLAND-
PFALZ
7
Saar
SAARLAND
10
Nürnberg
Saarbrücken
9
BADEN-WÜRTTEMBERG
11
Karlsruhe
Stuttgart
FRANKREICH
Rhein
Neckar
Ulm
12
Freiburg
Lech
Konstanz
Bodensee
Basel
Zürich
Bregenz
SCHWEIZ
LIECHTENSTEIN
Innsbruck
Inn
Bern
ÖSTERREICH

Inhalt

STELLPLATZSYMBOLE

 Stellplatz/Campingplatz

 Stromanschluss

 Wasserversorgung

 Grauwasser-Entsorgung

 Chemie-WC-Entsorgung

 WLAN

 Haustiere erlaubt

PREISKATEGORIEN DER STELLPLÄTZE

Die angegebenen Preise beziehen sich auf eine Übernachtung mit Wohnmobil inkl. zwei Personen. Strom, Wasser, eventuelle Hundegebühren oder Kurtaxe sind nicht immer in den Preisen enthalten.

€ bis 10 €
€€ 10 bis 20 €
€€€ 20 bis 30 €
€€€€ ab 30 €

Vorwort

Liebe Leserinnen und Leser,

beginnen möchte ich – obwohl es sich um Wein handelt – einmal ganz nüchtern, und zwar mit einer Statistik. Laut dem Statistischen Bundesamt wurden im Jahr 2021 in Deutschland auf einer Anbaufläche von 103.421 Hektar insgesamt 8,45 Millionen Hektoliter Wein erzeugt. Auf der Hitparade der beliebtesten alkoholischen Getränke behauptet sich der Wein auf Platz zwei hinter Bier. Wein hat aber den enormen Vorteil, dass er in den schönsten Landschaften Deutschlands angebaut wird – und da kommen die Emotionen ins Spiel, denn die Weinstraßen sind vom nördlichsten Bereich der Mosel bis hinunter ins Markgräfler Land in traumhafte und klimatisch sehr begünstigte Regionen eingebettet.

Moderne Wein-Präsentation

Die in diesem Buch beschriebenen Weinstraßen liegen teilweise direkt vor Ihrer „Haustür" und vereinen abwechslungsreichen Weingenuss mit kulturellen Highlights, von denen nicht wenige von der UNESCO als Welterbe anerkannt sind. An Mosel, Rhein und Neckar staunt man über die imposanten Steillagen, in Rheinhessen und der Pfalz über die riesigen bestockten Anbauflächen. Dazwischen versteckt liegen malerische Fachwerkdörfer mit ausgezeichneter Gastronomie von der urigen Straußwirtschaft bis zum edlen Restaurant. Überall gibt es reichlich Gelegenheit, die regionalen Weine direkt bei den Winzern oder bei den Genossenschaften ausgiebig zu probieren und anschließend einen Vorrat für zu Hause ins Wohnmobil zu laden. Beim ausführlichen Rahmenprogramm mit geführten Weinbergfahrten und -wanderungen, Weinproben im Weinberg, Picknickrucksäcken für individuelle Touren und unzähligen kleinen und größeren Weinfesten bekommt man ein Gefühl für die charakterstarken Tropfen des jeweiligen Terroirs.

Der vorliegende „Womo & weg"-Band versteht sich als umfassender Ideenpool für kleinere Wochenendtrips oder auch für ausgedehnte Mehrtagestouren. Eine „Tour" im Sinne dieses Buches ist keine durchgehende Fahrstrecke, die in einer Abfolge von Örtlichkeiten abgefahren wird, sondern eher ein Netz von besuchenswerten Orten und Highlights der jeweiligen Gegend. Sie werden zwar nach einem Regionalprinzip hintereinander beschrieben, aber Sie müssen dieser Reiselogik nicht folgen

sondern können sich Ihre eigene Route individuell zusammenstellen.
Zu jeder Tour habe ich außer Campingplätzen auch Stellplätze direkt beim Winzer herausgesucht. So kann man Weine kosten, ohne sich Sorgen über den Heimweg zu machen. Extratipps zu Aktivitäten wie Wanderungen, Rad- und Kanutouren, zur regionalen Küche oder zu lokalen Weinerzeugern runden die Tourenbeschreibungen ab.
Jetzt wünsche ich Ihnen eine „weinselige" und eindrucksvolle Zeit auf den zwölf Touren entlang der deutschen Weinstraßen.

Gaby Gölz

„Gott hat nur Wasser geschaffen, aber der Mensch machte den Wein."
Victor Hugo (1802–1885)

Autorin

Für **Gaby Gölz** ist Reisen Beruf und Berufung. Sie bereiste Indien, China, Usbekistan, Südamerika, Afrika und den Inselstaat Sao Tomé e Principe. Doch nicht nur in die Ferne zieht es sie, auch in ganz Europa war sie mit dem Wohnmobil unterwegs. Aus diesem Erfahrungsschatz entstanden im Reise Know-How Verlag bisher drei „Womo & weg"-Bände und zahlreiche Wohnmobil-Tourguides über die Nordseeküste, den Süden Baden-Württembergs, die Niederlande, die Normandie, die Toskana, Umbrien/Marken und Sizilien. Mit ihrem Ehemann Hans ist sie mindestens acht Monate im Jahr unterwegs, auch um neue Regionen wie das Baltikum, Island oder Osteuropa mit dem Wohnmobil zu entdecken.

Auf der Himmelsliege lässt es sich gut ausspannen

Hinweise zur Benutzung

Auswahl der Stell- und Campingplätze

Dieses Buch enthält eine Auswahl der Stell- und Campingplätze in den Regionen. Darüber hinaus listen einschlägige Apps und Stellplatzführer weitere Übernachtungsstellen auf. Die Nichterwähnung in unserem Buch sagt nichts über die Existenz oder Qualität eines Stellplatzes aus.

Schreibweise der GPS-Koordinaten

Alle GPS-Daten sind als geografische Koordinaten (Breite/Länge; Lat./Lon.) in Dezimalgrad (hddd.dddd) angegeben, also z. B. 50.15781, 7.17344. Die erste Angabe ist der Wert für die nördliche Breite (°N), der zweite der für die östliche Länge (°E). Kartendatum ist WGS84.

Umrechnung von GPS-Koordinaten

Wenn Sie die GPS-Angaben von Dezimalgrad in Dezimalminuten (dd°mm,mmm') umrechnen müssen, empfehlen wir einen Datenkonverter wie z. B. www.geoplaner.de.

Koordinaten zum Download

Die GPS-Koordinaten der Stell- und Campingplätze können auf der Verlags-Homepage www.reise-know-how.de von der Artikelseite dieses Buches unter der Rubrik Datenservice als Waypoint-Liste heruntergeladen werden. Benötigt Ihr Gerät ein anderes Datenformat als kml oder gpx, kann die Umrechnung z. B. unter www.routeconverter.de oder www.gpsvisualizer.com erfolgen.

Service für Mobilgeräte

Durch Einscannen des QR-Codes auf der Umschlagrückseite beziehungsweise über die Webadresse **www.reise-know-how.de/womo/wein23** wird ein für den mobilen Einsatz optimierter Internetdienst aufgerufen. Damit kann die Lage der Camping- und Stellplätze auf einer Karte und die Route dorthin angezeigt werden. Außerdem können darüber Updates nach Redaktionsschluss aufgerufen werden. Voraussetzung ist eine Datenverbindung über das Mobilfunknetz oder WLAN.

Moselweinstraße

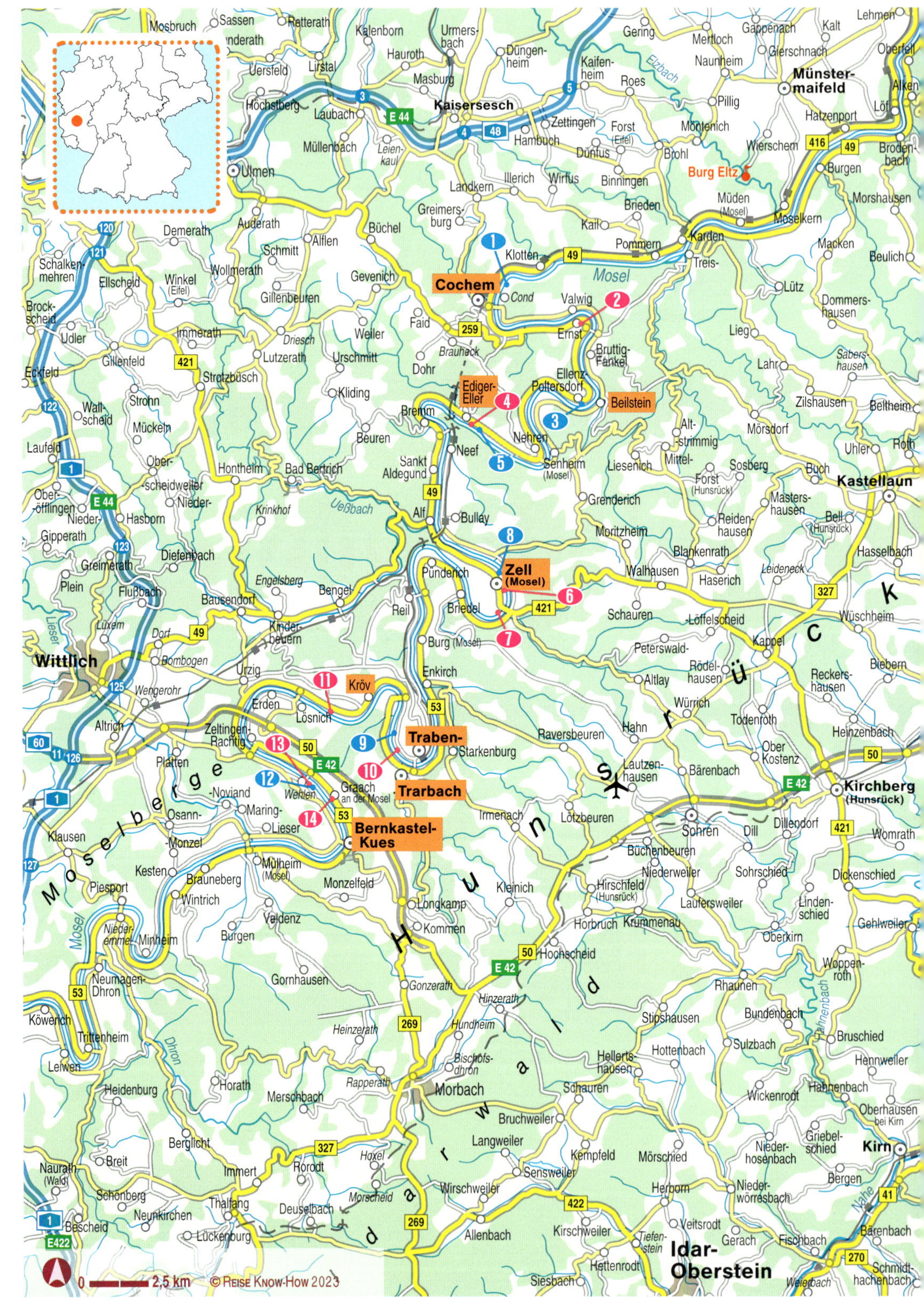
Mosbruch
Sassen
Retterath
Kalenborn
Urmers-bach
Gering
Gappenach
Kalt
Lehmen
Mertloch
Düngen-heim
Kaifen-heim
Elzbach
Naunheim
Gierschnach
Oberfell
Uersfeld
Lirstal
Hauroth
Masburg
Roes
Münster-maifeld
Alken
Hochstberg
Laubach
Kaisersesch
Pillig
Löf
Zettingen
Forst (Eifel)
Montenich
Hatzenport
Müllenbach
Leienkaul
Hambuch
Düngenheim
Dünfus
Brohl
Wierschem
Broden-bach
Ulmen
Illerich
Wirfus
Binningen
Burg Eltz
Burgen
Landkern
Brieden
Müden (Mosel)
Moselkern
Morshausen
Auderath
Demerath
Greimers-burg
Kail
Karden
Macken
Alflen
Büchel
Klotten
Pommern
Treis-
Beulich
Schalken-mehren
Schmitt
Mosel
Wollmerath
Cochem
Lütz
Ellscheid
Winkel (Eifel)
Gevenich
Cond
Valwig
Dommers-hausen
Brock-scheid
Gillenbeuren
Faid
Ernst
Lieg
Udler
Immerath
Weiler
Bruttig-Fankel
Lahr
Sabers-hausen
Eckfeld
Gillenfeld
Driesch
Lutzerath
Urschmitt
Brauheck
Dohr
Ediger-Eller
Ellenz-Poltersdorf
Beilstein
Zilshausen
Beltheim
Strotzbüsch
Kliding
Bremm
Wall-scheid
Strohn
Mückeln
Nehren
Alt-strimmig
Mörsdorf
Roth
Laufeld
Beuren
Neef
Uhler
Ober-
Hontheim
Bad Bertrich
Sankt Aldegund
Senheim (Mosel)
Liesenich
Mittel-
Sosberg
Buch
Kastellaun
Ober-öfflingen
Nieder-
-scheidweiler
Forst (Hunsrück)
Masters-hausen
Nieder-
Hasborn
Krinkhof
Uеßbach
Alf
Bullay
Grenderich
Reiden-hausen
Bell (Hunsrück)
Gipperath
Moritzheim
Greimerath
Diefenbach
Blankenrath
Hasselbach
Plein
Pünderich
Zell (Mosel)
Walhausen
Haserich
Leideneck
Flußbach
Engelsberg
Bengel
Bausendorf
Reil
Briedel
Schauren
Löffelscheid
Wüschheim
Lieser
Luxem
Dorf
Kinder-beuern
Burg (Mosel)
Peterswald-
Kappel
Biebern
Wittlich
Bombogen
Ürzig
Enkirch
Rödel-hausen
Altlay
Reckers-hausen
Wengerohr
Kröv
Würrich
Erden
Todenroth
Altrich
Lösnich
Ravensbeuren
Hahn
Heinzenbach
Zeltingen-Rachtig
Traben-
Starkenburg
Ober Kostenz
Platten
Lautzen-hausen
Bärenbach
Kirchberg (Hunsrück)
Noviand
Wehlen
Graach an der Mosel
Trarbach
Maring-
Osann-
Lieser
Irmenach
Lötzbeuren
Sohren
Dill
Dillendorf
Klausen
Bernkastel-Kues
Womrath
-Monzel
Büchenbeuren
Kesten
Brauneberg
Mülheim (Mosel)
Niederweiler
Sohrscheid
Dickenscheid
Piesport
Monzelfeld
Kleinich
Hirschfeld (Hunsrück)
Laufersweiler
Linden-schied
Wintrich
Longkamp
Niederemmel
Minheim
Veldenz
Kommen
Horbruch
Krummenau
Gehlweiler
Burgen
Oberkirn
Hochscheid
Woppen-roth
Neumagen-Dhron
Gornhausen
Rhaunen
Köwerich
Gonzerath
Hinzerath
Trittenheim
Heinzerath
Hundheim
Stipshausen
Bundenbach
Bruschied
Dhron
Sulzbach
Leiwen
Bischofs-dhron
Hottenbach
Hennweiler
Hellerts-hausen
Heidenburg
Horath
Rapperath
Morbach
Schauren
Hahnenbach
Merschbach
Wickenrodt
Oberhausen bei Kirn
Bruchweiler
Berglicht
Langweiler
Griebel-schied
Nieder-hosenbach
Kirn
Kempfeld
Mörschied
Breit
Hoxel
Nauroth (Wald)
Immert
Rorodt
Sensweiler
Bergen
Wirschweiler
Herborn
Nieder-wörresbach
Schönberg
Thalfang
Morscheid
Neunkirchen
Deuselbach
Bescheid
Allenbach
Kirschweiler
Veitsrodt
Gerach
Fischbach
Bärenbach
Lückenburg
Tiefen-stein
Idar-Oberstein
Hettenrodt
Siesbach
Weierbach
Schmidt-hachenbach
Nahe
Moselberge
Hunsrück
Hunsrückd
0
2,5 km
© Reise Know-How 2023

TOUREN-ÜBERBLICK

Routenempfehlung: Koblenz – Burg Eltz – Cochem – Beilstein – Ediger-Eller – Zell – Traben-Trarbach – Kröv – Bernkastel-Kues
Länge gesamt: 140 km
Dauer: 6–8 Tage
Reisezeit: ganzjährig, in vielen Weinorten finden auch stimmungsvolle Weihnachtsmärkte statt.

Eine Schifffahrt gehört zu einer Reise entlang der Mosel dazu

Die Länge der deutschen Mosel von der französischen Grenze bis zur Mündung in den Rhein bei Koblenz beträgt 206 Kilometer. Schiffbar ist sie durch zehn Schleusen, die einen Höhenunterschied von 71 m überwinden. Sie bahnt sich mit spektakulären Schleifen ihren Weg zwischen den Höhen des Hunsrücks und der Eifel. Der Bereich mit den steilsten Hängen ist die 100 km lange Terrassenmosel zwischen Zell und Koblenz. An der engen Moselschleife mit 350 m Radius bei Bremm befindet sich mit dem Calmont der steilste Weinberg Europas. Auf den Böden aus Tonschiefer wachsen Terroir geprägte, mineralische, feinfruchtige Rieslingweine zur Vollendung heran. Es ist ein Erlebnis, den Unterschied zwischen den Normallagen und den Steilhängen herauszuschmecken. An der gesamten Mosel ist der Riesling, König der Weißweine, mit 62 % Anbaufläche Favorit, gefolgt von Rivaner, Weiß- und Spätburgunder sowie der alten Sorte Elbling.

Neben der Genuss-Schwärmerei für den Wein sollen auch die Städte nicht vergessen werden. Beilstein, Ediger-Eller und Bernkastel-Kues sind zauberhafte Bilderbuchstädtchen mit reizvollen Ecken. Jugendstil prägt Traben-Trarbach, Kröv ist ein typisches Mosel-Winzerdorf. Die beeindruckenden Burgen von Cochem, Eltz und Beilstein, lohnende Wander- und Radtouren, Fahrten mit den Ausflugsschiffen oder einem Kanu – die Mosel ist vielseitig und hat für jeden Gast das richtige Angebot.

Koblenz

Siehe „Weinregion Mittelrheintal" S. 73.

TIPP RADBUSSE

Entlang der Mosel nehmen Linienbusse auch Fahrräder mit. So kann man entweder zuerst mit dem Bus zu einer Haltestelle fahren oder man nimmt das Rad und wechselt, wenn die Kräfte nachlassen, auf den Bus. Genaue Infos, an welchen Haltestellen Fahrräder mitgenommen werden, gibt es unter www.radbusse.de.

Burg Eltz scheint direkt aus einem Märchen zu stammen

Burg Eltz

Wer nicht den Shuttlebus vom Waldparkplatz Wierschem (GPS 50.21198, 7.33926) nimmt, nähert sich der Burg zu Fuß durch den Wald. Plötzlich lichtet sich das Blättermeer und da steht sie auf einem 70 m hohen Felssporn: Burg Eltz (www.eifel.info). Mit ihren acht bis zu 35 m hohen Türmen, den Erkern mit den Spitzdächern, den hochaufragenden Mauern und dem breiten Schlossgraben ist sie eine wahrhaft **märchenhafte Erscheinung.** Von April bis November sind das Burginnere mit Rittersaal, Rüst- und Schatzkammer, Küche (15. Jh.), Schlaf- und Wohnräumen im Rahmen einer **Führung** zu besichtigen.

Über 500 Jahre wurde an Burg Eltz gebaut, sie wurde erweitert und befestigt. Im Gegensatz zu anderen Burgen hatte sie aber großes Glück: Ihre **Geschichte** seit dem Baubeginn im 12. Jh. verlief meist friedlich. Nur eine Auseinandersetzung, die Eltzer-Fehde im 14. Jh. zwischen Balduin von Luxemburg, Erzbischof und Kurfürst von Trier, und den freien Rittern, zu denen auch die Ritter von Eltz gehörten, ist überliefert. Durch den Frieden von Eltz im Jahr 1336 wurde die Burg Lehen des Kurfürsten. Eine sehr aktive Bauphase war die Zeit

TOUR WANDERUNG RUND UM BURG ELTZ

Vom **Parkplatz Müdener Berg** (GPS 50.19809, 7.34080) startet eine 5,2 km lange Rundtour (Markierung A, später B) zur Burg Eltz. Der Weg ist steinig und führt bergauf und bergab, bietet schöne Ausblicke auf die Burg und die Möglichkeit der Burgbesichtigung. Auf dem einfachen Parkplatz in einsamer Natur kann man einmal übernachten.

zwischen 1472 und 1540 mit Umbauten im Stil der Renaissance. Zwischen 1604 und 1661 wurden die sogenannte Kempenicher Häuser im Südosten mit Fachwerk erhöht und erweitert. Den Herren von Eltz gelang es weiterhin mit viel politischem Geschick die Burg vor Zerstörung zu bewahren und so konnte sie, als eine der wenigen in Europa, diesem Schicksal entgehen. Heute ist sie in der 34. Generation im Besitz von Dr. Karl Graf von und zu Eltz Kempenich.

Cochem

Die Stadtansicht von Cochem wird von der alles überragenden **Reichsburg** dominiert. Ihre Anfänge liegen im Dunkeln. Vermutlich um das Jahr 1000 entwickelte sich unter den Pfalzgrafen Ezzo und Hermann Pusillius

TOUR STIFTSHERRENRUNDE

Ausgangspunkt der ca. 10 km langen Rundtour ist der **Parkplatz Müdener Berg** (s. S. 10). Zunächst der Beschilderung „Wanderweg B“ folgen und wenn man auf die Straße stößt, auf dieser nach rechts weiter bis links die Beschilderung „Stiftsherrenrunde“ zu sehen ist. Immer entlang der blau unterlegten Markierung wandert man zum **Kompuskopf.** Der Panoramablick von dort ist atemberaubend. Auf steilem Pfad geht es hinunter nach **Karden.** Dort muss man zwei Dinge unbedingt tun: den herrlichen **Moseldom** (Stiftskirche St. Castor) besichtigen und direkt daneben im **Gasthaus zur Linde** (St.-Castor-Str. 10) die vorzüglichen, hausgemachten Kuchen probieren. Immer auf dem blauen Stiftsherrenweg und anschließend auf der vom Hinweg bekannten Strecke geht es zurück.

Die Stadtkulisse von Cochem mit der Reichsburg

TIPP VERANSTALTUNGEN UND WEINFESTE

Auf der Website www.visitmosel.de sind die Termine der Weinfeste entlang der Mosel zu finden.

TIPP COCHEMER SENFMÜHLE

Die **historische Senfmühle** (Endertstraße 18, www.senfmuehle.net), zählt zu den ältesten ihrer Art in Europa. Nach Originalrezepten aus dem 15. Jh. und vom Anfang des 19. Jh. produziert sie heute neun verschiedene Senfsorten. Bei den Führungen erfährt man viel, aber nicht das Geheimnis der Rezeptur.

TOUR COCHEMER RITTERRUNDE

Im Bereich des 365 km langen Wanderwegs **„Moselsteig"** finden sich immer wieder gut ausgeschilderte Rundwanderungen die als **„Seitensprünge"** bezeichnet werden. Eine ist die Cochemer Ritterrunde. Sie ist mit 16,3 km Länge und 700 m Höhendifferenz etwas für trainierte Wanderer. Zwei Burgen, ein weiter Panoramablick und die typische Mosellandschaft lohnen die Tagestour auf jeden Fall. Trittsicher sollte man dabei allerdings sein. Die Ritterrunde startet bei der Talstation der Sesselbahn „Pinnerkreuz" und führt zunächst auf dem Moselsteig bis hinauf zur Bergstation. Weiter Infos unter www.moselsteig.de.

TIPP AUSSICHT VOM PINNER-KREUZ

Mit der **Doppelsesselbahn** (Endertstr. 44, www.cochemer-sesselbahn.de) schwebt man sicher und bequem hinauf zum wirklich herrlichen **Aussichtspunkt Pinner-Kreuz.**

eine Burg oberhalb der Stadt. Die auf einem 100 m hohen Felskegel erbaute Höhenburg mit Rundumverteidigung erhoben die Staufer 1151 zur Reichsburg. 1689 überrannten französische Soldaten im Pfälzischen Erbfolgekrieg die Stadt und zerstörten die Burg durch Sprengung und Feuer. Es blieben nur wenige Mauerreste übrig, bis der Berliner Geheimrat Ravené die Ruine 1877 schließlich nach alten Plänen mit Erkern und Zinnen wiedererstehen ließ. Das romantische Bauwerk begeistert bis heute die Touristen.

Wie an der gesamten Mosel ist auch in Cochem bei den Weinen der **Riesling** mit 60 % der Anbaufläche führend. Er schmeckt mineralisch, feinfruchtig mit Apfel- und Pfirsich-Aromen. Die Farbnuancen reichen von grünlich bis goldgelb, sein Ausbau reicht von trocken über feinherb bis lieblich. Möglichkeiten für Weinwanderungen, Weinproben und -verkauf findet man unter anderem beim Weingut **Kloster Ebernach** (Sehler Anlagen 36, https://weingut-ebernach.de).

Einem richtigen Staatsgeheimnis kommt man im ehemaligen **Bundesbank-Bunker** (Am Wald 35, www.bundesbank-bunker.de, Shuttlebus ab Endertplatz) auf die Spur. Zwischen Moselhängen lagerten im Bunker, der gut 30 m unter der Erde liegt und von oben durch Wohnhäuser getarnt ist, während des Kalten Krieges 15 Milliarden DM als Notwährung. Bei einer Führung von rund einer Stunde werden die zwei Jahrzehnte lang als „top secret" eingestuften Geheimnisse der Anlage gelüftet. Warme Kleidung anziehen, es ist nur 12 Grad „warm".

Ferienland Cochem, Endertplatz, www.cochem.de oder www.ferienland-cochem.de

1 Mosel-Camping, Cochem

GPS 50.15781, 7.17344

Platz direkt an der Mosel, Zentrum 2 km, Freibad und Supermarkt in der Nähe, Brötchenservice, Straße und Bahn in Hörweite. **Lage/Anfahrt:** im Ort ausgeschildert; **Platzanzahl:** 270; **Untergrund:** Schotterrasen; **Service:** Strom, Trinkwasser, Abwasser, Chemie-WC, WLAN; **Sicherheit:** beleuchtet; **Preiskat.:** €€€; **Geöffnet:** Apr.–Okt.; **Kontakt:** Stadionstraße 10, 56812 Cochem, Tel. 02671 4409, www.campingplatz-cochem.de

2 Stellplatz im Weinberg, Ernst

GPS 50.14250, 7.23232

Plätze hinter einem Weingut, Weinprobe und -verkauf, Supermarkt fußläufig erreichbar, nach Cochem 5 km mit Rad oder Bus. **Lage/Anfahrt:** an der B49 von Ellenz-Poltersdorf aus am Ortsanfang links; **Platzanzahl:** 50; **Untergrund:** Schotter; **Service:** Strom, Trinkwasser, Abwasser, Chemie-WC; **Sicherheit:** beleuchtet; **Preiskat.:** €; **Geöffnet:** ganzjährig; **Kontakt:** Weingartenstraße 106, 56814 Ernst, Tel. 02671 7561, www.weintreff-ernst.de

Steile Weinberge zwischen Cochem und Beilstein

Beilstein

„Dornröschen an der Mosel“ nennt sich das kleine Städtchen Beilstein. Die Anfahrt mit der Fähre vom anderen Moselufer gibt einen schönen Gesamteindruck vom Ort unterhalb der Burg Metternich. Er liegt eingezwängt zwischen steilen Weinbergen an der Einmündung eines schmalen Baches in die Mosel. Ein Spaziergang durch den authentisch erhaltenen Ortskern zum **Markt** mit Zehnthaus, zum **Karmeliterkloster** mit der Schwarzen Madonna und vorbei an vielen schön restaurierten Fachwerkhäusern und pittoresken Winkeln führt schließlich – schon wegen der grandiosen Fernsicht – hinauf zur **Burg Metternich.** Nachgewiesen ist die Burg der damaligen Herren von Braunshorn seit dem Jahr 1268. 1637 ging sie in den Besitz der Herren von Metternich über, zu denen der österreichische Staatskanzler Fürst Metternich gehörte. Doch schon 1689 überfielen wie in Cochem auch hier die Franzosen unter Graf Montalt im Pfälzischen Erbfolgekrieg die Burg und zerstörten sie. Heute ist die Ruine mit der Fensterfront des Palas und dem 25 m aufragenden Bergfried ein markanter Aussichtpunkt an der Mosel.

Am gegenüberliegenden Ufer in **Ellenz-Poltersdorf** sind 102 Hektar mit Reben bestockt. Der engagierte **Familienweinbaubetrieb Andreas Clemens** (Weinstraße 8, www.weingut-clemens.de) bewirtschaftet nach ökologischen Gesichtspunkten 7 Hektar, davon 1,5 Hektar in Steillagen. Vielfach ausgezeichnete Rieslinge, verschiedene Burgundersorten und Rivaner-Weine können nach einer informativen Kellerführung und anschließender Weinverkostung ausgewählt und gekauft werden. Das Weingut bietet auch Online-Weinproben an.

INFO WEINBERGPFIRSICHE

In der Region Cochem blühen Ende März bis Anfang April die zartrosa Blüten der Weinbergpfirsiche. Sie sind nicht nur wunderschön, sondern auch wichtig für das Ökosystem. Die kleinen, sehr pelzigen Pfirsiche mit dem intensiv-rosafarbenen Fruchtfleisch werden nach der Ernte zu **Marmeladen, Likören** und **Bränden** verarbeitet. Auf dem Blütenmarkt im April und dem Erntemarkt im September feiert man in Cochem das geschmacksintensive Früchtchen.

3 Camping Happy Holiday, Ellenz-Poltersdorf

GPS 50.10998, 7.23554

Platz direkt an der Mosel mit schöner Sicht auf Beilstein. Fahrrad- und Fußgängerfähre nach Beilstein, Bus nach Cochem und Radweg direkt am Platz. Restaurant, Eiswagen, Straße in Hörweite. **Lage/Anfahrt:** An der Moselstraße ausgeschildert; **Platzanzahl:** 25; **Untergrund:** Wiese; **Service:** Strom, Trinkwasser, Abwasser, Chemie-WC, WLAN; **Sicherheit:** umzäunt, beleuchtet; **Preiskat.:** €€; **Geöffnet:** Ende März–Ende Okt.; **Kontakt:** Moselweinstraße, 56821 Ellenz-Poltersdorf, Tel. 02673 1272, www.camping-happy-holiday.de

Ediger-Eller

In der Urlaubsregion mit der steilsten Weinlage Europas, **Calmont,** liegt das reizende **Doppeldörfchen** Ediger-Eller. Die beiden historischen Ortskerne von Ediger und Eller sind einfach anheimelnd. Beim Bummel durch die schmalen Kopfsteingassen entdeckt man überall schön restaurierte Fachwerkhäuser, das Zehnthaus, historische Höfe der Grafen von Daun und Pyrmont oder der Klöster Stuben und Springiersbach. Eine Freude für die Augen und eine entspannende Auszeit. Ziel ist

TOUR KULTURWEG DER RELIGIONEN

Vorbei an Zeugnissen unterschiedlicher Religionen wie der Kirche St. Martin und der Synagoge wandert man 5 km bis hinauf zur Kreuzkapelle. Start ist an der B49 in Ediger.

Im Holle Häuschen hat die Touristeninformation ihr Büro

dann meist die spätgotische Hallenkirche **St. Martin** aus dem 15. Jh. Sie wird von den Dorfbewohnern von Ediger stolz als der bedeutendste Sakralbau an der Mosel bezeichnet. Und wer seinen Blick über den reich verzierten, achteckigen, gotischen Schieferhelm des Turms schweifen lässt, wird zustimmen. Im Innern sind besonders der Schmerzensmann und das Holzkreuz, beide aus dem 15. Jh., sehenswert.

Der **Wein** darf in Ediger-Eller natürlich nicht vergessen werden, er spielt im Leben der Bewohner eine Hauptrolle. Auf den Weinlagen Osterlämmchen, Hasensprung und Feuerberg in Ediger und Engelströpfchen, Hölle und Pfirsichgarten in Eller gedeihen hochwertige Weine bis zur Beerenauslese und zum Eiswein. Der Riesling findet hier an den steilen Rebhängen das ideale Terroir für eine perfekte

TOUR CALMONT-KLETTERSTEIG

Wer einen Adrenalinschub braucht, geht den mit Tritt- und Halteeisen, Drahtseilen und sechs Leitern gesicherten anspruchsvolle Klettersteig. Der frei zugängliche Einstieg ist an der Eisenbahnbrücke in Eller. Schwindelfreiheit, Trittsicherheit und gutes Schuhwerk sind dabei unbedingt Voraussetzung. Das Panorama der Moselschleife bei Bremm ist atemberaubend. Infos unter www.bremm.info/klettersteig.

4 Stellplatz Ediger

GPS 50.09306, 7.15969

Einfacher, zentraler Platz direkt an der Mosel, Bäcker und Restaurants fußläufig erreichbar, Straße in Hörweite. **Lage/ Anfahrt:** im Ort ausgeschildert; **Platzanzahl:** 20; **Untergrund:** Schotter; **Service:** Strom; **Preiskat.:** €; **Geöffnet:** ganzjährig; **Kontakt:** Moselweinstraße, 56814 Edinger-Eller

5 Campingplatz Zum Feuerberg, Ediger-Eller

GPS 50.09187, 7.16256

Gepflegter Platz direkt an der Mosel und dem Radweg, Imbiss, Bäckerei fußläufig, Straße in Hörweite. **Lage/Anfahrt:** in Ediger ausgeschildert; **Platzanzahl:** 165; **Untergrund:** Wiese; **Service:** Strom, Trinkwasser, Chemie-WC, WLAN; **Sicherheit:** beleuchtet; **Preiskat.:** €€€; **Geöffnet:** Apr.–Okt.; **Kontakt:** Moselweinstraße, 56814 Ediger-Eller, Tel. 02675 701, www.zum-feuerberg.de

Reifung. Es gibt genügend Möglichkeiten, um die charaktervollen Tropfen, Sekte, Edelbrände und Liköre zu probieren und zu kaufen, z. B. in der **Vinothek & Weinterrasse Oster** (Moselweinstraße 14, www.weingutoster.de). Bei der **Kanustation** an der Mosel (Bachstraße, www.mosel-kanutours.de) hat man die Möglichkeit, Kanus und Kajaks auch mit Transfer und als Kombination mit einem Leihfahrrad zu buchen.

Touristeninformation, Pelzerstraße 1, www.ediger-eller.de

WeinCafé und Restaurant Springiersbacher Hof, Oberbachstr. 30, Ediger, www.ediger-mosel.de. Hier sitzt man sehr idyllisch im historischen Hofgarten bei regionalen Speisen, hausgemachten Kuchen, Weinen und Bränden aus der eigenen Produktion.

TOUR MIT DEM RAD ODER ZU FUSS ZUR BREMMER MOSELSCHLEIFE

Vom Stellplatz in Ediger sind es über den Radweg nur 4,5 km am Fluss entlang nach Bremm zur schönsten und engsten Moselschleife. Hinter der Kirche in Bremm steigt man hinauf zum Aussichtsplatz und hat von dort einen traumhaften Panoramablick. Die bis zu 378 m hohen und 65 Grad steilen Flächen am Calmont sind die steilsten Weinberge Europas. Sie bilden, einem Amphitheater gleich, mit der romantischen Klosterruine Stuben im Mittelpunkt eine faszinierende Kulisse.

TIPP SCHIFFFAHRT NACH COCHEM

Von Zell und Ediger fahren Ausflugschiffe nach Cochem (www.moselrundfahrten.de).

Zell

Zell gehört zu den großen Weinbaugemeinden an der Mosel. Die Stadt schmiegt sich unterhalb steiler Rebhänge an den schmalen Uferstreifen entlang des Flusses. In der Gemeinde dreht sich seit über 2000 Jahren, als Zell noch den Namen „Cella" trug, alles um den Weinanbau. Überall trifft man auf Weinstuben, Weingüter und Vinotheken mit dem **Zeller Markenzeichen,** der **Schwarzen Katz:** Einer Legende nach probierten Weinhändler aus Aachen 1863 die Weine im Zeller Weingut Mayntzer. Schließlich hatten sie die Auswahl auf drei Weine begrenzt. Doch welcher war der beste? Man war sich nicht einig und probierte und probierte immer wieder aufs Neue. Erst als die Dame des Hauses begleitet von ihrer schwarzen Hauskatze „Mori" mit einer Vesper in den Keller kam, fiel die Ent-

Blick über die Mosel auf den Zeller Stadtteil Kaimt

TOUR WANDERUNGEN AB ZELL

Themenwanderung Zeller Schwarze Katz. Ein wunderbares Panorama und viel Infos zum Thema Weinbau machen diese 3 km lange Tour so interessant. Start ist gleich beim Rathaus, die Katzenspuren weisen den Weg.

Collis-Rundwanderweg startet am Schwarze-Katz-Brunnen und hat eine Länge von 7,5 km. Mutige nehmen die Abkürzung über den Steilpfad hinauf zum Collis-Turm, wo sich eine fantastische Aussicht bietet. Wenn der Turm geöffnet ist, weht oben die blaue Fahne.

TOUR PANORAMA-MOSEL-RADRUNDTOUR

21,2 km führt die einfache Strecke von Zell-Kaimt (nahe Stellplatz an der Fußgängerbrücke) an der Mosel entlang bis Reil. Dort wechselt man auf die andere Moselseite und rollt über Pünderich zurück nach Zell und über die Fußgängerbrücke zum Stellplatz.

scheidung. Die Katze war auf ein Fass gesprungen und fauchte jeden an, der sich näherte. Den Weinhändlern war klar: Die Katze kannte den besten Tropfen und so kauften sie schließlich alle Fässer auf. Seither ist die Zeller Schwarze Katz ein bekanntes Markenzeichen für gute Qualität. Ein Denkmal aus Eifel-Basalt erinnert seit 1936 an die Geschichte und am letzten Wochenende im Juni feiert die ganze Stadt der Katze zu Ehren ein Weinfest.

Das Wahrzeichen Zells ist der 14 m hohe **Runde Turm.** Er ist zusammen mit dem eckigen Turm ein Teil der ehemaligen Stadtbefestigung.

Das **Kurfürstliche Residenzschloss** wird als einer der schönsten barocken Profanbauten an der Mosel bezeichnet. Das repräsentative Gebäude ist seit den 1950er-Jahren ein Hotel.

Das **Weingut Karlheinz Weis** (In der Brandenburg 56, www.weis-weine.de) bietet in sympathischem Ambiente ausgezeichnete Weine zum gleich Trinken oder Mitnehmen.

Zeller Land Tourismus, Balduinstr. 44, www.zellerland.de, www.zell-mosel.com

6 Stellplatz an der Fußgängerbrücke, Zell

GPS 50.02940, 7.17774

Plätze in zentraler Lage an der Mosel, Zell über Fußgängerbrücke erreichbar. **Lage/ Anfahrt:** im Ort ausgeschildert; **Platzanzahl:** 20; **Untergrund:** Pflaster; **Service:** Strom, Trinkwasser, Abwasser, Chemie-WC, WC, Dusche 300 m auf dem Campingplatz; **Preiskat.:** €; **Geöffnet:** ganzjährig; **Kontakt:** Moselufer, 56856 Zell

7 Stellplatz Römerquelle, Zell

GPS 50.01614, 7.17662

Terrassierte Plätze nahe Mosel und Schwimmbad. Zentrum fußläufig erreichbar. **Lage/Anfahrt:** im Ort ausgeschildert; **Platzanzahl:** 50; **Untergrund:** Pflaster/ Wiese; **Service:** Strom (weniger Anschlüsse als Plätze), Trinkwasser, Abwasser, Chemie-WC; **Preiskat.:** €; **Geöffnet:** ganzjährig; **Kontakt:** Moselufer, 56856 Zell, www.campingpark-zell.de

8 Campingpark Zell Mosel

GPS 50.03379, 7.17449

Platz direkt an der Mosel und nahe der Fußgängerbrücke zur Altstadt. Biergarten, Brötchenservice. **Lage/Anfahrt:** im Ort ausgeschildert; **Platzanzahl:** 70; **Untergrund:** Schotterrasen; **Service:** Strom, Trinkwasser, Abwasser, Chemie-WC, WLAN; **Sicherheit:** beleuchtet; **Preiskat.:** €€€; **Geöffnet:** ganzjährig; **Kontakt:** Moselufer, 56856 Zell, Tel. 06542 961216, www.campingpark-zell.de

Traben-Trarbach

Eingerahmt von Weinbergen liegen die beiden Ortsteile Traben und Trarbach an beiden Ufern der Mosel. Verbindung ist die Moselbrücke mit dem 1899 fertiggestellten **Brückentor** und seinen zwei Türmen mit Wehrgang dazwischen. Hier hat der Berliner **Bruno Möhring** seine verspielte **Jugendstilarchitektur** hinterlassen. Diesem ersten Werk des großen Meisters der Belle Époque folgten weitere Aufträge wie das Hotel Bellevue am Moselufer, die Villen Huesgen und Nollen in Traben und das Parkschlösschen (Wildbader Straße 201). Ganz besonders einzigartig und auffallend ist das Gebäude der Kellerei Julius Kayser in Trarbach, in dem heute das **Buddha-Museum** (www.buddha-museum.de) seine Heimat gefunden hat. Es zeigt auf 4000 m² Fläche buddhistische Kunst aus zahlreichen asiatischen Ländern.

Vom Ende des 19. bis ins 20. Jh. war Traben-Trarbach nach Bordeaux der bedeutendste Weinhandelsplatz der Welt. Die große Nachfrage nach Riesling in Großbritannien und Übersee und die Gründung von 100 Weinfirmen war der Grund, weshalb die Lagerkapazitäten stark vergrößert werden mussten. Weite Teile der Innenstadt sind mit teilweise mehrstöckigen und über 100 m langen Weingewölben unterkellert. Ein Besuch der mystischen Unterwelt von Traben-Trarbach ist ein unvergessliches Erlebnis (Tickets unter www.traben-trarbach.de). Nach der Tour durch die Keller wird sicherlich so manche Kehle trocken sein. Kein Problem, denn in Traben-Trarbach finden sich Weinschenken, Straußwirtschaften und lauschige Weinstuben.

Traben-Trarbach an der Mittelmosel

Über allem thront die **Ruine Grevenburg.** 1350 von Graf Johann III. zur Sicherung eines Passes errichtet, war sie bis 1437 Stammsitz der Grafen von Sponheim. 1734 eroberten die Franzosen die Burg und zerstörten sie bis auf einige Fassadenreste. Über den Moselsteig Richtung Reil wandert man in vielen Kehren hinauf, genießt oben den Blick auf Stadt und Mosel und im Sommer die Einkehr in der Burgschänke.
Kein geringerer als der vielbeschäftigte Baumeister Vauban wurde vom Sonnenkönig Ludwig XIV. 1687 beauftragt, hoch über Traben **Mont Royal,** eine gewaltige Festungsanlage, zu erbauen. Ihr Ende kam jedoch schnell. Bereits 1698 zerstörten die Franzosen nach dem Frieden von Rijswijck selbst das Bauwerk. Das **Mittelmosel-Museum** (Casinostraße 2, www.mittelmosel-museum.de) hat Funde und Pläne zu Mont Royal und viel Spannendes zur ländlichen Wohnkultur und zur Geschichte des Handwerks zu bieten.

Touristeninformation Traben-Trarbach, Am Bahnhof 5, Tel. 06541 83980, www.traben-trarbach.de. Auf der Website findet man auch die aktuellen Veranstaltungstermine.

Nach so viel Weinverkostung verlangt der Körper auch einmal nach einem außerordentlich guten Fitmacher. In der **Rösterei & Café 3 & 5** (Brückenstraße 32, www.dreiundfünf.de) bietet Maximilian einen guten, nachhaltig und biologisch produzierten Kaffee an, dazu serviert er hausgemachte leckere Kuchen und erklärt kompetent seine verschiedenen Kaffeesorten.

9 Moselcampingplatz Rissbach, Traben-Trarbach

GPS 49.96559, 7.10486

Guter Platz in schöner Lage an der Mosel, 2 km ins Zentrum, Brötchenservice, Restaurant, Pool. **Lage/Anfahrt:** im Ort ausgeschildert; **Platzanzahl:** 20; **Untergrund:** Wiese; **Service:** Strom, Trinkwasser, Abwasser, Chemie-WC, WLAN; **Sicherheit:** umzäunt, beleuchtet; **Preiskat.:** €€€; **Geöffnet:** Apr.–Dez.; **Kontakt:** Rißbacher Straße 155, 56841 Traben-Trarbach, Tel. 06541 3111, www.mosel-camping-platz.de

TIPP GEFÜHRTE WEIN-WANDERUNG ODER E-BIKE-TOUR

Matthias Heuser nimmt immer mittwochs Gäste mit auf eine 10 bis 12 km lange, informative Wanderung mit rustikaler Brotzeit und Weinproben. Anmeldung bei der Touristeninformation oder unter Tel. 0170 6963071.
Immer dienstags radelt **Peter Storck** mit Gästen durch die Landschaft und Geschichte der Doppelstadt. Ein Glas Wein gehört natürlich auch dazu. Reservierung bei der Touristeninformation.

⑩ Moselstellplatz, Traben-Trarbach

GPS 49.95752, 7.10304

Platz in schöner Lage an der Mosel. **Lage/ Anfahrt:** im Ort ausgeschildert; **Platzanzahl:** 45; **Service:** Strom, Trinkwasser, Abwasser, Chemie-WC, WLAN, WC, Dusche; **Preiskat.:** €€; **Geöffnet:** März–Dez.; **Kontakt:** Rißbacher Str. 155, 56841 Traben-Trarbach, Tel. 06541 3111, www.mosel-camping-platz.de/stellplatz

Das Dreigiebelhaus von Kröv

Kröv

Der Weinort Kröv ist berühmt für seine Weinlage **„Kröver Nacktarsch"**. 320 Hektar umfasst die ausgezeichnete Südlage auf dem Gemeindegebiet. Die Namensgebung ist vermutlich auf das lateinische Wort Nectarius zuruckzuführen. Es bedeutet felsiger, also nackter Hang, der in Kröv eine Ähnlichkeit mit einem gewissen Körperteil haben soll. Eine weitere lustige Art der Namensdeutung bezieht sich auf einen Kellermeister, der frechen Buben den nackten Hintern versohlt haben soll, nachdem er sie beim Weinstibitzen erwischt hatte.

Kröv ist ein gemütlicher Weinort mit dem Motto „Schlürfen & Schlemmen" und Gelegenheit dazu hat man hier reichlich. Was gibt es Schöneres als eine Rast mit einem oder zwei Gläschen Wein in einer Straußwirtschaft?

Im Ort verstecken sich einige ehemalige Kloster- und Hofgüter. Der **Jesuitenhof** (18. Jh.), der **Karthäuser Hof** (1679), der **Hof**

INFO DAS CRÖVER REICH

Um 470 vor Christus ist auf dem Kröver Burgberg eine keltische Fliehburg nachgewiesen. 58 bis 51 vor Christus übernahmen die Römer das Gebiet und errichteten hier Landvillen mit hohem Wohnkomfort, fortschrittlicher Landwirtschaft und Weinbau. In Einzelhöfen siedelten dann ab 480 die Franken und gründeten mit dem nahen Umland das Cröver Reich. Pippin der Kleine schenkte es im Jahr 750 dem Kloster Echternach in Luxemburg, bis es schließlich zum Zankapfel zwischen den Grafen von Sponheim und dem Erzbischof von Trier wurde. Die freien Bürger konnten jedoch ihre Selbstverwaltung verteidigen. 1794 lösten französische Revolutionstruppen alle weltliche und geistliche Herrschaft auf und das Cröver Reich verlor seine Grundlage.

der Schwestern von Trier (1733) und der barocke **Echternacher Hof** (1764) sind Beispiele dafür. Die Gebäude gingen nach der Säkularisation in die Hände örtlicher Weingüter über.

Das **Dreigiebelhaus** (Karolingerstraße 1, www.weingutdreigiebelhaus.de) mit seinem wunderschönen Fachwerk mit Schnitzereien war ursprünglich das Rathaus. Inzwischen ist hier eine gemütliche Straußwirtschaft mit hübschem Gastgarten untergebracht.

Wer mit dem QR-Code eine **Lauschtour** herunterlädt, erfährt beim Rundgang noch viel mehr Interessantes.

Touristeninformation,
Moselweinstraße 35, www.kroev.de

11 An der Mosel, Kinheim

GPS 49.97159, 7.05744

Riesiger Platz direkt an der Mosel, kaum Schatten, Bäcker und Restaurants fußläufig erreichbar, Radweg nach Kröv 3 km, guter Ausgangspunkt für Radtouren. **Lage/Anfahrt:** in Kinheim ausgeschildert; **Platzanzahl:** 75; **Untergrund:** Wiese; **Service:** Strom, Trinkwasser, Abwasser, Chemie-WC; **Preiskat.:** €; **Geöffnet:** April–1. Nov.; **Kontakt:** Moselweinstraße, 54538 Kinheim

Bernkastel-Kues

Wer über die Moselbrücke auf Bernkastel zuspaziert, ist begeistert von der malerischen Silhouette mit dem 56 m hohen Turm der **Pfarrkirche St. Michael.** Ein richtiges Schmuckstück ist der mittelalterliche Marktplatz. Ein prachtvolles Fachwerkensemble (16. und 17. Jh.) mit Schmuckelementen und aufwendigen Schnitzereien reiht sich rund um den Platz. In der Mitte prangt der **St. Michaelsbrunnen** (1606) mit dem Schutzpatron der Stadt, dem heiligen Michael. Der Drachentöter mit Schwert und Waage gilt als Bezwinger des Teufels in Gestalt eines Drachens. Mit dem Stadtrecht von 1291 entstand auch das erste **Rathaus.** Seine heutige prunkvolle Renaissancefassade erhielt es 1608. Am linken Eckpfeiler ist noch der Pranger mit Ketten und Handschellen zu sehen.

Ein außerordentlich pittoreskes Beispiel altmoselländischer Baukunst ist das Winzerhaus **Spitzhäuschen** (Karlstraße 13) von 1416. Seine Bauform wurde dem Gassenverlauf und der Höhe der Steuern angepasst. Die Grundsteuern richteten sich früher nach der bebauten Grundfläche und so wurde der erste Stock einfach breiter gemacht.

Am Spitzhäuschen vorbei führt der Weinbergpfad hinauf zum Schützenhaus mit traumhafter Aussichtsterrasse und weiter bis zur **Burg Landshut.** Funde des Kastells Princastellum aus dem 4. und frühen 5. Jh. beweisen, dass sie zu den ältesten Burgen im Moseltal zählt. Die Aussicht von oben sollte man sich nicht entgehen lassen. Wer nicht so gut zu Fuß ist, nimmt den **Burg Landshut Express,** ein Bus aus den 1970er-Jahren, der die Steigung aber locker schafft (www.feuerer-reisen.de).

Das Terrain mit Wärme speichernden Schieferböden und den bis zu 60 Grad steilen, sonnenverwöhnten Rebflächen ist ideal für den Rieslinganbau. Bei den Roten liegen Spätburgunder und Dornfelder vorn. Die **Weinerlebniswelt** (Weinkulturelles Zentrum Bernkastel-Kues, Cusanusstraße 2, www.mosel.de) informiert modern und multimedial über die Geschichte der Weinkulturlandschaft Mosel. Damit das Ganze nicht zu trocken wird, ist im historischen Gewölbekeller des St.-Nikolaus-Hospitals eine mit 160 verschiedenen Wei-

Am historischen Marktplatz von Bernkastel-Kues

INFO WIE DIE STADT BERNKASTEL ZU IHREM NAMEN KAM

Eine Legende bezieht sich auf Bero, Probst Adalbero von Luxemburg, der der Burg den Namen Beros Kastell gegeben haben soll. Laut einer zweiten sagenhafteren Variante soll Bischof Maximin von Trier mit einem Lastesel zu Fuß nach Rom unterwegs gewesen sein. Als ein Bär den Esel tötete, befahl der Bischof dem Bären seine Lasten zu tragen. Der Bär gehorchte und zum Gedenken wurde dieser Ort Bärenkastell genannt.

nen ausgestattete **Vinothek** eingerichtet. Vom Qualitätswein über Hochgewächse, Kabinett-Weine und Spätlesen bis zu Auslesen und Beeren- und Trockenbeerenauslesen: Hier gibt es das ganze geschmacklich immer wieder unterschiedliche Angebot aus der näheren Region. Das **Zylinderhaus Museum** (Adolf-Kolping-Str. 2, www.zylinderhaus.com) ist das Richtige für Technikfreaks. Beginnend beim Horch aus dem Jahr 1937 werden auf 5000 m² Fläche 150 Fahrzeuge aus neunzig Jahren Automobilgeschichte präsentiert.

Touristeninformation Bernkastel-Kues, Gestade 6, Tel. 06531 500190, www.bernkastel.de

TIPP WEINBERGFAHRT MIT FÜHRUNG UND WEINPROBE

Von Mai bis Oktober organisiert die Touristeninformation in Zusammenarbeit mit örtlichen Winzern eine ca. 2½-stündige Tour. Sie beginnt bei der Touristeninformation mit einer 30-minütigen Fahrt durch Kues und die Weinberge, anschließend geht es bei einer Führung zu Fuß durch die Reben und am Ende steht der Genuss von fünf verschiedenen Weinen. Weitere Infos und Anmeldung in der Touristeninformation.

12 Mosel Camping, Bernkastel-Kues

GPS 49.93744, 7.04869

Terrassierte Plätze, teilweise mit Sicht auf die Mosel und die Weinberge, Pool, Restaurant in der Nähe, Altstadt mit Rad ca. 3 km; **Service:** Strom, Trinkwasser, Abwasser, Chemie-WC, WLAN. **Lage/ Anfahrt:** Richtung Ortsteil Wehlen fahren, dort ausgeschildert; **Platzanzahl:** 60; **Untergrund:** Schotterrasen; **Sicherheit:** umzäunt; **Preiskat.:** €€€€; **Geöffnet:** Mitte April–Ende Oktober; **Kontakt:** Hauptstr. 165, 54470 Bernkastel-Kues, Tel. 06531 8176, www.mosel-camping-bernkastel.de

Weinhaus Gert Studert, Hauptstraße 150. Ganz in der Nähe des Camping- und Stellplatzes wird man herzlich zur Weinprobe empfangen, bekommt gute Beratung und kann Wein einkaufen.

TIPP MOSELSCHIFFFAHRT

Die Personenschifffahrt Kolb (www.moselrundfahrten.de) hat verschiedene Rund- und Themenfahrten in ihrem Programm.

TOUR WANDER- UND RADTIPPS AB BERNKASTEL-KUES

Der **Bernkasteler Bärensteig** aus der Reihe der Moselsteig Seitensprünge (s. S. 12) verläuft über 6,5 km mit toller Weitsicht im großen Bogen bis zu einem Hunnengrab. Auf dem Rückweg bietet sich ein wunderbarer Blick auf die Burg Landshut.

Der **Weinerlebnispfad „Eidechse liebt Riesling"** ist 3,7 km lang und führt zu einer der teuersten Weinlagen der Welt: Bernkastler-Doctor. 11 Stationen geben interessante Infos und die Aussicht hat es auch in sich. Start ist am Graacher Tor.

Der **Burgberg-Rundweg** (1,7 km lang) startet beim Spitzhäuschen am Marktplatz und steigt dann steil hinauf zur Burg Landshut. Hier oben liegt einem der ganze malerische Ort zu Füßen.

Der **Moselhöhenradweg** startet in Kues, ist 47,4 km lang und hat 621 m Auf- und Abstieg, somit ist er für Radler mit etwas Kondition ausgearbeitet. Die Aussicht unterwegs ist atemberaubend.

TIPP AUSFLUG NACH PIESPORT

Die Weinlage Piesporter Goldtröpfchen ist das Ergebnis einer 2000-jährigen Weinbautradition. 1985 wurde hier die größte römische Kelteranlage nördlich der Alpen entdeckt und rekonstruiert. Alljährlich Anfang Oktober feiert Piesport das Römerfest. Hier werden die Trauben nach Römersitte mit den nackten Füßen gestampft (die genauen Termine finden sich unter www.piesport.de).

13 Weingut Studert Prüm, Bernkastel-Kues

GPS 49.93780, 7.04808

Terrassierte, großzügige Plätze mit Blick auf Weinberge und Mosel, ruhig, wenig Schatten, Brötchenservice über Onlinebuchung, Radweg 3 km ins Zentrum, Restaurant in der Nähe. **Lage/Anfahrt:** im Ortsteil Wehlen ausgeschildert, direkt neben Moselcamping; **Platzanzahl:** 43; **Untergrund:** Schotterrasen; **Service:** Strom, Trinkwasser, Abwasser, Chemie-WC; **Preiskat.:** €€; **Geöffnet:** März–1. Nov.; **Kontakt:** Hauptstr. 152, 54470 Bernkastel-Kues, Tel. 06531 2487, www.studert-pruem.de

14 Sun-Park, Graach

GPS 49.93347, 7.06240

Sehr großer Platz, nur durch Radweg von der Mosel getrennt, 2,5 km nach Bernkastel, wenig Schatten, Straße in Hörweite. **Lage/Anfahrt:** an der B53 ausgeschildert; **Platzanzahl:** 100; **Untergrund:** Schotterrasen; **Service:** Strom, Trinkwasser, Abwasser, Chemie-WC, WC, Dusche; **Preiskat.:** €€; **Geöffnet:** Mai–Dez.; **Kontakt:** Gestade 16, 54470 Graach, Tel. 06531 9719988, www.sunpark-mosel.de

Römische Weinstraße

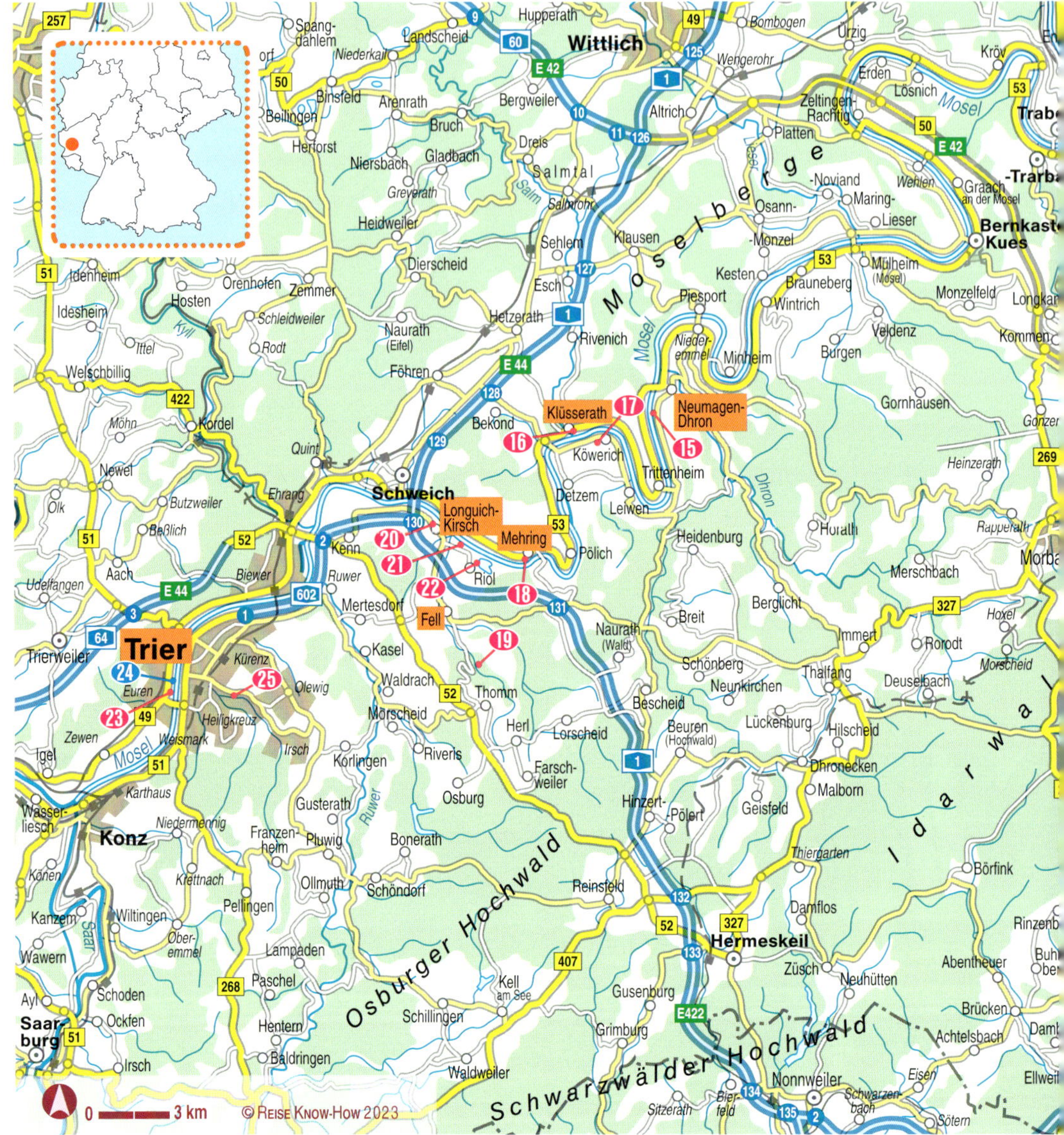

Eine enorme Dichte an römischen Funden findet sich entlang der Mosel und da besonders zwischen Trier und Schweich. Die Ferienstraße trägt deshalb den Namen Römische Weinstraße. Gute Einblicke in das Leben in römischer Zeit gibt es in der teilweise rekonstruierten Villa Urbana in Longuich und der Villa Rustica in Mehring. Wie sah das ausgeklügelte römische Wassersystem aus? Darauf gibt es in Pölich Antwort. 1878 entdeckte man in Neumagen ein antikes Grabmal in Form eines römischen Weinschiffs. Das Schiff wurde nachgebaut und man kann heute an Bord u. a. Weinproben genießen. Überwältigend ist die Zahl der als UNESCO-Welterbe gelisteten römischen Bauten in Trier. Porta Nigra, Amphitheater, Thermen, Aula Palatina und die römische Brücke sind Zeitzeugen der Antike.

TOUREN-ÜBERBLICK

Routenempfehlung: Neumagen-Dhron – Klüsserath – Mehring – Fell – Longuich-Kirsch – Trier
Länge gesamt: 60 km
Dauer: 3–5 Tage
Reisezeit: ganzjährig, Trier und die gemütlichen Weinstuben sind das ganze Jahr ein Erlebnis

Die Römer wollten im kalten Norden nicht auf ihren geliebten Wein verzichten und brachten so bereits vor über 2000 Jahren Reben an die Mosel. Das Terroir mit wärmespeichernden Böden bot sich an. Der Wein, der damals ins Glas kam, ist nicht mit dem zu vergleichen, der heute hier kredenzt wird. Ein Riesling mit relativ wenig Alkohol, trotzdem viel Körper und einer guten Balance zwischen Süße und Säure ist ein Genuss für alle Sinne. Dazu sollte man die Spezialität der Region, gebratenen Mosel-Aal kosten, den Alltag hinter sich lassen und nur genießen.

Neumagen-Dhron

Der Lage an der Mosel und an der römischen Straße von Trier nach Bingen verdankte Noviomagnus-Treverorum im frühen 1. Jh. n. Chr. seine Entstehung. Die Siedlung (Vicus) entwickelte sich prächtig, weckte dadurch aber bei den Germanen Begehrlichkeiten. Im Jahr 275 n. Chr. überfielen sie die Siedlung und zerstörten sie. An ihrer Stelle entstand um 330 n. Chr. zur Sicherung der Handelsstraße ein 131 mal 112 m großes Kastell mit zwei rechteckigen Toranlagen. Bei Ausgrabungen zwischen 1877 und 1885 entdeckten Archäologen in dessen Fundamenten prachtvolle Grabmäler aus dem 1. und 3. Jh. n. Chr. Darunter das eindrucksvolle **Weinschiff,** Teil des Grabmals eines Weinhändlers aus dem Jahr 220 n. Chr.,

15 Jachthafen, Neumagen-Dhron

GPS 49.85134, 6.89270

Plätze an der Mosel, ruhige, zentrale Lage. **Lage/Anfahrt:** im Ort ausgeschildert; **Platzanzahl:** 40; **Service:** Strom, Trinkwasser, Abwasser, Chemie-WC, WLAN; **Sicherheit:** beleuchtet; **Preiskat.:** €€; **Geöffnet:** März–Okt.; **Kontakt:** Moselstraße, 54347 Neumagen-Dhron, Tel. 06507 701670, www.marina-mittelmosel.de

TIPP WANDERN UND RADFAHREN
Unter www.roemische-weinstrasse.de/roemische_weinstrasse/de/Urlaubsthemen findet man Vorschläge für Wanderungen und Radtouren. Entlang der Mosel nehmen Busse auch Fahrräder mit (Infos: www.radbusse.de).

und Reliefs mit Alltagsszenen wie Pachtzahlung, Mahlzeit und Friseurbesuch.
Die **Lauschtour** (kostenlose App für iOS und Android), der **Archäologische Rundweg** und das **Museum Noviomagi** schicken den Besucher auf eine anschauliche Zeitreise in die Römerzeit. Das Originalweinschiff ist im Rheinischen Landesmuseum (www.zentrum-der-antike.de/de/rheinisches-landesmuseum) in Trier zu sehen. An Bord der **Stella Noviomagi,** einer 17,95 m langen, 4,20 m breiten und 3,90 m hohen Nachbildung des antiken römischen Weinschiffs, können bis zu 40 Passagiere während der Fahrt eine interessante Weinprobe erleben (Infos unter www.neumagener-weinschiff.de).

Touristeninformation, Hauptstraße im Rathaus, www.neumagen-dhron.de

Straußwirtschaft „Haus Römerschiff", Römerstraße 139, www.weingut-boehmer-neumagen.de, Mai–Oktober Mittwoch–Sonntag. Familie Böhmer serviert in ihrer gemütlichen Gaststube oder auf der schönen Weinterrasse ihre eigenen Weine und kleine Gerichte.

Klüsserath

Der Name Klüsserath leitet sich von der fränkischen Endsilbe „rath" (Rodung) oder „rada" (Sumpf) ab. Der Namensanfang bezieht sich auf den Namen Chlodwig oder Chlothar. Es ist ein **langgezogenes Straßendorf,** sodass es in der Gegend ein geflügeltes Wort gibt: „So lang wie Klüsserath". Bis zur französischen Revolution besaßen mindestens 15 unterschiedliche Klöster, Abteien und weltliche Grundbesitzer Güter mit großen Weinbergen in Klüsserath

Dazu gehörte auch, dass sich jeder ein stattliches Gebäude im Ort baute. Heute ist noch das ehemalige Hofgut der Abtei Echternach erhalten. Darin ist seit 2010 das **Krippenmuseum** (Hauptstraße 83, www.krippenmuseum.info) beheimatet. Eine Wasserburg in Klüsserath wurde um 1270 erstmals erwähnt. Der **befestigte Wohnturm** mit den dicken Außenmauern aus Schiefergestein, wie man ihn heute sieht, stammt aus dem 16. Jh.

Wie in einem Amphitheater liegen die steilen Weinberge der Klüsserather Bruderschaft entlang der Mittelmosel. 15 Winzer bauen auf den 90 Hektar Rebfläche der Schiefersteillage Riesling, Kerner, Dornfelder, Rivaner und Weiß-, Grau- und Spätburgunder an.

Monikas Straußwirtschaft, Mittelstr. 101, Tel. 06507 4437. Von Freitag bis Sonntag gibt es hier neben guten Weinen auch verschiedene Schnitzelvariationen.

TOUR KLÜSSERATHER SAGENWEG

Auf dem 11,9 km langen Klüsserather Sagenweg macht man sich auf den Weg zum Rudemsberg, wo das Rudemsmännchen spuken soll. Der Sage nach handelt es sich bei dem Männchen um einen ehemaligen Bürgermeister aus Thörnich, der vor vielen Jahren durch einen falschen Schwur einen Grenzstreit der Gemeinden Klüsserath und Thörnich zu seinen Gunsten beendet hatte. Am Fuße des Rudemsbergs steht in einer kleinen Parkanlage an der alten Salmbrücke rechts der Salm eine Sandsteinfigur, die an das Rudemsmännchen erinnert.

Über 300 m Höhendifferenz führt die Strecke durch abwechslungsreiche Landschaft über den Rudemsberg zum Hinkelstein, einem keltischen Menhir, und wieder zurück nach Klüsserath. Startpunkt ist beim Parkplatz an der Klüsserather Wetterstation (GPS 49.84898, 6.86365).

16 Wohnmobilpark Hero, Klüsserath

GPS 49.84225, 6.85468

Riesiger Platz mit Bäumen an der Mosel, teilweise Straße in Hörweite, auch für große Wohnmobile geeignet, Metzger- und Bäckerverkaufswagen kommen in der Saison direkt auf den Platz, Restaurant in der Nähe. **Lage/Anfahrt:** an der L48 ausgeschildert; **Platzanzahl:** 98; **Untergrund:** Schotterrasen; **Service:** Strom, Trinkwasser, Chemie-WC; **Preiskat.:** €; **Geöffnet:** ganzjährig; **Kontakt:** L48, 54340 Thörnich

18 Weingut Zellerhof, Mehring

GPS 49.79352, 6.81907

Plätze in ruhiger Lage beim Weingut, von der Mosel durch Radweg getrennt, Zentrum fußläufig erreichbar, Villa Rustica 3 km. **Lage/Anfahrt:** in Mehring Richtung Lörsch, dann ausgeschildert; **Platzanzahl:** 43; **Untergrund:** Schotterrasen; **Service:** Strom, Trinkwasser, Abwasser, Chemie-WC, WC, Dusche; **Preiskat.:** €€; **Geöffnet:** ganzjährig; **Kontakt:** Zellerhof 1, 54346 Mehring, Tel. 05602 2263

17 Offm Herach, Köwerich

GPS 49.84164, 6.86307

Einfacher Platz auf einem Winzerhof mit Straußwirtschaft, Weinverkauf und Weinprobe, Brotservice. Der Besitzer gibt Tipps für Touren. **Lage/Anfahrt:** am Ortsende ausgeschildert; **Platzanzahl:** 20; **Untergrund:** Wiese; **Service:** Strom, Trinkwasser, Chemie-WC, WC, Dusche; **Preiskat.:** €€; **Geöffnet:** ganzjährig; **Kontakt:** Beethovenstr. 42, 54340 Köwerich, Tel. 06507 3787

INFO RÖMISCHES BADERITUAL

Das Römische Baderitual verlief meist nach den folgenden Regeln: Zuerst betrat man das Apodyterium (Umkleideraum), entkleidet und vorgereinigt ging es dann ins Tepidarium mit lauwarmem Wasser und anschließend ins Caldarium (Heißbadebecken) mit hoher Luftfeuchtigkeit. Abkühlung brachte dann das Frigidarium mit dem Kaltwasserbecken. Ein Laconicum (Schwitzbad) hatten nicht alle privaten Badeanlagen. Der Besuch eines Bades dauerte mehrere Stunden. Es war ein Ort der sportliche Betätigung, von Massagen und besonders auch der Kommunikation.

Mehring

Der Ort hat durch einen schweren Brand 1840 und die Bombardierung 1945 außer der Pfarrkirche kaum noch alte Bausubstanz. Mehring ist zweigeteilt und breitet sich an beiden Ufern der Mosel aus. Die Hänge nach Süden mit intensiver Sonneneinstrahlung sind für den Weinbau prädestiniert, die gegenüberliegende Hunsrückseite ist mit dichtem Wald bedeckt und wird **Mehringer Schweiz** genannt. An ihrem höchsten Erhebung steht das Landwehrkreuz aus dem späten 19. Jh. Tatsächlich kommt bei der Seitensprung-Wanderung (s. S. 12) beim Aufstieg beinahe alpines Feeling auf.

TOUR FAHRRADTOUR NACH PÖLICH

Nur 3 km fährt man auf dem Fahrradweg von Mehring nach Pölich. Hier ist sehr gut nachzuvollziehen, wie die ausgeklügelte Technik einer römischen Wasserleitung (Qanat) dazu beitrug, den hohen Wasserbedarf der Römer für ihre Badeanlagen zu decken. 30 Meter unterirdische Wasserleitung können durchschritten werden. Unter Klaustrophobie darf man im 50 cm breiten und teilweise nur 1,20 m hohen Kanal nicht leiden, etwas Licht spenden die Einstiegsschächte im Abstand von 10 m.

TOUR SEITENSPRUNG MEHRINGER SCHWEIZ

Etwas anspruchsvoll ist die Tour mit 14 km und 600 m Höhendifferenz schon, die wunderschöne Aussicht auf das Moseltal belohnt aber die schweißtreibenden Aufstiege. Für ganz sportlich Ambitionierte gibt es alternativ ein Teilstück mit seilgesicherten Abschnitten. Start ist an den Sportanlagen in Mehring (GPS 49.79397, 6.83098).

Die **Villa Rustica** (In der Kirchheck 21) ist die Rekonstruktion eines römischen Herrenhauses. 1983 erforschten Archäologen die erhaltenen Grundmauern und rekonstruierten Teile der Hauptfront. So erhält der Besucher einen umfassenden Eindruck von einem der größten Herrenhäuser der Region. Sehr gut zu erkennen ist die Heizung (Hypokausten) der Wohnräume und des großen Badetraktes. Ab dem 2. und 3. Jh. gehörte es zur römischen Lebensweise und zum Mittelpunkt gesellschaftlichen Lebens, dass auch in den Landvillen private Badeanlagen eingebaut wurden.

Fell

Etwas abseits der Mosel im schönen Nossertal liegt zwischen den Orten Fell und Thomm das interessante **Besucherbergwerk Fell** (Auf den Schiefergruben, Tel. 06502 988588). Die Region ist Teil des **Rheinischen Schiefergebirges,** das sich vor 400 Millionen Jahren bildete. Schon die Römer schätzten Schiefer als wasserdichte Dacheindeckung, wie Funde vom Dach eines Tempelgangs am Feller Burgkopf beweisen. Die heute noch sichtbaren 12 Stolleneingänge waren alle in Familienbesitz und dienten den Menschen von ca. 1500 bis 1964 zur Herstellung von Schieferplatten für Dächer.
1992 wurde das **Besucherbergwerk** eröffnet. Bei einer einstündigen Bergwerksführung

INFO SCHIEFERABBAU IM BERGWERK FELL

Schiefer entstand vor ca. 400 Millionen Jahren durch Druck, Wasser, Wärme und Bewegung am Meeresboden. Aufgrund der leichten Spaltbarkeit von Schiefergestein in einzelne dünne Platten ist es ideal als wetterfeste Dacheindeckung geeignet.
Die Schieferblöcke wurden unter Tage herausgesprengt. Nach dem Transport von Hand mit dem „Hund" (Wagen) nach draußen erfolgte die Zerlegung in kleine Stücke und die Spaltung mit dem Spalteisen in dünne Platten. Die richtige Form und ein Nagelloch bekamen die Platten durch den Schieferhammer. Die Bauern der Region arbeiteten im Sommer im Weinberg und im Winter im Schieferabbau. Nur so kamen sie finanziell über die Runden. Der auf Schieferboden angebaute Wein hat einen besonderen, sehr mineralischen Charakter.

⑲ Besucherbergwerk Fell

GPS 49.75442, 6.79724

Separate, einfache Plätze in einsamer Natur beim Besucherparkplatz. Wer Ruhe mehr schätzt als Komfort ist hier richtig. Sehr gute Weine und einfache Gerichte gibt es beim Eingang zur Grube. **Lage/Anfahrt:** der Beschilderung zum Besucherbergwerk folgen; **Platzanzahl:** 20; **Untergrund:** fest; **Service:** Strom; **Preiskat.:** €; **Geöffnet:** April–Okt.; **Kontakt:** Auf den Schiefergruben, 54341 Fell, Tel. 06502 988588, www.roemische-weinstrasse.de

Das Besucherbergwerk Fell wurde mit sehr viel Liebe zum Detail ausgestattet

INFO HYPOKAUSTHEIZUNG

Um 80 v. Chr. entstanden die ersten Hypokaustheizungen in Badeanlagen und repräsentativen Wohnräumen. Der Name kommt von „hypokauston". Das bedeutet „von unten heizen" und genauso war es. Der Fußboden lag auf Pfeilern, der Hohlraum darunter steht in Verbindung mit einem Schürkanal. In ihm wurde Feuer entfacht und die erhitzte Luft verteilte sich unter dem Fußboden und in kaminartigen Abzügen in der Wand. So konnten Wand und Boden erwärmt werden. Der Rauch zog durch Abzüge nach außen.

Auf dem Freizeitsee Triolago gibt es auch einen Wasserklettergarten

TIPP TRIOLAGO-SEE BEI RIOL

Auf dem Freizeitsee Triolago wird viel geboten: eine Allwetterrodelbahn mit 1170 m Länge, ein Wakepark, Fußballgolf, Tretboot- und Ruderbootfahrten. Infos gibt es unter www.triolago.eu.

Die Villa Urbana in Longuich

TOUR MOSELSTEIG-SEITENSPRUNG
Der Seitensprung **Longuicher Sauerbrunnen** verläuft vom Parkplatz (GPS 49.80791, 6.76502) auf 12,7 km durch die Wein- und Kulturlandschaft. Unterwegs kommt man auch zur römischen Villa Urbana und zum Longuicher Sauerbrunnen.

‚fährt man", so sagt der Bergarbeiter, 70 m unter Tage in zwei übereinanderliegende Gruben ein. Die Tour startet im Hoffnungsstollen, dann geht es über Treppen hinauf in den großen Dom, bis man schließlich in den Barbarastollen hinabsteigt. Der fachkundige Führer erzählt unterwegs alles über die großen Gefahren und die Technik beim Schieferabbau. Im Stollen liegt die Temperatur bei konstant 12 bis 13 °C, deshalb sollte man auch an heißen Tagen eine Jacke mitnehmen.

Longuich-Kirsch

Die Wurzeln der 1300 Einwohner zählenden Gemeinde Longuich-Kirsch reichen bis in die Zeit der Kelten und Römer zurück. Im Flyer des kulturhistorischen Rundgangs steht: „Unser Dorf ist kein Museum und trotzdem haben wir Ihnen viel zu zeigen", und das stimmt. Wer sich auf den Rundgang macht, entdeckt einige typische Winzerhäuser mit blühenden Bauerngärten. Am **Winzerhaus** im Kirchenweg 48 sind die sandsteingegliederte Schieferfassade im Stil des Historismus und die Holzfenster mit dem hier typischen Grünglas in den Oberlichtern sehenswert. Die **Alte Burg** an der Burgstraße 2 war ab 1360 befestigter Wohnsitz des Ritters Platt von Longuich. Der ehemals dreigeschossige Bau aus Schieferbruchsteinen hat seit 1790 ein Satteldach und dient am Freitag und

20 Weingut Longen-Schlöder, Longuich

GPS 49.80972, 6.76350

Plätze hinter einem Weingut, von Grün umgeben, Vinothek, Weinlokal mit Winzerküche. **Lage/Anfahrt:** im Ort ausgeschildert; **Platzanzahl:** 10; **Untergrund:** Schotter; **Service:** Strom, Trinkwasser, WC, Dusche; **Preiskat.:** €€; **Geöffnet:** ganzjährig; **Kontakt:** Kirchweg 9, 54340 Longuich-Kirsch, Tel. 06502 8345, www.longen-schloeder.de

Hier sieht man deutlich, dass die höchsten Steillagen nicht mehr bewirtschaftet werden

Samstag als romantische Vinothek. Die barocke Saalkirche **St. Laurentius** von 1771 bilde zusammen mit dem **Maximinerhof** von 1714 ein malerisches Ensemble.

Das absolute Highlight in Longuich sind die 1984 bei der Flurbereinigung entdeckten Mauerreste der **Villa Urbana.** Ihr rekonstruierter Badetrakt gibt eindrucksvoll Einblick

INFO RÜCKGANG DER REBFLÄCHEN

Wer genau hinsieht, wird eine Veränderung im Bild der Kulturlandschaft entlang der Mosel und am Rhein feststellen. Durch den Rückgang der bestockten Rebflächen gibt es immer mehr Brachen. Besonders die Steillagen sind davon betroffen, denn hier ist die Arbeit oft nur von Hand zu erledigen. Hoffnung machen die vielen jungen Winzer, die mit Engagement und Freude, neuen Ideen, ökologischer Herangehensweise und neuen Sorten wie den PIWI-Reben (pilzresistente Sorten) ihre Arbeit tun.

21 Weingut Feiten, Longuich

GPS 49.80410, 6.77921

Plätze auf einem Weingut mit Winzerlokal, durch Radweg von der Mosel getrennt. Straße in Hörweite. Die ersten beiden Reihen mit Moselsicht sind nur nach Vorreservierung frei. **Lage/Anfahrt:** von der L145 ausgeschildert; **Platzanzahl:** 40; **Untergrund:** Schotter, Wiese; **Service:** Strom, Trinkwasser, Abwasser, Chemie-WC, WLAN, WC, Dusche; **Sicherheit:** beleuchtet; **Preiskat.:** €€; **Geöffnet:** März–Okt.; **Kontakt:** Rioler Weg 2, 54340 Longuich, Tel. 06502 8444, www.weingut-feiten.de

22 Wohnmobilhafen Triolago, Riol

GPS 49.79354, 6.80534

Platz bei einem Freizeitsee mit Aktivitäten wie Wasserskifahren, Mosel und Ort fußläufig erreichbar. **Lage/Anfahrt:** der Beschilderung Campingplatz folgen, dann ausgeschildert mit Womo-Piktogramm; **Platzanzahl:** 80; **Service:** Strom, Trinkwasser, Abwasser, Chemie-WC, WLAN, WC, Dusche; **Sicherheit:** umzäunt, beleuchtet; **Preiskat.:** €€; **Geöffnet:** Mitte März–Okt.; **Kontakt:** Am Campingplatz 1, 54340 Riol, Tel. 06502 7119, http://campingpark.triolago.eu

in die römische Wohnkultur einer Landvilla aus dem Ende des 2. Jh. Ihr Ostflügel umfasst ein Caldarium (Heißbad), ein Tepidarium (Warmbad), ein Sudatorium (Schwitzbad) und ein Frigidarium (Kaltbad). Bei einer Führung am Sonntag um 10.30 Uhr kann man auch den rekonstruierten Marmorboden und die Originalteile des Heiz- und Abflusssystems genauer anschauen. In der übrigen Zeit bleibt die Möglichkeit durch die Glasfenster einen Blick ins Innere zu erhaschen.
Von Mai bis Ende Oktober bieten die Longuicher Winzer Wein- und Sektproben an.

Touristeninformation, Maximinstr. 18, www.longuich.de

Trier

Trier punktet mit Superlativen: älteste Stadt Deutschlands, einzige römische Kaiserresidenz nördlich der Alpen und sieben UNESCO-Welterbestätten im Stadtzentrum. Es ist wirklich beeindruckend, was es hier alles zu sehen gibt.
Doch es waren zunächst nicht die Römer, sondern ab dem 1. Jh. v. Chr. der keltische Verband der Treverer, die hier siedelten. Zwischen 58 und 50 v. Chr. eroberten dann die Römer unter Julius Caesar Gallien und auch das Gebiet um Trier. Ab dem 2. Jh. n. Chr. entwickelte sich Augusta Treverorum zur wohlhabenden Moselmetropole und bedeutende Bauten entstanden, die heute noch das Stadtbild beherrschen.

Steipe und Rotes Haus auf dem Trierer Hauptmarkt

Am bekanntesten ist die gut erhaltene **Porta Nigra** (Simeonstraße 60) von 170 n. Chr., eines von ehemals vier Stadttoren. Das monumentale Tor mit Wehranlagen kann bis hinauf zu den Gängen im Obergeschoß besichtigt werden. Weitere UNESCO-Welterbestätten sind das **Amphitheater** (Olewiger Str. 25) aus dem 2. Jh. n. Chr. mit Platz für 18.000 Zuschauer, die **Kaiserthermen** (Olewiger Str. 25) aus dem 4. Jh. mit unterirdischem Labyrinth, die **Barbarathermen** in der Südallee (aus dem 2. Jh.), das viertgrößte Bad des gesamten römischen Reiches, und die **Römerbrücke** mit Basaltpfeilern aus der Zeit von 144 bis 157 n. Chr.

Ebenfalls zu den UNESCO-Welterbestätten gehört die **Konstantin-Basilika** (Konstantinplatz). Der größte säulenlose Raum der Antike entstand um 310 als Aula Palatina und ist seit Mitte des 19. Jh. die imposante Kirche der evangelischen Gemeinde. Ende des 16. Jahrhunderts wurden auf Betreiben des Trierer Erzbischofs an die antike Palastaula drei Schlossflügel im Renaissance- bzw. Rokokostil angebaut.

Auch der **Dom St. Petrus** ist als UNESCO-Welterbe gelistet. Die Bischofskirche zeigt architektonische und künstlerische Elemente aus 1700 Jahren von der Antike über das Mittelalter bis zur Jetztzeit. Der Sage nach soll im 4. Jh. die Mutter von Kaiser Konstantin, die Tunika Christi, den Heiligen Rock, mit nach Trier gebracht haben. Er ist Ziel großer Wallfahrten.

Die **Liebfrauenkirche** (Liebfrauenstraße 12) steht ebenfalls auf der UNESCO-Liste und gilt als älteste gotische Kirche Deutschlands (1235–1250). Ihr Kirchengrundriss in Form einer zwölfblättrigen Rose würdigt die Liebe zur Mutter Gottes.

Um den **Hauptmarkt,** den geselligen Mittelpunkt der Stadt, auf dem sich Trierer Bürger und Touristen aus aller Welt in den vielen Gastrobetrieben treffen, reihen sich wunderschöne historische Gebäude wie das ehemalige gotische Rathaus, **Steipe** genannt. Der eigentliche Bau von 1483 wurde 1944 zerstört, 1970 aber detailgetreu wiederaufgebaut. Unbedingt erwähnenswert sind noch das markante **Rote Haus** von 1684 und der **Petrusbrunnen** von 1595.

TIPP WEINSTAND TRIER

Auf dem Hauptmarkt präsentieren regionale Winzer von März bis November montags bis samstags von 10 bis 22 und sonntags von 11 bis 22 Uhr im Wechsel ihre Weine zur Verkostung.

Das **Rheinische Landesmuseum** (Weimarer Allee 1, www.zentrum-der-antike.de/de/rheinisches-landesmuseum) zeigt über 4.500 Exponate aus 200.000 Jahren, darunter auch das römische Weinschiff aus Neumagen (s. S. 29).

In der Brückenstraße 10 wurde am 5. Mai 1818 **Karl Marx,** der Verfasser der Werke „Manifest

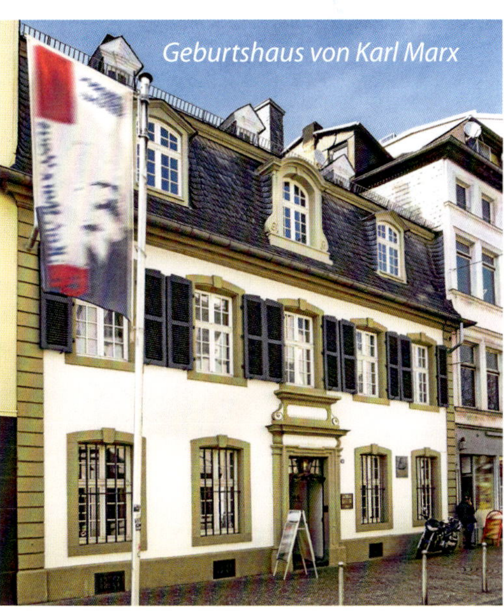
Geburtshaus von Karl Marx

TIPP SCHIFFFAHRT AUF DER MOSEL

Unter www.moselrundfahrten.de oder unter Tel. 065126666 sind Halb- und Ganztagesfahrten zwischen Mai und Oktober buchbar. Anlegestelle ist in Trier-Zurlauben.

TIPP ANTIKENCARD TRIER

Nach dem Erwerb der **Antikencard Basic** kann man kostenlos zwei und mit der **Premium Card** vier Römerbauten besichtigen. Erhältlich sind sie online (https://triershop.de/tickets/eintrittskarten/antikencard-trier), in der Touristeninformation und am Eingang der Römerbauten.

der Kommunistischen Partei“ und „Das Kapital“, geboren. In den Räumen des Hauses zeichnet ein Museum seine Lebensstationen nach.

Die **Bischöflichen Weingüter Trier** (Gervasiusstr. 1, https://shop.bischoeflicheweingueter.de) öffnen ihre Vinothek und nach Voranmeldung den Keller für Führungen und Proben. 40 % der Weine von 130 Hektar Weinlagen an Mosel, Saar und Ruwer reifen hier im Eichenfuderfass (Eichenholzfass mit 960 l Fassungsvermögen) unter den fachkundigen Augen des Kellermeisters.

Touristeninformation, An der Porta Nigra, www.trier-info.de

Das Wahrzeichen von Trier: die Porta Nigra

INFO DIE GESCHICHTE DES WEINBAUS

Der Ursprung unserer Kulturreben geht bis in die Kreidezeit vor ca. 100 Millionen Jahren zurück. Die Hochkulturen im heutigen Ägypten und in Mesopotamien erkannten bereits 5000 bis 3000 v. Chr. die Möglichkeit, aus Trauben Weine zu keltern. 2000 bis 750 v. Chr. führten die Phönizier den Weinbau bei den Griechen ein, die ihn wiederum ab 600 v. Chr. im französischen Marseille populär machten.
Nach Deutschland kam er vor ca. 2000 Jahren durch die Römer. Belege dafür sind römische Weindenkmäler an der Mosel. Dem römischen Kaiser Probus ist es zu verdanken, dass der Weinbau am linken Rheinufer, in der Pfalz und in Baden-Württemberg vorangetrieben wurde. In der „Historia Augusta", einer spätantiken Sammlung von Kaiserbiografien, wird berichtet, dass er allen Galliern, Spaniern und Briten gestattet habe, Reben zu besitzen und Wein auszubauen. Er gilt deshalb als Pionier des Weinbaus. Ein weiterer Förderer war im 8. Jh. Karl der Große, der großflächig Reben pflanzen ließ und Klöster mit Schenkungen bedachte.
Wein war lange Zeit das Getränk für jedermann. Er war gesünder als das häufig mit Keimen verschmutzte Trinkwasser und die Bierherstellung kam erst im 16. Jh. in Schwung. Bis zur Eroberung der linksrheinischen Gebiete durch Napoleon im Jahr 1794, hatten die Klöster die Vorherrschaft beim Weinbau. Durch französischen Einfluss wurde mehr Wert auf Qualität gelegt, was zu internationalen Erfolgen und dem Weinexport bis Russland, Böhmen und England führte.
Beinahe völlig zum Erliegen kam der Weinbau im 19. Jh. durch die Reblaus, den echten und falschen Mehltau, denen die heimischen Reben beinahe vollständig zum Opfer fielen. Erst durch das Aufpfropfen heimischer Rebsorten auf resistente amerikanische Wurzelstöcke konnten die Pflanzen hier zu Lande wieder gedeihen. Es entstanden neue innovative Sorten wie Dornfelder und Kerner. Auch der Fortschritt in der Rebpflege, in der Kellerwirtschaft und der Zusammenschluss in Winzergenossenschaften sind ausschlaggebend für die bekannt hohe Qualität des deutschen Weins. In Deutschland bewirtschaften 80.000 Winzer 100.000 Hektar Rebfläche.

23 Stellplatz Moselauen, Trier

GPS 49.74050, 6.62505

Einfacher Platz direkt an der Mosel, Radweg und Busverbindung ins Zentrum, wenig Schatten, Bäcker kommt Mo.–Fr. **Lage/Anfahrt:** an der B49 ausgeschildert; **Platzanzahl:** 100; **Untergrund:** Rasengitter; **Service:** Strom, Trinkwasser, Abwasser, Chemie-WC, WC, Dusche; **Preiskat.:** €€, von 10–18 Uhr günstiger Parktarif; **Geöffnet:** ganzjährig; **Kontakt:** In den Moselauen, 54293 Trier

24 Campingpark Treviris, Trier

GPS 49.74454, 6.62462

Platz in schöner Lage an der Mosel, Schatten, Brötchenservice, 2,5 km ins Zentrum mit Rad oder Bus. **Lage/Anfahrt:** in Trier ausgeschildert; **Platzanzahl:** 60; **Untergrund:** Schotterrasen; **Service:** Strom, Trinkwasser, Abwasser, Chemie-WC, WLAN; **Sicherheit:** umzäunt, beleuchtet, bewacht; **Preiskat.:** €€–€€€; **Geöffnet:** ganzjährig; **Kontakt:** Lemburger Str. 81, 54294 Trier, Tel. 0651 86921, https://camping-treviris.de

25 Weingut Nell, Trier

GPS 49.73834, 6.65936

Plätze bei einem Weingut direkt in den Weinbergen, ins Zentrum mit Rad oder Bus, Brötchenservice, Winzerwirtschaft, Weinproben. **Lage/Anfahrt:** an der Riesling-Weinstraße in Olewig ausgeschildert; **Platzanzahl:** 13; **Untergrund:** Schotterrasen; **Service:** Strom, Trinkwasser; **Preiskat.:** €€; **Geöffnet:** ganzjährig; **Kontakt:** Im Tiergarten 12, 54295 Trier, Tel. 0651 32397, www.vonnell.de

Naheweinstraße

Im Saarland entspringt die Nahe und mündet nach 125 km bei Bingen in den Rhein. Der Höhenzug des Hunsrücks hält Regen und Wind ab, sodass auf den sonnenverwöhnten Südlagen ideale Bedingungen zum Weinanbau vorherrschen. 4000 Hektar bestockte Rebfläche ziehen sich entlang der Nahe zwischen Bingen und Martinstein. Weiße Rebsorten wie Riesling, Silvaner, Weiß- und Grauburgunder haben einen Anteil am Gesamtertrag von 75 %. Bei den roten kommen überwiegend Spätburgunder und Dornfelder ins Fass oder in den Stahltank. Fachliche Erklärungen direkt vom Winzer, wie beim Weingut Desoi bei Bad Kreuznach, ergänzen die Weinproben hervorragend. Kulinarische Schmankerl sind Handkäs, Zwiebelkuchen, Spießbraten, Forellen und Wild. Besonders gut schmeckt es in einer der

Aus diesen reifen Trauben wird ein guter Tropfen gekeltert

TOUREN-ÜBERBLICK

Routenempfehlung: Bad Kreuznach – Ebernburg – Bad Sobernheim – Meisenheim – Herrstein – Idar-Oberstein
Länge gesamt: 100 km
Dauer: 4–5 Tage
Reisezeit: von Frühjahr bis Spätherbst

vielen urigen Straußwirtschaften und auf den Weinfesten.

Sportlich Aktive haben viele Möglichkeiten zum Wandern, Kanu- oder Radfahren. Wem es mehr nach Entspannung ist, der besucht Bad Kreuznach mit seinen Bädern oder den Barfußpfad in Bad Sobernheim. Eine Reise ins Mittelalter sind die Abstecher nach Meisenheim und Herrstein mit ihrer großartigen historischen Bausubstanz. Die Ebernburg und Schloss Dhaun stehen beide in beherrschender Lage und der Panoramablick, den sie bieten, ist fantastisch. Die Welt der Edelsteine mit Besucherstollen, historischer Schleife und Museen öffnet sich für Besucher in Idar-Oberstein.

INFO SALZGEWINNUNG AUS SOLE

Große Holzgestelle, die dicht mit Schwarzdornheckenbündeln gefüllt sind, nennt man Gradierwerke. Bei der im 18. Jh. erfundenen Tröpfel-Gradierung wird die Sole (anfangs mit einem Gehalt von 1,5 g/l) mehrmals auf die 9 m hohe Krone des Gradierwerkes gepumpt. Beim Herabrieseln verdunstet das Wasser immer mehr und die Sole konzentriert sich bei jedem Durchgang. Ist ihr Salzgehalt bei 26g/l angelangt, erfolgt die letzte Stufe bis zum fertigen Salz in der Siederei. Ein wohltuender Nebeneffekt bei der Tröpfel-Gradierung ist die feine Zerstäubung in die Umgebungsluft. Menschen mit Atemwegserkrankungen schätzen sie sehr.

Bad Kreuznach

Ab 200 v. Chr. besiedelten die Kelten und bis zum 4. Jh. n. Chr. die Römer das Gebiet der heutigen Stadt Bad Kreuznach. Unterhalb der 1206 vom Grafen von Sponheim errichteten **Kauzenburg** entwickelte sich im Mittelalter die „Neustadt". Beim Bummel durch die historischen Gassen und zu den Plätzen, die nach ihrer ehemaligen Funktion Eier-, Fisch-, Salz- und Töpfermarkt heißen, entdeckt man immer wieder nette Lokale und Geschäfte. Vom **Schlosspark** mit dem **Schlossmuseum** zur Stadtgeschichte (www.bad-kreuznach.de) führt ein Serpentinenweg hinauf zur Kauzenburg.

Das Wahrzeichen der Kurstadt sind die historischen **Brückenhäuser** auf der Alten Nahe-

Eines der acht Gradierwerke in Bad Kreuznach

brücke. Die Natursteinbrückenbögen stammen aus dem Jahr 1300, die Brückenhäuser wurden um 1500 darauf gebaut. In ihnen lebten vornehmlich Handwerker wie Gerber, Sattler und Schuhmacher.

Das Jahr 1723 ist der Anfang des Salinenbaus und der Salzgewinnung im Salinental. Dort flanieren heute Kurgäste und Touristen an acht **Gradierwerken** vorbei. Beachtlich sind ihre Gesamtlänge von 1098 Metern und die Berieselungsfläche von 9000 m². Das **Salinenbad** (Saline Theodorshalle 17, www.kreuznacherstadtwerke.de) hat ein Frei- und Hallenbad (je nach Jahreszeit geöffnet). Das Thermalbad **crucenia thermen** (Kurhausstr. 26, www.kreuznacherstadtwerke.de) ist mit bis zu 33°Grad warmen Außen- und Innenbecken und einem 20°Grad kühlen Süßwasserbecken ausgestattet.

700 Hektar Rebfläche verteilen sich auf **70 familiengeführte Weingüter** im Stadtgebiet von Bad Kreuznach. Der fruchtige, säurearme und charakterstarke Riesling ist hier am weitesten verbreitet. Es folgen Müller-Thurgau, Silvaner und Grau- und Weißburgunder. Bei den roten Sorten sind der Dornfelder und der Spätburgunder führend. Die **Nahe.Wein.Vinothek** im historischen Dienheimer Hof (Mannheimer Str. 6, www.nahe-vinothek.de) lagert 150 verschiedene Weine und hat 50 davon im Ausschank.

Gefeiert wird in Bad Kreuznach sehr ausgiebig. So sind der **Jahrmarkt** (immer ab dem 3. Freitag im August), das **Weinfestival** (Ende Mai) und **Wein im Park** (Juli) überregionale Besuchermagnete.

Touristeninformation, Kurhausstr. 22–24, www.bad-kreuznach-tourist.de

26 Weingut Desoi, Bad Kreuznach

GPS 49.82875, 7.88952

Plätze hinter einem hervorragenden Weingut (s. S. 48) in sehr schöner Lage in den Weinbergen, Zentrum 3 km, Vinothek. **Lage/Anfahrt:** an der L412 zwischen Hackenheim und Bad Kreuznach ausgeschildert; **Platzanzahl:** 3–4; **Untergrund:** Pflaster; **Service:** Strom, Trinkwasser, WLAN; **Preiskat.:** €; **Geöffnet:** ganzjährig; **Kontakt:** Darmstädter Hof, 55543 Bad Kreuznach, Tel. 0671 63660, www.desoi-wein.de

TOUR WANDERGEBIET ROTENFELS

Ausgeschilderte Wanderungen von 3,1, 9,1 oder 16,6 km Länge starten vom Parkplatz Wanderportal Rotenfels (GPS 48.8200, 7.83540). Unterwegs kommt man zu herrlichen Aussichtspunkten wie dem Rabenfels und der Rotenfels-Bastei. Einkehrmöglichkeit beim Einstieg.

27 Reisemobilstellplatz Salinental, Bad Kreuznach

GPS 49.82799, 7.85000

Platz direkt an der Nahe, Zentrum fußläufig durch den Kurpark erreichbar, Brötchenservice, Restaurant. **Lage/Anfahrt:** Richtung Salinenbad fahren, dann ausgeschildert; **Platzanzahl:** 40; **Service:** Strom, Trinkwasser, Abwasser, Chemie-WC, WC, Dusche; **Sicherheit:** umzäunt; **Preiskat.:** €€; **Geöffnet:** ganzjährig; **Kontakt:** Saline Karlshalle 11, 55543 Bad Kreuznach, Tel. 0671 29843330, www.braunundroeth gastronomie.com

Weingut Desoi, Darmstädter Hof, www.desoi-wein.de. Seit drei Generationen widmet sich Familie Desoi leidenschaftlich der Weinerzeugung. Ihr breites Angebot reicht von trocken über halbtrocken bis edelsüß, vom Landwein in der Literflasche bis zur Edellinie Zollstation. Daneben findet man Sekte, Perlweine und edle Brände. Gegen eine geringe Gebühr kann man alle Weine in der Vinothek an der Selbstbedienungszapfstelle probieren, wer will, sogar kombiniert mit einem kleinen Imbiss. Besonders angenehm sind die freundliche Atmosphäre, die sehr herzliche und kompetente Beratung und die drei Wohnmobilstellplätze direkt an den Weinbergen.

Ebernburg

Das Burgdorf Ebernburg ist Teil der Gesamtgemeinde Bad Münster am Stein-Ebernburg. Ebernburg ist ein typischer Weinort mit schmalen Gassen, vielen Weingütern und urigen Wein- und Straußwirtschaften. Die **Höhenburg Ebernburg** befindet sich oberhalb des historischen Dorfs und der Nahe auf einem Bergkegel. 1338 begannen die Grafen von Sponheim mit dem Bau einer Burg, die Sickinger übernahmen sie 1482 und bauten sie zu einem befestigten Schloss aus. Bekannt wurde Ebernburg als der Reichsritter Franz von Sickingen 1521/1522 hier verfolgten Reformatoren und Humanisten Schutz bot. Die sogenannte „Herberge der Gerechtigkeit" war Zufluchtsort für bedeutende Persönlichkeiten wie Ulrich von Hutten. 1522 wurde in der Burgkapelle von Johannes Oekolampads erstmals ein Gottesdienst nach der Liturgie Luthers und in deutscher Sprache gehalten. Beim Frieden von Rijswijk zur Beendigung des Pfälzischen Erbfolgekrieges forderten die Franzosen 1697 die Sprengung der Burg. Zurück blieb bis zum Aufbau als Gaststätte 1840 eine Ruine. Inzwischen ist hier eine Familienferien- und Bildungsstätte der evangelischen Kirche untergebracht. Von der Burg hat man einen großartigen Überblick auf das Dorf mit dem Felsmassiv im Hintergrund. Die gewaltige rotbraune Quarzporphyrfelswand **Rotenfels** aus erstarrtem Magma, ist mit 202 m die höchste Steilwand zwischen Alpen und Skandinavien.

Weinrestaurant Bach, Lindenallee 11. Hier kommt Regionales auf die Teller und ins Glas. Vom Chef bekocht und gut umsorgt, fühlt man sich hier sehr wohl.

Unterhalb des Rotenfels bei Ebernburg

Straußwirtschaft „Jungs Weingarten", Burgstraße 15, www.strausswirtschaft-jung.de. Eine typische Straußwirtschaft direkt am Treppenaufgang zur Burg. Sie bietet typische Speisen und am Dienstag hausgemachten Spießbraten an.

TOUR WANDERPORTAL EBERNBURG

Am besten erkundet man den Ort auf einer der drei gut ausgeschilderten Wanderungen. Sie starten in der Nähe des Stellplatzes Weingut Rapp (28) beim Wanderportal Ebernburg und sind 4,3, 11,1 oder 15 km lang. Die Rundstrecke führt zur Burg, durchs Dorf, zum Skulpturenpark und an der Nahe gegenüber der Felswand Rotenfels vorbei.

28 Weingut Rapp, Ebernburg

GPS 49.80699, 7.82953

Plätze auf einem Weingut mit Weinverkauf, jeden Donnerstag um 20 Uhr Weinprobe, auch für große Fahrzeuge geeignet, Burg 1 km. **Lage/Anfahrt:** Richtung Burg Ebernburg fahren, dann ausgeschildert; **Platzanzahl:** 10; **Untergrund:** Schotter; **Service:** Strom, Trinkwasser, Abwasser, Chemie-WC, WLAN; **Sicherheit:** umzäunt; **Preiskat.:** €€; **Geöffnet:** ganzjährig; **Kontakt:** Schlossgartenstr. 74, 55583 Ebernburg, Tel. 06708 2312, www.weingut-rapp.de

Der restaurierte Priorhof in Bad Sobernheim

Bad Sobernheim

Der **Naturheiler Emanuel Felke** (1856–1926) gründete 1915 das Kurwesen in Sobernheim. Felke war vom Studium her Theologe und widmete sich zehn Jahre lang der Einführung seiner Felker-Kur mit einem ganzheitlichen Ansatz und dem Ziel eines einfachen naturnahen Lebens. Das zentrale Element der Gesundheitsförderung sind Licht, Luft, Wasser und Erde. Auch heute noch wird seine Philosophie in Bad Sobernheim, das sich auch

TIPP WEINWANDERWEG-FEST

Immer Mitte September haben 13 Winzer entlang eines 13 km langen Wanderwegs Stände mit regionalen Spezialitäten aufgebaut. Für den Rückweg oder für den, der nur eine Teilstrecke machen will, gibt es einen Bustransfer. Genaue Termine unter https://weinwanderwegfest.de.

Die Ruinen des Klosters Disibodenberg

Felke Stadt nennt, hochgehalten. Das **Heimatmuseum** im historischen Priorhof (Priorhofstraße) zeichnet sein Leben und seine Arbeitsweise nach. Beim historischen Stadtrundgang (Flyer gibt es im Rathaus) sind auch seine Praxis (Großstraße), seine Villa (Ecke Ring- und Steinhardterstraße) und das Ehrengrabmal von Emanuel Felke auf dem Friedhof zu sehen. Bad Sobernheim richtete den ersten **Barfußpfad** Deutschlands ein. Auch hier stand Felke Pate: Er hat seinen Patienten immer das Barfußlaufen empfohlen. 3500 m lang ist der Rundkurs über Lehm, Gras, Rindenmulch und Steine. Man überquert dabei in einem Nachen (ein kleines Boot), durch eine Furt oder über eine Hängebrücke die Nahe. Ein spaßiges Erlebnis für die ganze Familie.

In einem Seitental der Nahe sind auf 35 Hektar Fläche 40 historische Gebäude aus den Regionen Pfalz-Rheinhessen, Mosel-Eifel, Hunsrück-Nahe und Mittelrhein-Westerwald versetzt worden. Im **Rheinland-Pfälzischen Freilichtmuseum** (www.freilichtmuseum-rlp.de) begibt man sich auf eine Zeitreise ins Leben und Arbeiten der Menschen in den letzten fünfhundert Jahren. Besonders authentisch werden die Dörfer durch die bewirtschafteten Gärten und Felder und durch hier lebende Haus- und Nutztiere.

TIPP AUSFLUG ZUM DISIBODENBERG

Auf dem Disibodenberg lebte die bekannteste Frau des Mittelalters: **Hildegard von Bingen.** Die damals 14-jährige Hildegard zog im Jahr 1112 in die Frauenklause des Benediktinerklosters ein. 1136 wählten die inzwischen zehn Schwestern Hildegard zu ihrer Leiterin. Sie setzte Reformen durch und reduzierte die Gebetszeiten. 1141 schrieb sie ihre Visionen im Buch „Scivias" nieder. Nach der Anerkennung durch Papst Eugen III. als Seherin gründete Hildegard mit zwanzig Schwestern ein eigenes Kloster auf dem Rupertsberg bei Bingen. 2012 wurde die Äbtissin, Heilkundige, Visionärin und Theologin heiliggesprochen. Bei GPS 49.77479, 7.70314 kann man parken und steigt dann hinauf zu den stimmungsvoll im Wald gelegenen Ruinen des Klosters.

Touristeninformation, Bahnhofstr. 4, www.bad-sobernheim.de

29 Nohfels-Park, Bad Sobernheim

GPS 49.77909, 7.65794

Platz in schöner, ruhiger Lage, Schatten, Nahe und Zentrum fußläufig erreichbar, Restaurant, Brötchenservice. **Lage/Anfahrt:** man verlässt Bad Sobernheim auf der Felkestraße Richtung Freilichtmuseum, dann ausgeschildert; **Platzanzahl:** 50; **Untergrund:** Schotter, Wiese; **Service:** Strom, Trinkwasser, Abwasser, Chemie-WC; **Preiskat.:** €€; **Geöffnet:** ganzjährig; **Kontakt:** Hömigweg 7, 55566 Bad Sobernheim

Das heimelige Meisenheim am Glan

Meisenheim

Das faszinierende Städtchen Meisenheim liegt nicht an der Nahe, sondern am Glan. Die geschichtlichen Wurzeln von Meisenheim reichen bis ins 7. Jh. zurück, als der fränkische Siedler Meiso die Siedlung gründete. 1154 ist sie in einer Urkunde des Klosters Disibodenberg als „Meysinheim" erwähnt. König Ludwig der Bayer verlieh 1315 Meisenheim das Stadtrecht. Seine Blütezeit erlebte es ab 1444 durch die Herzöge von Pfalz-Zweibrücken.

TOUR WANDERUNG AB MEISENHEIM

Der Start der Rundwanderung **Magische Heimbach** ist idealerweise am Freibad in der Nähe des Stellplatzes. Über 12,2 km und 368 m Höhendifferenz wandert man durch enge Bachtäler, über Wiesen und durch verwunschene Wälder. Von der „Aussichtsloge" ist der Panoramablick auf Meisenheim herrlich.

Viele stattliche Gebäude wie die Schlosskirche, die Markthalle, das Thayn'sche Haus, die Ritterherberge und schmucke Bürger- und Adelshäuser stammen aus dieser Zeit. Zum Glück blieb Meisenheim als einzige ehemals pfälzische Stadt von Kriegen und Bränden verschont und zeigt sich dem Gast heute von seiner schönsten Seite.
Herausragende Sehenswürdigkeit ist die dreischiffige spätgotische **Schlosskirche** (1479–1504) mit ihrem kunstvoll ausgearbeiteten 52 Meter hohen Turm mit Helm. Die älteste Glocke des Geläuts stammt aus dem Kloster Disibodenberg und kam 1641 nach Meisenheim. Im Innern ziehen die Rokoko-Kanzel und die üppig geschmückte Orgel aus dem 18. Jahrhundert die Blicke auf sich.
Am Marktplatz befinden sich die langestreckte Markthalle mit Säulenarkaden im Erd- und Fachwerk im Obergeschoß und die Mohren-Apotheke, ein Renaissancebau aus dem 16. Jahrhundert. An einigen Stellen gibt es die Möglichkeit, direkt auf dem Wehrgang der historischen Stadtmauer zu spazieren und einen Blick in so manchen versteckten Garten zu werfen. Es gibt in Meisenheim Schönes aus vielen Jahrhunderten zu entdecken und es lohnt sich durch die pittoresken Gassen zu bummeln.

Touristeninformation, Untergasse 16, www.ferienregion-nahe-glan.de

Meisenheimer Hof, Obergasse 33, www.meisenheimer-hof.de. Markus Pape, Koch aus Leidenschaft, hat nach mehreren Stationen in hochdekorierten Häusern in Meisenheim seine Heimat gefunden. Neben dem Restaurant gibt es noch das Café Meisentörtchen und das Weingeschäft im Adelshof. Zum Weingut mit langer Tradition gehört eine der besten Lagen an der Nahe, der Weinberg „Kloster Disibodenberg".

30 Stellplatz In der Heimbach, Meisenheim

GPS 49.71489, 7.65773

Separate Plätze beim Freibad, etwas uneben, Zentrum 1,2 km, Supermärkte fußläufig erreichbar. **Lage/Anfahrt:** Richtung Freibad fahren, ausgeschildert; **Platzanzahl:** 12; **Untergrund:** Schotterrasen; **Service:** Strom, Trinkwasser, Abwasser, Chemie-WC, WC während der Badöffnungszeiten; **Preiskat.:** €; **Geöffnet:** ganzjährig; **Kontakt:** In der Heimbach 3, 55590 Meisenheim

Schloss Dhaun

TIPP AUSFLUG ZUM SCHLOSS DHAUN UND ZUM SKYWALK

Auf einem Felssporn in 400 m Höhe steht **Schloss Dhaun** (www.schlossdhaun.de) oberhalb des engen Kellenbachtals. Ein Besuch lohnt sich wegen der grandiosen Aussicht von der Panoramaterrasse über die bewaldeten Hügel bis zurück ins Nahetal. Bei der Anfahrt kommt man zunächst nach Hochstetten-Dhaun. Dort wurde 2014 im Ortsteil Johannisberg die Metallkonstruktion **Skywalk** installiert. Auf Metallgittern stehend „schwebt" der Besucher frei über dem Nahetal. Die idyllische ehemalige Stiftskirche St. Johannisberg (1283) ist ein kulturhistorisches Kleinod mit Kostbarkeiten wie einer Stumm-Orgel und Grabmälern aus vier Jahrhunderten.

31 Campingplatz Haumühle, Simmertal

GPS 49.81472, 7.50410

Platz in schöner Natur unterhalb von Schloss Dhaun, Brötchenservice, Restaurant, Feuerstellen, guter Ausgangspunkt für Rad- und Wandertouren. **Lage/Anfahrt:** an der B421 ausgeschildert; **Platzanzahl:** 46; **Untergrund:** Wiese; **Service:** Strom, Trinkwasser, Abwasser, Chemie-WC; **Preiskat.:** €€€; **Geöffnet:** ganzjährig; **Kontakt:** Haumühle 1, 55618 Simmertal, Tel. 06754 946565, www.camping-haumuehle.de

TIPP **KANU- ODER PADDELTOUR AUF DEM GLAN**

Der Glan ist zwischen Meisenheim und Odernheim ideal für geruhsame Kanu- oder Paddeltouren. Bei der Staustufe in Meisenheim kann man sich SUPs ausleihen. Infos unter www.kanuverleih-glan.de:

TIPP **FÜHRUNGEN**

Von Mai bis Oktober jeweils am Donnerstag um 16.30 Uhr und am Samstag um 14.30 Uhr beginnt eine unterhaltsame Führung durch das hübsche Städtchen Herrstein. Treffpunkt ist beim historischen Uhrenturm, eine Anmeldung ist nicht erforderlich.

Herrstein

Herrstein ist kein Weinort und liegt nicht direkt an der Nahe, trotzdem ist der wunderschöne Ort unbedingt einen Besuch wert. Die Siedlung entwickelte sich im 13. Jh. unterhalb der Burg Herestyn. 1428 verlieh ihr der Graf von Sponheim das Stadt- und Marktrecht. Besucher betreten die **mittelalterliche Kleinstadt** durch den markanten Uhrenturm. Das Uhrwerk läuft seit 1837, allerdings muss es täglich von Hand aufgezogen werden. Der Uhrzeiger zeigt die Stunden an, die Viertel- und Halbstunden werden dagegen durch Glockenschläge angegeben. Durch schmale Gässchen mit einigen renovierten Fachwerkhäusern spaziert man auf dem Rundgang hinauf zur alten **Burg.** Ein ehemaliger Bergfried mit 3,52 m dicken Mauern wurde kurzerhand in den Glockenturm der Schlosskirche umgewandelt. Das Kircheninnere mit den buntbemalten Epitaphen und den interessanten

32 Stellplatz Brühlstraße, Herrstein

GPS 49.77883, 7.33611

Separate Plätze am Großparkplatz, ins Zentrum 300 m, kleiner Laden in der Nähe, Restaurant im Ort. **Lage/Anfahrt:** am Ortsrand von Herrstein der Beschilderung P folgen; **Platzanzahl:** 3–4; **Untergrund:** Pflaster; **Service:** Strom, Trinkwasser, Abwasser, Chemie-WC; **Sicherheit:** beleuchtet; **Preiskat.:** kostenlos; **Geöffnet:** ganzjährig; **Kontakt:** Brühlstraße, 55756 Herrstein

TOUR **MITTELALTERPFAD**

Mit einer Länge von 8,4 km und 290 m Höhendifferenz ist der Mittelalterpfad eine mittelschwere Wanderung. Vom Ortskern in Herrstein wandert man auf schmalen Pfaden zu reizvollen Aussichtspunkten. Unterwegs laden „Sinnesbänke" zu einer Rast ein.

33 Wohnmobilpark Fischbach

GPS 49.740424, 7.40497

Plätze in schöner Lage direkt an der Nahe, Brötchenservice, von Herrstein 8 km entfernt. **Lage/Anfahrt:** von der L160 ausgeschildert; **Platzanzahl:** 50; **Untergrund:** Wiese; **Service:** Strom, Trinkwasser, Abwasser, Chemie-WC; **Preiskat.:** €; **Geöffnet:** ganzjährig; **Kontakt:** Marktstraße, 55743 Fischbach, www.wohnmobilpark fischbach-nahe.de

TOUR AUSFLUG ZUM KUPFERBERGWERK FISCHBACH

Im **Kupferbergwerk Fischbach** (Hosenbachstraße 17, www.besucherbergwerk-fischbach.de) wird bereits seit 500 Jahren Kupferabbau betrieben. Bei einer Tour durch die gewaltigen, bis zu 30 m hohen Hohlräume (Weitungen) sieht man faszinierende Mineralien, Kalksinter und Stalaktiten. Auf der 4,5 km langen Rundtour **Fischbacher Kupferspuren** erfährt der Wanderer zudem viel zum Thema Kupferabbau.

Emporebildern bekommt man bei einer Stadtführung zu sehen.
Der östliche Eckturm der ehemaligen Burganlage wird heute **Schinderhannesturm** genannt. Hier war der berühmt-berüchtigte Räuber Johannes Bückler, genannt Schinderhannes, 1798 eine Nacht lang eingesperrt, bevor er es vorzog, durch das Fenster zu fliehen. Für die Herrsteiner Grund genug das historische **Schinderhannes-Räuberfest** zu feiern. Es findet alljährlich am zweiten Wochenende im September statt. Buntes Markttreiben, Gaukler, Feuerkünstler, alte Handwerkskunst und regionale Produkte machen einen Besuch zu einem unvergesslichen Erlebnis.

 **Touristinformation,** Brühlstraße 16, www.herrstein.de

Idar-Oberstein

In Idar-Oberstein wird kein Wein erzeugt, aber gerne getrunken! Die Doppelstadt ist auf jeden Fall einen Besuch wert. Edelsteinkenner wissen warum: Idar-Oberstein ist weltbekannt für **Edelsteinabbau** und -weiterverarbeitung. Aus Vulkanen im Hunsrück drängten im Perm gewaltige Lavaströme aus dem Erdinneren an die Oberfläche. In den darin enthaltenen Gasblasen entwickelten sich während der Abkühlung faszinierende Mineralien wie Achat, Amethyste und Jaspisse.
Mit den ersten Achat-Funden 1497 im Bergland zwischen Saar und Nahe begann die **Edelsteinschleiferei** in Idar-Oberstein. Unter Zuhilfenahme der Wasserkraft, ab 1865 von Dampfmaschinen, nach 1890 durch Elektrizität, verarbeitete man heimische Funde bzw.

nach deren Rückgang ab dem 19. Jh. Achate aus Brasilien. Der Erste Weltkrieg brachte einen tiefen Einbruch, ab 1923 ging es wieder aufwärts, bis zu Beginn des Zweiten Weltkrieges die Edelsteinindustrie überwiegend stillstand. Von ca. 5000 Arbeitern waren nur noch 800 in Lohn und Brot. Ab den 1960er-Jahren litten die Unternehmen unter der Billig-Konkurrenz aus Asien. Nach einer Umstellung und Personalabbau hält man heute mit Qualität und kleineren Mengen dagegen.

Interessante Museen geben Besuchern einen umfassenden Einblick in die Welt der Edelsteine. Für Freunde seltener Mineralien, von Schmuck aus dem 19. und 20 Jh. und Heilsteinen von Hildegard von Bingen ist das **Deutsche Mineralienmuseum** (Hauptstr. 436, www.deutsches-mineralienmuseum.de) ein Muss. Das **Deutsche Edelsteinmuseum** (Hauptstr. 118, www.edelsteinmuseum.de) stellt in einer Gründerzeitvilla mehr als 10.000 Stücke vom rohen Stein bis zu den fertigen Preziosen aus. Mit allen Sinnen erfassbar und durch effektvolle Licht- und Farbschauspiele intensiviert, geht es in der **Edelstein-Erlebniswelt** (Nahestr. 42, www.edelstein-erlebniswelt.de) in die geheimnisvolle Naturwunderwelt. Etwas außerhalb sind die **Edelsteinminen im Steinkaulenberg** (Im Stäbel, www.weiherschleife-steinkaulenbergwerk.de) mit dem 400 m langen Besucherstollen die einzigen zur Besichtigung freigegebenen Edelsteinminen Europas. Die **Historische Weiherschleife** (Tiefensteinerstraße 87, www.weiherschleife-steinkaulenbergwerk.de) macht die alte Handwerkskunst der wasserkraftbetriebenen Edelsteinschleiferei erlebbar.

Was dem Besucher bei der Anfahrt nach Oberstein zunächst ins Auge fällt, sind die beiden Burgen und die Felsenkirche hoch über der Stadt. Wirich IV. von Daun-Oberstein ließ die **Felsenkirche** (www.felsenkirche-oberstein.de) 1482 bis 1484 auf den Fundamenten einer alten Wehrmauer in einer natürlichen Felsnische errichten. Man erreicht sie vom Marktplatz aus über 216 Stufen und durch einen Tunnel, der als Schutz vor Steinschlag dient. Direkt darüber steht seit dem Jahr 1200 auf einem Bergsporn **Burg Bosselstein.** Wegen Geldmangel um 1600 aufgeben, verfiel sie im Laufe der Jahrhunderte. Erst im Jahr 2012 wurden die noch erhaltenen Mauerreste saniert. In Sichtweite von Bosselstein steht **Burg Oberstein.** Sie geht auf Wirich II. zurück und wurde 1330 erstmals urkundlich erwähnt. Wirich IV. baute sie zu einer schlossähnlichen Residenz aus. Sie trägt im Volksmund den Namen **Neues Schloss.** Die Innenräume kann man besichtigen (www.schloss-oberstein.de).

Marktplatz von Oberstein mit Blick aufs Neue Schloss

34 Weiherschleife, Idar-Oberstein

GPS 49.73125, 7.28496

Geräumige, parzellierte Plätze neben der historischen Edelsteinschleiferei, Straße in Hörweite. **Lage/Anfahrt:** bei der Weiherschleife ausgeschildert; **Platzanzahl:** 13; **Untergrund:** Schotter/Wiese; **Service:** Strom, Trinkwasser, Abwasser, Chemie-WC; **Sicherheit:** beleuchtet; **Preiskat.:** €; **Max. Stand:** 2 Nächte; **Geöffnet:** ganzjährig; **Kontakt:** Tiefensteiner Straße, 55743 Idar-Oberstein

Touristeninformation, Hauptstr. 419, www.edelsteinland.de

Spießbratenhaus Alte Kanzlei, Alte Hauptstraße 432, www.das-spiessbratenhaus.de. Der Spießbraten kam im 19. Jh. durch Achathändler aus Brasilien an die Nahe und erfreut sich seither einer großen Beliebtheit. Im Spießbratenhaus bekommt man ihn in verschiedenen Fleischsorten.

INFO EDELSTEINE

Unter dem Begriff Edelsteine versteht man nur Mineralien, die bestimmten Kriterien bezüglich des Härtegrads (Mohs-Härte), der Seltenheit im Vorkommen und der Schönheit (Farbenreinheit und Glanz) entsprechen. Alle anderen Steine sind Schmucksteine. In der Esoterik finden Edelsteine als Heilsteine mit ihrem angeblichen Einfluss auf Menschen durch Farbe, Form und die enthaltenen Mineralien großen Zuspruch.

TOUR EDELSTEINSCHLEIFERWEG

Vom Parkplatz bei der Weiherschleife aus führt eine Rundtour mit 492 Höhenmetern über die Wege der Edelsteinschleifer zu ihren Arbeitsplätzen. Schöne Ausblicke auf die Stadt, die Nahe und den Hunsrück sind die Belohnung für die 15,9 km Strecke.

35 Höhenblick, Oberbrombach

GPS 49.69472, 7.25944

8 km außerhalb von Idar-Oberstein, aber in traumhafter Lage. Plätze in toller Aussichtslage, ruhig, überdachte Sitzplätze, freitags und samstags Spießbraten. **Lage/Anfahrt:** an der B41 ausgeschildert; **Platzanzahl:** 75; **Untergrund:** Schotterrasen; **Service:** Strom, Trinkwasser, Abwasser, Chemie-WC, WLAN; **Preiskat.:** €; **Geöffnet:** ganzjährig; **Kontakt:** Sonnenberger Straße, 55767 Oberbrombach, Tel. 06787 735, www.wohnmobilstellplatz-höhenblick.de

Weinregion Mittelrheintal

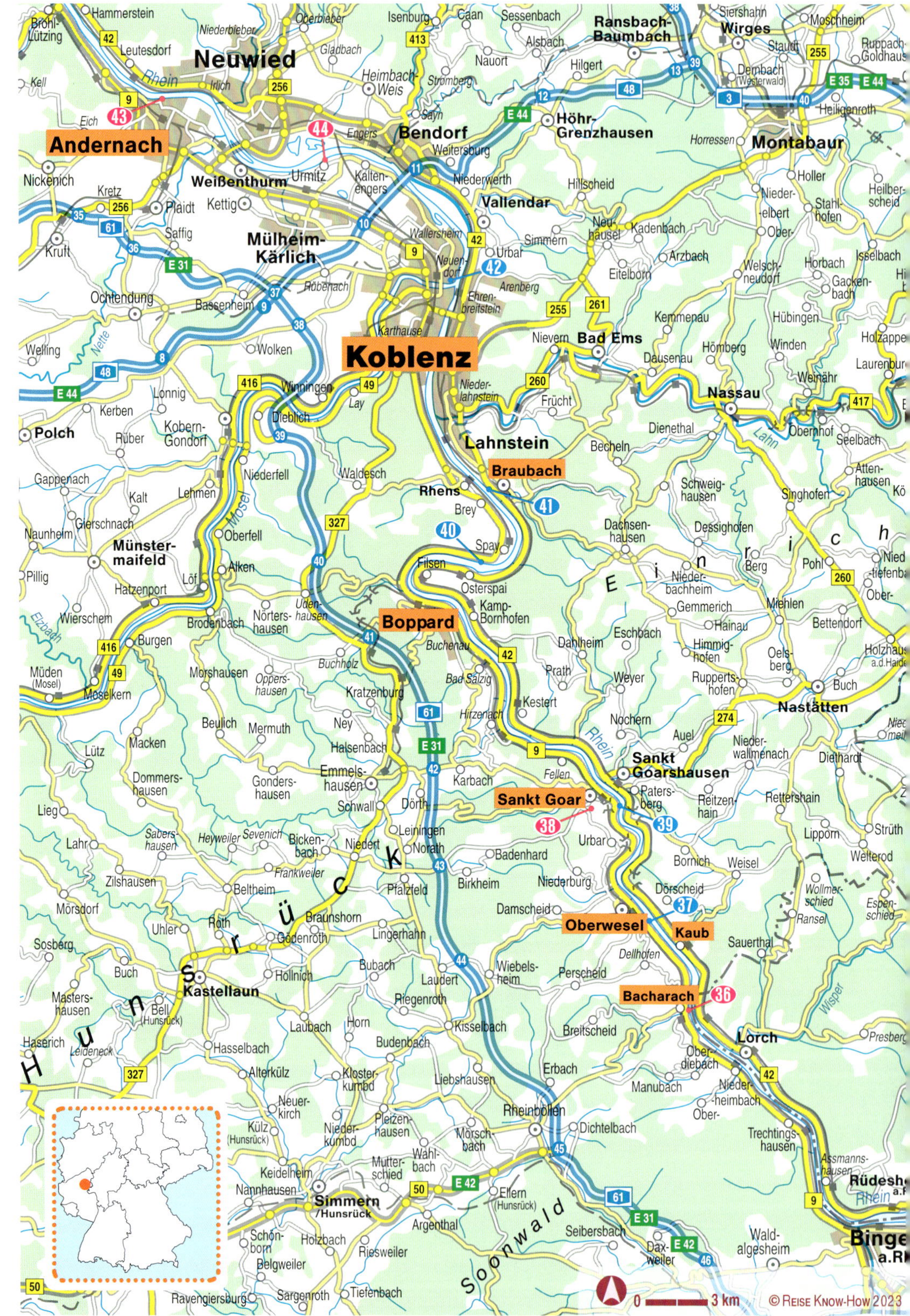

TOUREN-ÜBERBLICK

Routenempfehlung: Bacharach – Kaub – Oberwesel – St. Goar – Boppard – Braubach – Koblenz – Andernach

Länge gesamt: 88 km
Dauer: 4–5 Tage
Reisezeit: Frühjahr bis Spätherbst

Zwischen Bingen und Koblenz erstreckt sich auf 65 km Länge das UNESCO-Welterbe Oberes Mittelrheintal. 40 Burgen, Schlösser und Ruinen, malerische Fachwerkstädtchen und eine faszinierende Landschaft mit tiefen Taleinschnitten und weiter Panoramasicht von den Höhen haben schon Ende des 18. Jh. die Touristen angezogen. Aus dieser Zeit der beginnenden Industrialisierung, als hier Maler und Dichter die wilde, ursprüngliche Natur suchten, stammt der Begriff der Rheinromantik. Das mystische Loreley-Lied, in dem die betörende Jungfrau Schiffer verwirrt und so ihre Schiffe an dem Felsen zerschellen lässt, passt gut in diese Zeit. Heute ist der Rhein die meistbefahrene Wasserstraße der Welt. Der Weinbau im mit 450 ha Rebenfläche zweitkleinsten Anbaugebiet Deutschlands ist überwiegend Handarbeit. Auf den kleinflächigen Steillagen ist Maschineneinsatz kaum möglich. Dafür sind die optimale Sonneneinstrahlung, die Schiefer- und Lößlehmböden und der Rhein als Wärmespeicher Garant für spritzige und körperreiche Weine. 85 % davon sind Weißweine, darunter an erster Stelle Riesling, dann Müller-Thurgau gefolgt von Kerner. Die Rotweinmengen vom Spätburgunder und Portugieser sind sehr gering. Bei gemütlichen Weinfesten und in Weinstuben kann man diese charaktervollen Raritäten ausgiebig probieren. Nicht mehr Teil des UNESCO-Welterbes, aber doch einen Besuch wert ist Andernach.

Die „Goethe" aus dem Jahr 1913 wird von Schaufelrädern angetrieben (s. S. 75)

Bacharach mit Burg Stahleck

Bacharach

Bacharach lässt durch seine intakte Stadtmauer mit Wehrgängen und den teilweise hübsch restaurierten Fachwerkhäusern die Zeit des Mittelalters wieder aufleben. Bei der dreischiffigen Basilika **St. Peter** sieht man am Baustil gut den Übergang von Spätromantik zur Gotik. Gegenüber der Kirche sticht besonders das **Alte Haus** (1586) ins Auge. Als Filmkulisse und durch eine Operette von Robert Stolz wurde es eines der bekanntesten Fachwerkhäuser am Rhein. Der **Posten,** ein Turm der alten Stadtbefestigung, ist für Besucher als Aussichtsturm geöffnet. Der Blick von oben über die Stadt und das Rheintal ist besonders fotogen.

TOUR STAHLBERG-SCHLEIFE
Die 12,6 km lange Rundtour beginnt am Malerwinkel in Bacharach und führt dann hinauf zur Burgruine Stahleck. Über den Weiherturm und die Ruine Stahlberg kommt man zum Heinrich-Heine-Blick und wieder zurück nach Bacharach. Die Markierung ist „RheinBurgenWeg Rundtour".

Ebenfalls ein sehr schönes Fotomotiv bildet die Ruine der hochgotischen **Wernerkapelle** inmitten von Weinbergen. Ihre Entstehungsgeschichte geht auf ein Judenpogrom im Jahre 1287 zurück. Damals wurde in der Karwoche die Leiche des jungen Werner gefunden. Ohne Beweise lasteten der christliche Pfarrer und seine Kirchengemeinde dessen Tod der jüdischen Gemeinde an. In dem daraus resultierenden Pogrom starben 40 Menschen. 1293 wurde die Kapelle zu Ehren Werners geweiht. Bei der Sprengung von Burg Stahleck 1689 fielen Trümmer auf die Kapelle und beschädigten sie schwer. Nach dem zunehmenden Verfall des Gebäudes gründete sich 1980 ein Verein, der sich die Erhaltung der Ruine zum Ziel gesetzt hat.

Das Stadtbild, überragt von **Burg Stahleck,** ist ein wunderschönes Beispiel für den Mythos der Rheinromantik. Schon Victor Hugo und Clemens Brentano waren hingerissen von diesem Anblick. Der Name Stahleck setzt sich aus dem mittelhochdeutschen „stahel“ (Stahl) und „ecke“ (Bergsporn) zusammen und bedeutet unbezwingbare Burg. Leider traf der Name nicht vollständig zu, denn die Burg wurde im Dreißigjährigen Krieg achtmal belagert und schwer beschädigt. Im Pfälzischen Erbfolgekrieg 1689 zündeten französische Truppen die Pulvervorräte an. Die Burg explodierte und brannte aus. Erst 1925 kam man auf die Idee, die Ruine wieder aufzubauen, um darin eine Jugendherberge einzuquartieren.

Rhein-Nahe-Touristik, Oberstraße 10, www.bacharach.de

Im **Weinverkauf Karl Heidrich** (Oberstraße 16–18, Tel. 06743 93060, eine Anmeldung ist empfehlenswert, www.weingut-karl-heidrich.de) hat Qualität und umweltschonender Weinbau erste Priorität. Riesling, Scheurebe, Silvaner, Spätburgunder, Kerner und Rivaner werden von trocken bis süß angeboten.

36 Stellplatz beim Campingplatz Sonnenstrand, Bacharach

GPS 50.055038, 7.77209

Plätze vor dem Campingplatz, teilweise direkt am Rhein, Straße in Hörweite, schmale Parzellen, nach Regen matschig. **Lage/Anfahrt:** an der B9 ausgeschildert; **Platzanzahl:** 34; **Untergrund:** Schotter; **Service:** Strom, Trinkwasser, Abwasser, Chemie-WC; **Preiskat.:** €€; **Geöffnet:** Apr.–Okt.; **Kontakt:** Strandbadweg 9, 55422 Bacharach, Tel. 06743 1752, www.camping-rhein.de

Kaub

Die **Fähre** zwischen Bacharach und Oberwesel nimmt auch Wohnmobile mit über den Rhein, trotzdem ist es empfehlenswert die Fahrt von den Stellplätzen in Oberwesel oder Bacharach mit dem Fahrrad zu starten. Schon bei der Überfahrt kommt man an der **Burg Pfalzgrafenstein** mitten im Rhein vorbei. Nach der Ankunft am Fähranleger auf der anderen Seite startet dort das kleine Fährboot zur Insel mit der beeindruckenden Burg (www.tor-zum-welterbe.de). Wie ein stromabwärts fahrendes Schiff steht sie seit 1327 im Bacheracher Engtal. Hier, an der wegen seines Felsenriffs schwer zu befahrenden Rheinstrecke, wird der Fluss auch „Wildes Gefähr" oder „Wilde Fahrt" genannt. Die Lage der Pfalzgrafenburg machte sie zu einer ertragreichen Zolleinnahmequelle für die jeweiligen feudalen Besitzer. 8 bis 24 Mann stark war die Besatzung, die hier den Weinschiffern ihren Tribut abforderte. Daneben bewachten sie auch die Gefangenen im Bergfried. Durch die idyllische Lage und ihr Äußeres mit vielen spitzen Türmchen war die Burg im 19. Jh. Anziehungspunkt für Touristen und ein weiteres Symbol der Rheinromantik. Victor Hugo und Heinrich Heine sind die berühmtesten Besucher in dieser Zeit.

Blick auf Burg Pfalzgrafenstein mit Burg Gutenfels im Hintergrund

Kaub bekam seinen Beinamen Blücherstadt durch die Ereignisse in der Neujahrsnacht 1813/1814. Damals überquerte Feldmarschall Blücher mit seinen Truppen bei Kaub den Rhein. Quartier nahm er im repräsentativen Barockgebäude Hotel „Zur Stadt Mannheim", in dem heute das **Blüchermuseum** (Metzgergasse 6, www.bluechermuseum-kaub.de) untergebracht ist. Die Einrichtung aus der Zeit Blüchers ist weitgehend erhalten geblieben und auch einige private Gegenstände des großen Feldmarschalls kann man beim Museumsbesuch bestaunen.

Burg Gutenfels thront in 200 m Höhe über Kaub. Im 13. Jh. unter dem Namen Burg Cube erbaut, wurde sie im 16. Jh. nach der erfolglosen Belagerung durch Wilhelm von Hessen wegen ihrer Wehrhaftigkeit in Gutenfels umbenannt. Sie ist seit 2006 in Privatbesitz und kann nicht besichtigt werden.

Touristeninformation im Rathaus, Schulstraße 12, https://kaub.welterbe-mittelrheintal.de

)berwesel

Besonders malerisch ist Oberwesel bei der ∖nfahrt mit dem Schiff oder von der Ausichtsterrasse der Schönburg. Das liegt an len 18 Türmen und an der in großen Teilen rhaltenen mittelalterlichen Stadtmauer. Auf lem **Stadtmauerrundweg** wird die Stadt umundet und an einigen Stellen ist es möglich, lirekt auf der Stadtmauer zu spazieren. Ein Inoblatt mit dem Wegverlauf und der Beschreiung der Türme hat die Touristeninformation usliegen.

)as **Minoritenkloster** von 1280 (Oberstrae, www.kulturhaus-oberwesel.de) fiel einem Brand zum Opfer. Seit der Restaurierung im ahr 2006 bilden die Sakristei, der Klostergaren, der Kreuzgang und die gotische Kirchenuine ein märchenhaftes Ensemble, das auch ei Brautpaaren sehr beliebt ist. Bei einer der nteressanten Themenführungen bekommt nan auf unterhaltsame Weise Einblicke ins hemalige Klosterleben.

Hinter den roten Mauern der dreischiffigen otischen **Liebfrauenkirche** (Kirchstraße) aus dem Jahr 1308 verbirgt sich ein kostarer Schatz. Der auch „Goldaltar" genannte Hochaltar zeigt mit feinen Schnitzereien und iel Gold einen Zyklus der Heiligengeschichte om Sündenfall bis zur Krönung Marias.

eit 1149 thront die **Schönburg** (Auf dem chönberg, www.burghotel-schoenburg.de) uf Schieferfelsen hoch über Oberwesel. Die 'rierer Erzbischöfe verstärkten die Verteiigungsanlagen mit der 20 m hohen Schildnauer und einem weitläufigen Zwinger. Der 0-minütige, steile Aufstieg von der Liebfraunkirche lohnt sich unbedingt, denn er wird nit einem traumhaften Ausblick auf die Stadt und das Rheintal sowie der Einkehr in der Gastronomie im Schlosshof belohnt (s. S. 66).

Das **Weingut Weiler-Fendel** (Mainzer Straße 2, www.weiler-wein.de) blickt auf eine 400 Jahre alte Weinbautradition zurück. Auf ihren 18 Hektar Steillagen wachsen uralte Reben, deren Wurzeln sich bis zu 15 m tief in den steinigen Boden gegraben haben und die charaktervolle Weine hervorbringen.

Aussicht von der Schönburg auf Oberwesel

TOUR TRAUMSCHLEIFE SCHWEDE-BURE

Der Schwede-Bure war im Dreißigjährigen Krieg ein Zufluchtsort für die Einwohner von Oberwesel. Später fühlten sich Liebespaare in den wildromantischen kleinen Wäldchen, Wiesen und Weinbergen ungestört. Die Tour mit schöner Aussicht beginnt am Schaarplatz und ist 12,1 km lang.

Die Schönburg ist das lohnende Ziel einer kleinen Wanderung

Eine **Weinprobe** mit Transfer in die Oberweseler Weinberge wird nach telefonischer Voranmeldung bei der Touristeninformation jeden Donnerstag um 15 Uhr organisiert.

Touristeninformation, Rathausstraße 3, Tel. 06744 710624, https://oberwesel.de

TOUR KLEINE RUNDE ZUR BURG SCHÖNBURG

Vom Stellplatz aus lockt die Burg zu einem Besuch. Bei der Liebfrauenkirche beginnt der Aufstieg zunächst über den Rhinelanderweg, von ihm zweigt ein schmaler Waldpfad mit der Markierung RheinBurgenWeg ab. Er schlängelt sich hinauf zu der stattlichen Burg mit Aussichtsterrasse und Bistro. Für den Rückweg nimmt man wieder den RheinBurgenWeg und kommt auf schmalem, steinigem Pfad zurück zur Liebfrauenkirche. Der Rundweg ist ca. 2 km lang.

37 Campigplatz Schönburgblick, Oberwesel

GPS 50.10251, 7.73664

Stellplatz auf dem Gelände des Campingplatzes, teilweise direkt am Rhein, Zentrum 800 m, Supermärkte 300 m, Biergarten. **Lage/Anfahrt:** ausgeschildert; **Platzanzahl:** 30; **Untergrund:** Wiese; **Service:** Strom, Trinkwasser, Abwasser, Chemie-WC, WLAN; **Sicherheit:** beleuchtet; **Preiskat.:** €€; **Geöffnet:** Mitte März–Okt.; **Kontakt:** Am Hafendamm, 55430 Oberwesel, Tel. 06744 714501, www.camping-oberwesel.de

St. Goar

Unzählige Touristen aus der ganzen Welt kommen in die Stadt gegenüber der sagenumwobenen Loreley, die von den imposanten Ruinen von Burg Rheinfels überragt wird. Das Städtchen ist mit seinen Restaurants und Cafés und einer schönen Fußgängerzone auf die vielen Besucher eingerichtet.

Der Name St. Goar stammt vom **heiligen Goar,** der sich um 550 hier eine Klause erbaute. Sein Grab in der 781 geweihten **Stiftskirche** war bald Wallfahrtsstätte und Ziel zahlreicher Pilger, darunter auch Karl der Große. Von einem Neubau (Ende 11.–Anfang 12. Jh.) nach einem Brand ist heute noch die dreischiffige romanische Krypta erhalten. Im 15. Jh. veranlasste Graf Philipp von Katzenelnbogen den Bau eines neuen dreischiffigen Langhauses mit spätgotischen Wandmalereien und Netzgewölbe.

Graf Diether V. von Katzenelnbogen befahl 1245 zum Schutz der Zollstation den Bau von **Burg Rheinfels.** Als die Herren von Katzenelnbogen zum führenden Adelsgeschlecht am Mittelrhein aufstiegen, bauten sie auf der anderen Rheinseite eine weitere Burg: **Neukatzenelnbogen** (kurz **Katz** genannt). So konnten sie das Rheintal an dieser Stelle vollständig beherrschen. Nachdem Rheinfels 1479 an den hessischen Landgrafen fiel, erfolgte der Umbau zum prächtigen Renaissanceschloss. Als eine der wenigen Festungen am Rhein wurde sie während des Dreißigjährigen Kriegs und des Pfälzischen Erbfolgekriegs nicht zerstört. 1692 konnte sich Rheinfels gegen die angreifenden Truppen Ludwigs des XIV. verteidigen, 1794 wurde die Burg kampflos der französischen Revolutionsarmee übergeben. 1843 nutzte Prinz Wilhelm von Preußen, der spätere Kaiser Wilhelm I., die Steine der inzwischen teilweise gesprengten Burg zum Wiederaufbau der Festung Ehrenbreitstein in Koblenz. Auch Burg Katz wurde 1806 durch französische Truppen stark beschädigt, kam dann in Privatbesitz und wurde wieder aufgebaut.

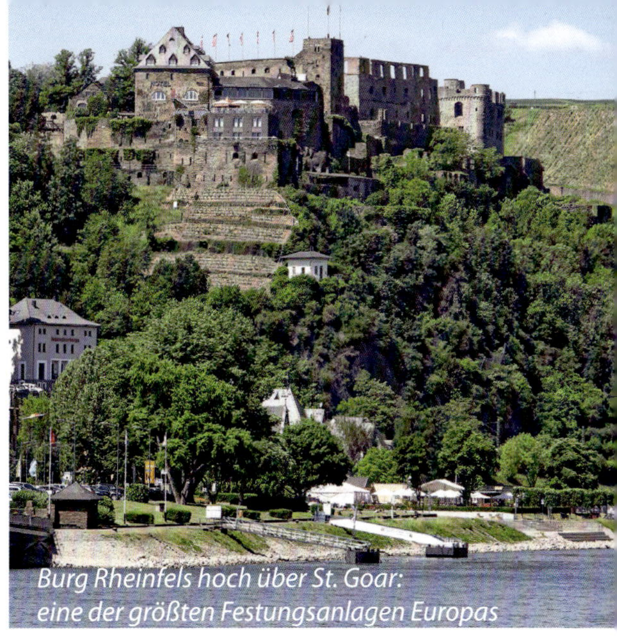

Burg Rheinfels hoch über St. Goar: eine der größten Festungsanlagen Europas

Touristeninformation, Heerstraße 81, www.welterbe-mittelrheintal.de

Infos zu Festen und Veranstaltungen finden sich unter www.stadt-st-goar.de/events-in-st-goar/#/veranstaltungen.

TIPP RHEIN IN FLAMMEN

An fünf Terminen zwischen Mai und September, immer an einem anderen Teilstück des Rheins, startet das Großspektakel Rhein in Flammen. Burgen, Rheinpromenaden und die Ortschaften sind bunt beleuchtet, ein Schiffskonvoi bietet faszinierende Einblicke vom Fluss auf das Prachtfeuerwerk. Alle Infos unter www.rhein-in-flammen.com.

Die sagenumwobene Loreley

INFO LORELEY

An der engsten Stelle im Rheintal in Höhe des Loreleyfelsens ereigneten sich durch starke Strudel immer wieder schwere Schiffsunfälle. Um die Gefahrenquelle zu entschärfen, wurden 1930 einige Felsen gesprengt und bis 1980 Lotsen eingesetzt. Trotz weiterer Sprengungen ist auch heute noch bei außergewöhnlichen Wasserständen die Gefahr für die Schifffahrt nicht unerheblich.

1801 erzählte Clemens Brentano in einer Ballade „Zu Bacharach am Rheine" die Geschichte einer Zauberin, die die Männer mit ihrer Schönheit bezirzte und in den Selbstmord trieb. 1824 griff Heinrich Heine das Thema auf und erzählte in einem Gedicht „Ich weiß nicht was soll es bedeuten" von der Schönheit mit langem blondem Haar. Sie lenkte die Schiffer mit ihrer Gestalt und dem wunderbaren Gesang ab, sodass diese die gefährlichen Riffe, Felsen und Untiefen übersahen und die Schiffe zerschellten. Friedrich Silcher vertonte das Gedicht 1837.

Zur Loreley

In St. Goar ist man auf der gegenüberliegen den Rheinseite und hat diese Möglichkeiten um zur Loreley zu kommen: Als Fußgänge oder Radfahrer nimmt man die Fähre nach Goarshausen. Dort gibt es einen Shuttlebus mit Fahrradtransfer (Infos unter www.mb-bus.de) hinauf auf das **Loreley Plateau.** We die 312 m Höhendifferenz aus eigener Kraf „erradeln" will, wählt den Loreley-Aar-Radweg über Reichenberg und Bornich und is nach 14 km oben angekommen. Die Fähre nimmt auch Wohnmobile mit. Beim **Besucherzentrum** (s. S. 70) kann das WoMo gebührenpflichtig geparkt werden, auch eine Übernachtung ist möglich

In dem **Kultur- und Landschaftspark** kann man auf dem Mythenpfad oder dem Strahlenweg den Mythos Loreley erkunden, das Beiheft zu den Piktogrammen hält das Besucherzentrum Loreley-Touristik bereit. Atemberaubend ist der Ausblick von der Plattform in 125 m Höhe über dem Rhein auf die engste und tiefste Stelle bei Stromkilometer 555.

Die weltweit bekannte **Loreley-Statue** aus Bronze steht auf der Spitze der Hafenmole zu Füßen des Loreleyfelsens. Ein Treppenweg führt in 30 Min. vom Eingang des Landschaftsparks hinunter.

Auf dem **Weinlehrpfad-Loreley** informieren 20 Tafeln über den Steillagenweinbau, die verschiedenen Rebsorten und die Arbeit der Winzer im Weinberg.

Eine rasante Fahrt mit der 700 m langen **Sommerrodelbahn,** ebenfalls auf dem Plateau, sorgt für etwas Nervenkitzel.

39 Camping Loreleyblick, St. Goar

GPS 50.14099, 7.72277

Platz direkt am Rhein (Schiffs- und Zuglärm), Lebensmittelmarkt, Brötchenservice. **Lage/Anfahrt:** an der B9 ausgeschildert; **Platzanzahl:** 360; **Untergrund:** Wiese; **Service:** Strom, Trinkwasser, Abwasser, Chemie-WC; **Sicherheit:** umzäunt, beleuchtet, bewacht; **Preiskat.:** €€€; **Geöffnet:** ganzjährig; **Kontakt:** An der Loreley 49, 56329 Sankt Goar, Tel. 06741 2066, http://hotel-winzerhaus.de

38 Bioferienhof, Sankt Goar

GPS 50.14150, 7.70805

Plätze bei einem Pferdehof (Ponyausritte für Kinder) in sehr schöner, sehr ruhiger Lage, direkt am Wanderweg Traumschleifchen Spitzer Stein und Traumschleife Mittelrhein. **Lage/Anfahrt:** Zufahrt nur für Fahrzeuge bis 3,20 m Höhe. In St. Goar Richtung Pfalzfeld abbiegen, steil bergwärts auf die Hochfläche, dann ausgeschildert; **Platzanzahl:** 10; **Untergrund:** Wiese; **Service:** Strom, Trinkwasser, Chemie-WC, WC; **Preiskat.:** €€; **Geöffnet:** ganzjährig; **Kontakt:** Auf dem Flürchen 1, 56329 Sankt Goar, bioferienhof-loreley.jimdofree.com

Besucherzentrum Loreley-Touristik, Auf der Loreley 7, 56348 Bornich, www.loreley-besucherzentrum.de, Parkplatz: GPS 50.14173, 7.73368. Hier werden unter dem Motto „Weinkulinarik in Wanderschuhen“ zu festen Terminen Themenwanderungen mit Weinproben veranstaltet.

TOUR FAHRT ZUM LORELEYBLICK MARIA RUH

Wohnmobile unter 3,20 m Höhe und 7,50 m Länge können in St. Goar Richtung Urbar abbiegen. Es geht steil hinauf und über die Hochfläche bis Urbar. Dort ist der Aussichtspunkt ausgeschildert (GPS 50.13458, 7.72193). Nach kurzem Fußweg öffnet sich ein traumhafter Panoramablick auf das Rheintal und die Loreley am anderen Ufer.

TOUR TRAUMSCHLEIFCHEN SPITZER STEIN

Eine Wanderung um den Aussichtsturm auf den Felsen mit weitem Blick in den Taunus, zur Loreley und zu den Burgen Katz und Maus. Start zur 6,7 km langen Tour ist am Wanderparkplatz Spitzer Stein an der K97 oder direkt beim Stellplatz Bioferienhof 38.

TIPP WANDERN UND RADFAHREN ZWISCHEN ST. GOAR UND OBERWESEL

Zwischen St. Goar und Oberwesel lassen sich Wanderungen und Radtouren sehr gut mit einer Schiffs- oder einer Zugfahrt kombinieren. Mehr Infos unter www.rheingucken.de/wanderkarte oder www.k-d.com.

Boppard

Bereits Mitte des 4. Jh. bauten die Römer ein Militärlager mit Kastell und Thermenanlage auf der Bopparder Markung. Es gilt heute als die am besten erhaltene römische Befestigungsanlage in Deutschland. Das **Kastell Bodobrica** nahm eine Fläche von 308 m mal 154 m ein und hatte zwölf Wehrtürme. Die beeindruckenden Reste kann man an der Angertstraße bewundern.

Eine Badeanlage war in römischer Zeit an der Stelle, wo heute die **St.-Severus-Kirche** von 1235 steht. Besonders imposant ist die Sicht vom Marktplatz auf die dreischiffige Kirche mit zwei Türmen und dem dreigeschossigen Chor. Das spätromanische Triumphkreuz und die Madonna mit Kind und Lilienzepter sind wertvolle Stücke im Kircheninnern.

Das älteste Wohnhaus der Stadt, das spätgotische **Ritter-Schwalbach-Haus** (Rheinallee 23), ist seit 1987 Teil der Bundesakademie für Öffentliche Verwaltung. Ecktürmchen mit Spitzhelmen zieren den quadratischen Bau.

An der schönen Rheinpromenade steht die **Kurfürstliche Burg.** Sie hat ihr heutiges Aussehen aus dem 17. Jh. und beherbergt inzwischen das **Museum der Stadt** (Burgplatz 2, www.museum-boppard.de).

Die Weinlage **Bopparder Hamm,** mit 75 Hektar die größte zusammenhängende Rebfläche am Mittelrhein, ist ein Garant für ausgezeichnete Spitzenweine. Die idealen Voraussetzungen der Steillage sind Neigungswinkel, der Rhein als Wärmespeicher und die geschützte Lage an der Rheinbiegung. Die Einzellagen heißen Fässerlay, Elfenlay, Engelstein und Ohlenberg. Bei allen dominiert die Rebsorte Riesling. Der Wein bekommt durch das schieferhaltige Verwitterungsgestein seine unverwechselbare Note und seinen Charakter. Beim **Mittelrheinischen Weinfrühling** Ende April und beim **Weinfest** Ende September bis Anfang Oktober bieten die Bopparder Winzer zwei stimmungsvolle Events an. Bei Hoffesten, in den Winzerwirtschaften, bei Weinproben oder im **Bopparder Weinkontor** (Heerstr. 197, www.bopparder-weinkontor.de) gibt es das ganze Jahr über Gelegenheit, die aromatischen Tropfen zu genießen.

Die **Sesselbahn** (Mühltal 2, https://sessel bahn-boppard.de) gleitet bequem hinauf zur Bergstation. Von dort ist es nicht weit zum Gedeonseck, zum Vierseenblick und zum Ausgangspunkt verschiedener Rundwege. Die Sicht über die große Rheinschleife und den wie vier Seen anmutenden Rhein ist traumhaft.

Touristeninformation, Marktplatz 1, www.boppard-tourismus.de

TOUR TRAUMSCHLEIFE ELFENLAY

Über 10,4 km wandert man mit herrlicher Aussicht auf die größte Weinlage am Mittelrhein, den Bopparder Hamm. Start ist am St.-Remigius-Platz in Boppard mit Wohnmobilparkplätzen (GPS 50.23541, 7.57746).

Braubach

Auf einem 90 m hohen Schieferkegel über der Stadt Braubach befindet sich die **Marksburg** (Marksburg 1, www.marksburg.de). Um 1231 von den Herren von Eppstein als romanische Burg Brubach erbaut, kaufte sie 1283 Graf Eberhard II. von Katzenelnbogen. Das reiche Adelsgeschlecht gab ihr ihr heutiges Erscheinungsbild. Nachdem die Herren von Katzenelnbogen ausstarben, fiel die Burg 1479 an Hessen und wurde mit Batterien und Bastionen ausgerüstet. 1803, nach der Auflösung

40 Campingpark Sonneneck, Boppard

GPS 50.248612, 7.62597

Platz in sonniger Lage direkt am Rhein (Schiffslärm), Boppard 5,7 km, Restaurant, Kiosk, saisonales Schwimmbad. **Lage/ Anfahrt:** an der B9 ausgeschildert; **Platzanzahl:** 300; **Untergrund:** Wiese; **Service:** Strom, Trinkwasser, Abwasser, Chemie-WC, WLAN; **Sicherheit:** beleuchtet; **Preiskat.:** €€€; **Geöffnet:** Apr.–Mitte Okt.; **Kontakt:** B9, 56154 Boppard, Tel. 06742 2121, https:// sonneneck-camping.de

Sieht die Marksburg nicht aus wie ein Dornröschenschloss?

des Heiligen Römischen Reiches, gehörte die Marksburg zum neu entstandenen Herzogtum Nassau. Im Preußisch-Österreichischen Krieg von 1866 stand Nassau an der Seite Österreichs. Nach dessen Niederlage wurde die Burg Preußen zugeschlagen. Die Anlage verwahrloste und erst um 1900, als sie die Deutsche Burgenvereinigung für 1000 Mark erwarb, ging es wieder aufwärts. Heute ist die weißverputzte Burg die einzige Höhenburg am Mittelrhein, die nie zerstört wurde. Bei einer unterhaltsamen **Burgführung** sieht der Besucher die vollständig erhaltenen Wehranlagen, die Wohnräume, die Küche, die Waffenstube und den Rittersaal und lernt dabei viel über das Leben im Mittelalter.

Im 3000-Einwohner Örtchen Braubach steht **Schloss Philippsburg** (Schlossstraße 4) von 1568. Es gilt als das älteste Renaissanceschloss am Mittelrhein. Im dazugehörigen **Winzerkeller** (https://winzerkeller-philippsburg.de) stehen überwiegend Weine aus Rheinhessen und vom Mittelrhein auf der Karte.

Neben dem historischen **Marktplatz** mit einigen Fachwerkhäusern ist auch der **Rosengarten,** ein Park mit herrlichen Rosenbeeten am Rheinufer, einen Besuch wert.

Touristeninformation, Rathausstraße 8, www.loreley-touristik.de

41 Green Camping am Rhein, Braubach

GPS 50.27480, 7.63925

Platz in sehr schöner Lage am Rhein mit Sicht auf die Marksburg, Auswahl zwischen Parzellen und Wildcampingwiese, Brötchenservice. **Lage/Anfahrt:** Im Ort ausgeschildert, 4 m Höhenbegrenzung; **Platzanzahl:** 60; **Service:** Strom, Trinkwasser, Abwasser, Chemie-WC, WLAN; **Sicherheit:** umzäunt, beleuchtet; **Preiskat.:** €€–€€€€; **Geöffnet:** Anfang Apr.–Anfang November; **Kontakt:** Am Campingplatz 1, 56338 Braubach, Tel. 0171 8399809, www.campingamrhein.de

Koblenz

Bereits vom Stell- oder Campingplatz fällt die Landzunge **Deutsches Eck** ins Auge. Der Name geht auf die Nähe zur Niederlassung des Deutschen Ordens zurück. Aus dieser Zeit ist noch das **Deutschherrenhaus** mit der Ruine der Kapelle zu sehen. Am Zusammenfluss von Rhein und Mosel dominiert das 14 m hohe **Reiterstandbild von Kaiser Wilhelm I.** auf einem 23 m hohen Sockel die Kulisse. 1897 eingeweiht, wurde es am 16. März 1945 durch amerikanischen Beschuss zerstört. 1953 erklärte Bundespräsident Theodor Heuss den noch erhaltenen Sockel zum Mahnmal für die Deutsche Einheit. 1993 fand eine Rekonstruktion des Standbilds hier seinen Platz.

Das nächste Ziel, die **Festung Ehrenbreitstein,** sieht man bereits vom Deutschen Eck aus. Schon in der Bronzezeit nützten die Menschen die strategisch günstige Lage auf dem 118 m hohen Felssporn für einen Adelssitz. Römer, Kurfürsten und schließlich die Preußen folgten und hinterließen eine gewaltige Festungsanlage. Meterdicke Mauern, Tunnel, Gräben, Brücken, Tore und natürlich die Aussicht in die Eifel und in den Hunsrück bis ins Neuwieder Becken machen die Burg zu einem Besuchermagnet erster Güte. An 13 Stationen lässt sich ihre Geschichte erkunden. Der Weg nach oben ist vom Deutschen Eck aus ganz einfach mit der Seilbahn zu bewältigen.

Das **Romanticum** (Zentralplatz 1, www.romanticum.de) nimmt Besucher mit auf eine etwas andere multimediale Zeitreise ins UNESCO-Welterbe Oberes Mittelrheintal. Die 70 interaktiven Stationen regen zum Mitmachen an.

Blick vom Deutschen Eck auf die Festung Ehrenbreitstein

Im Stadtzentrum und in der Altstadt herrscht geschäftiges Treiben. Durch die Fußgängerzonen bummelt man vorbei an vielen Geschäften und Restaurants bis zum **Kurfürstlichen Schloss.** Der frühklassizistische Bau wurde unter Kurfürst Clemens Wenzeslaus im 18. Jh. errichtet. Ein Platz zum Durchatmen ist der blumengeschmückte Schlosspark.

An den beiden Flüssen Rhein und Mosel wachsen auf den Terrassenweinbergen regionstypisch Riesling und verschiedene Burgundersorten. Das **Weingut Göhlen** in Ehrenbreitstein (Mühlental 33, www.weingut-goehlen.de) lädt zu individuellen Weinproben und Kellerführungen nach Voranmeldung ein. Familie Göhlen baut am Fuße der Festung Ehrenbreitstein seit drei Generationen Weine, Sekte und Brände nach traditionellem Verfahren aus.

Südlich von Koblenz ist **Schloss Stolzenfels** durch seine helle Farbe weithin sichtbar. Das von Karl Friedrich Schinkel 1823 erbaute klassizistische Schloss (Schlossweg, www.tor-zum-welterbe.de) war Sommerresidenz des späteren Friedrich Wilhelms IV. von Preußen. Bei einer Führung kann man die mit Originalmobiliar ausgestatteten Wohnräume, den Rittersaal, die Kapelle mit Wandmalereien und den wunderschönen Schlossgarten besuchen.

42 Knaus Campingpark, Koblenz

GPS 50.36594, 7.60400

Plätze auf oder vor dem Campingplatz an eine Wiese angrenzend, Fußgängerfähre zum Deutschen Eck. **Lage/Anfahrt:** in Koblenz ausgeschildert; **Platzanzahl: SP** 10, CP 200; **Untergrund:** Rasengitter; **Service:** Strom, Trinkwasser, Abwasser, Chemie-WC; **Sicherheit:** beleuchtet; **Preiskat.:** €€€€, Stellplatz €€; **Max. Stand:** Stellplatz 3 Nächte; **Geöffnet:** ganzjährig; **Kontakt:** Schartwiesenweg 6, 56070 Koblenz, Tel. 0261 82719, www.knauscamp.de

Touristeninformation, Zentralplatz 1, www.koblenz-touristik.de, Tel. 0261 1291610

TIPP SCHIFFSFAHRTEN

Die **Große** und die **Kleine Burgenrundfahrt** startet am Pegelhaus Brücke Nr. 8. Entweder 60 oder 100 Minuten schippert man entlang der interessanten Burgen und hat die Möglichkeit, bei der Marksburg oder Schloss Stolzenfels auszusteigen und sie zu besichtigen. Infos unter www.merkelbach-personenschiffe.de.
Das historische **Schaufelradschiff Goethe** aus dem Jahr 1913 nimmt Touristen mit auf eine Tour von Koblenz bis Rüdesheim (Termine unter www.k-d.com).

TIPP FÜHRUNGEN

Ganz unterschiedliche Themenführungen, auch viele zum Thema Wein, werden von der Koblenzer Touristeninformation und weiteren Veranstaltern angeboten.

Andernach

Die Stadt Andernach ist keine Weinbaugemeinde und trotzdem unbedingt einen Besuch wert. Andernach gilt als **eine der ältesten Städte in Deutschland** und zählt mit den prähistorischen Funden aus der Zeit von vor 500.000 Jahren im Stadtteil Miesenheim sogar zu den ältesten Siedlungsfundstellen Europas. Das **Stadtmuseum** (Hochstr. 99, www.andernach-kultur.de) gibt Einblicke in diese bewegte Geschichte. Selbst wer sich dafür nicht interessiert, sollte das Museum im **Haus von der Leyen** mit dem kunstvoll gestalteten Portalvorbau von außen ansehen. Es wurde zwischen 1594 und 1600 als Stadtpalais für den kurkölnischen Oberamtmann Georg von der Leyen erbaut. Gleich gegenüber stehen der Turm und die Mauern der **Kurkölnischen**

Die Kurkölnische Burg von Andernach

Burg aus dem 14. bis 16. Jh. Ihre Zerstörung erfolgte im Pfälzischen Erbfolgekrieg im Jahr 1689. Reste der mittelalterlichen Stadtbefestigung sind der Helmwartsturm und der 56 m hohe Runde Turm. Durch das **Rheintor** (1200) betritt man vom Rhein her die quirlige Stadt mit Fußgängerzonen und vielen kleinen Geschäften.

Andernach nennt sich die **essbare Stadt.** Hintergrund ist, dass in den Parks verschiedene Gemüse, Obst und Kräuter angepflanzt sind. Ernten und pflücken ist hier ausdrücklich erlaubt.

Die Hauptattraktion Andernachs ist ein Naturphänomen: der weltweit höchste **Kaltwassergeysir.** Man besucht zunächst das **Museum** (Konrad-Adenauer-Allee 40, www.geysir-andernach.de) und bekommt dort auf einer imaginären Fahrt unter die Erde unterhaltsam alle Hintergrundinformationen. Anschließend geht es per Schiff zur Halbinsel Namedyer Werth, um dann den Ausbruch des Geysirs live zu erleben.

Touristeninformation, Hochstraße 80, www.andernach-tourismus.de

43 Am Rheinufer, Andernach

GPS 50.44170, 7.40877

Sehr beliebter Platz am Rheinufer, in die Altstadt 400 m, zum Geysir-Museum 300 m. **Lage/Anfahrt:** Von der B9 Richtung Weißenthurm und dann Richtung Andernach-Zentrum fahren; **Platzanzahl:** 80; **Untergrund:** Rasengitter; **Service:** Strom, Trinkwasser, Abwasser, Chemie-WC; **Preiskat.:** €; **Geöffnet:** ganzjährig; **Kontakt:** Scheidgasse, 56626 Andernach

44 Wohnmobilhafen Urmitz

GPS 50.41845, 7.52455

Gepflegter, halbkreisförmig angelegter Platz mit Sicht auf den Rhein, Bahn in Hörweite, Bushaltestelle nach Koblenz 400 m, nach Andernach 10 km. **Lage/Anfahrt:** in Urmitz Richtung Sportanlagen, dann ausgeschildert; **Platzanzahl:** 30; **Untergrund:** Asphalt; **Service:** Strom, Trinkwasser, Abwasser, Chemie-WC; **Preiskat.:** €; **Geöffnet:** ganzjährig; **Kontakt:** Kaltenengerser Straße, 56220 Urmitz

Rheingauer Rieslingroute

TOUREN-ÜBERBLICK

Routenempfehlung: Eltville – Kiedrich – Geisenheim – Rüdesheim – Lorch
Länge gesamt: 45 km
Dauer: 3–4 Tage
Reisezeit: Frühling bis Herbst

Die 3200 Hektar umfassenden Anbauflächen des Rheingaus ziehen sich entlang des Rheins von Eltville über Rüdesheim bis Lorch. Am Anfang ist die Landschaft sanft hügelig und steigt dann ab Rüdesheim bis zu den Steillagen von Lorch stark an. Mit einem Anteil von 80 % liegt der Riesling im Rheingau bei den bestockten Flächen ganz klar vorn. Das gibt es sonst in keinem Weinbaugebiet in

Entspannung beim Weinstand in Rüdesheim

Deutschland. Riesling und Spätburgunder entfalten ihr breites Geschmackspektrum durch die unterschiedlichen Böden vom fruchtbaren Löss bis hin zum Quarzit. Die Voraussetzungen für herausragende Weine von trocken über halbtrocken bis süß mit vielschichtigen, tiefen Aromen und mineralischer Struktur sind hier ideal. Das Rheingau gilt auch als Heimat der Spätlesen. Die junge Winzergeneration verwirklicht mit Herzblut und Leidenschaft neue innovative Ideen. Straußwirtschaften, Gutsschänken und Vinotheken zeigen die ganze Vielfalt der Rheingau-Weine. Eingebettet in diese vom Weinbau beherrschte Region sind Schlösser, Klöster, Adelssitze und schmucke Weindörfer. Die Drosselgasse von Rüdesheim ist ein Anziehungspunkt für Touristen aus der ganzen Welt. Sie gilt als Symbol für deutsche Gemütlichkeit. Auf sehenswerte steinerne Zeugen der Geschichte, die auch immer mit Wein zusammenhängt, stößt der Reisende beim Kloster Eberbach, Schloss Vollrads und Schloss Johannisberg.

Eltville am Rhein

Stolz nennt sich Eltville Wein-, Sekt- und Rosenstadt im Rheingau. Und das zu Recht! Auf den sonnigen Südhängen gedeihen Spitzenweine und -sekte. Mitte der 1830er-Jahre war Matheus Müller der erste Fabrikant, der schäumende Weine nach der Méthode champenoise" herstellte. **MM Extra** gehört sicherlich zu den bekanntesten Marken Deutschlands. Weißweine der Lage **Erbacher Marcobrunn** sind ganz besonders edle Tropfen mit entsprechendem Preis. Die für jeden erschwinglichen Produkte der örtlichen Winzer kann man am **Weinprobierstand** unter den Platanen an der Rheinpromenade genießen (Öffnungszeiten unter www.eltville.de). Gutsauschänke von rustikal bis modern, unzählige Weingüter, Weinlounge, Weinbar: Die Auswahl in Eltville ist riesig. Mehr Informationen dazu gibt es unter www.eltville.de/freizeit-tourismus/erleben-entdecken/geniessen-schlemmen/weingueter-und-vinotheken.

45 Weingut Offenstein Erben, Eltville

  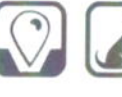

GPS 50.038496, 8.11354

Gepflegte Plätze für Fahrzeuge bis 7 m Länge direkt unterhalb der B42. **Lage/Anfahrt:** über Schwalbacher Straße und Wiesweg zum Platz; **Platzanzahl:** 2; **Untergrund:** Schotterrasen; **Service:** Strom, Trinkwasser, Abwasser, WC, Dusche; **Preiskat.:** €€; **Geöffnet:** ganzjährig; **Kontakt:** Wiesweg 11, 65343 Eltville

Das Kurfürstliche Schloss: Wahrzeichen der Wein- und Rosenstadt Eltville

Auf **Rosen** und ihren betörenden Duft stößt man beim Stadtspaziergang auf Schritt und Tritt. Mehr als 20.000 Rosenstöcke schmücken die Rheinpromenade und die Burganlage. Die Rose findet sich auch im Namen **Haus Rose.** Dieser Adelshof von 1480 war ab dem 17. Jh. der Gasthof „Zur güldenen Rose", in dessen prächtigem Speisesaal der Dichter Johann Wolfgang von Goethe 1814 fürstlich gespeist haben soll.

Über die Burgstraße mit reizenden Fachwerkhäusern aus dem 17. und 18 Jh. kommt man zum markanten **Kurfürstlichen Schloss.** Mit seinem Bau wurde 1330 als Teil der mittelalterlichen Stadtbefestigung begonnen, im 14. und 15. Jh. hielten hier die Mainzer Kurfürsten und Erzbischöfe Hof. Nach der beinahe vollständigen Zerstörung durch die Schweden blieb nur noch der Wohnturm stehen. 1682 kam der neugestaltete Ostflügel dazu. Heute ist die Burg Standesamt, Veranstaltungsort und Gedenkstätte für den Buchdrucker Gutenberg.

Sehenswerte historische Gebäude sind weiter der Langwerther Hof, der Hof Bechtermünz (hier wurde bereits zu Lebzeiten Gutenbergs gedruckt), der Eltzer Hof (aus Bauteilen verschiedener Jahrhunderte) und der Sebastians- sowie der Stadtturm. Das Gensfleischhaus war Teil eines Adelshofes, der im Besitz der Vorfahren von Johannes Gutenberg war. Am besten begibt man sich auf Entdeckungsreise und lässt sich durch die verwinkelten Gassen treiben.

Bernhard von Clairvaux gründete 1136 die **Zisterzienserabtei Eberbach** (Kloster-Eberbach-Str. 1, https://kloster-eberbach.de) in der Abgeschiedenheit des Kisselbachtals. Die 700 Jahre alte Tradition des Weinanbaus wird hier bis heute hochgehalten. Im Laienrefektorium zeugen die zwölf historischen Weinpressen von der Bedeutung des Weinbaus für das Kloster. Er war die wichtigste Finanzquelle. Nachdem die Mönche 1631 im Dreißigjährigen Krieg fliehen und 384.000 Liter Wein zurücklassen mussten, war für eine barocke Erneuerung der Klosteranlage kein Geld mehr vorhanden. Aus heutiger Sicht ein Glücksfall, so ist Eberbach eines der am besten erhaltenen Zisterzienserklöster nördlich der Alpen. Die romanischen und frühgotischen Innenräume waren schon mehrfach Kulisse in Filmen, so in Umberto Ecos „Der Name der Rose" und in einem Film über das Leben der Hildegard von Bingen. In der **Vinothek** (https://kloster-eberbach.de) reicht die Auswahl vom Schoppenwein bis zur Gutsabfüllung aus dem Cabinetkeller. Sekte und Seccos, Lagensekte und alkoholfreier Sparkling Riesling gehören ebenfalls zum Sortiment.

Touristeninformation, Burgstraße 1, www.eltville.de

TIPP STADTFÜHRUNGEN

Die Touristeninformation bietet interessante Führungen an. Die Themen lauten „Auf Gutenbergs Spuren", „Entlang der Stadtmauer", „Rundgang mit dem Nachtwächter", „Schlenderweinprobe durch die Altstadt" oder auch „Literarische Rosenführung". Weitere Infos unter www.eltville.de/freizeit-tourismus/erleben-entdecken/gaestefuehrungen.

INFO SPÄTLESE

Zu Zeiten als der Fürstabt von Fulda Besitzer von Schloss Johannisberg war, war der Beginn der Weinlese von einer schriftlichen Genehmigung des Fürstabts abhängig. Als 1775 der Reiter verspätet mit dieser auf Johannisberg eintraf, waren viele Reben schon in Fäulnis übergegangen. Die Mönche kelterten sie separat und der so gewonnene Wein schmeckte dem Abt besonders gut. Die Spätlese im Rheingau war erfunden!

Eine der ältesten Weinpressen in Deutschland

Imposant: die Basilika St. Valentin im kleinen Kiedrich

Kiedrich

Die kleine Weinbaugemeinde Kiedrich im oberen Rheingau wird auch gern „Schatzkästlein der Gotik" genannt. Die **Basilika St. Valentin** aus dem 14. Jh. dominiert weithin sichtbar den Ort. Durch sehr viel Glück wurde sie nie Opfer von Feuer oder Kriegszerstörungen, sodass bis heute ihr gesamtes gotisches Inventar erhalten geblieben ist. Die liebliche Madonna (1330), die um 1500 gebaute, bis heute spielbare Orgel (1500) und Glocken von 1389 und 1513 sind Kostbarkeiten von unschätzbarem Wert. Das repräsentative **Renaissancerathaus** mit Erker und Treppenturm (1585) gegenüber ist besonders bei Brautpaaren für ihre standesamtliche Trauung sehr beliebt.

Stolz verweist Kiedrich auf seine erste urkundliche Erwähnung im Jahre 954 und auf seine Bedeutung als **Weinbaugemeinde** mit 200 Hektar Weinanbaufläche. Bei Kennern sind die Spitzenweine aus seinen berühmten Weinlagen sehr geschätzt. Wer sich gerne mit den Weinen eindecken möchte, findet im ganzen Ort reichlich Angebote zum Weinverkauf und zum Weingenuss in den vielen Gutsschänken (www.kiedrich.de/freizeit-tourismus/weingueter) oder beim **Weinprobierstand** mitten in den Weinbergen (April–Oktober Mo./Mi./Do./Fr. ab 17 Uhr, Sa./So. ab 14 Uhr).

46 Sportplätze, Oestrich-Winkel

GPS 50.00477, 7.99893

Separate Plätze auf einem gemischten Parkplatz am Ortsrand. **Lage/Anfahrt:** von der B42 Richtung Johannisberg abbiegen, weiter Richtung Schloss Vollraths, dann zu den Sportplätzen fahren; **Platzanzahl:** 20; **Untergrund:** Rasengitter; **Service:** Strom; **Sicherheit:** beleuchtet; **Preiskat.:** kostenlos; **Max. Stand:** 2 Nächte; **Geöffnet:** ganzjährig; **Kontakt:** Kirchstraße, 65375 Oestrich-Winkel

Die **Scharfenburg** liegt in exponierter Lage auf einem Bergsporn und diente dem Erzbischof von Mainz ab 1215 zur Sicherung der Straße nach Eltville.

Geisenheim

Schon von Weitem grüßt die dreischiffige Pfarrkirche, das Wahrzeichen von Geisenheim. Obwohl Geisenheim nie Bischofssitz war, wird die katholische Kirche Heilig Kreuz im Volksmund **Rheingauer Dom** genannt. Auffallend sind dabei die zwei roten, 46 m hohen Sandsteintürme von 1834.

Seit 700 Jahren steht die mächtige **Linde** auf dem Lindenplatz. Das Naturdenkmal war bis in die 1970er-Jahre sogar noch größer und hatte eine zweite Krone. In ihrem Schatten wird jährlich im Juli das Lindenfest, das größte und älteste Weinfest des Rheingaus, gefeiert.

Die renommierte **Weinhochschule** und die weltbekannte **Forschungsanstalt für Weinbau** (www.hs-geisenheim.de/weinbau-und-oenologie-bsc) sind weit über die Region hinaus bekannt. In Geisenheim dominieren mit über 80 % die weißen Rebsorten. An erster Stelle der Riesling, gefolgt von Müller-Thurgau, Grau- und Weißburgunder, Chardonnay, Gewürztraminer und Sauvignon Blanc. Bei den roten Sorten liegt der Schwerpunkt beim Spätburgunder, danach kommen Frühburgunder, St. Laurent, Merlot, Zweigelt und Regent. In Geisenheim liegt eine der besten Weinlagen des Rheingaus: der „Kläuserweg". Die Steillagen mit Lösslehm-, Mergel-, kalkhaltigem Lehm-, Sand- und Kiesböden bringen Weine mit einer fruchtigen, eleganten und würzigen Note hervor.

TOUR WANDERUNG ZU DEN SCHLÖSSERN VOLLRADS UND JOHANNISBERG

Vom Stellplatz in Winkel 46 sucht man sich einen Weg zum schon von Weitem sichtbaren Schloss Vollrads. Dort lockt eine Erfrischung am Weinstand und dann geht es weiter mit herrlicher Fernsicht (Markierung H7 und Flötenweg) zum Schloss Johannisberg. Auch hier gibt es die Möglichkeit, die Spitzenweine zu probieren. Über den Goetheblick (mit Ausschank) kommt man mit der Markierung Klostersteig zurück zum Stellplatz. Insgesamt sind es 5 km Wegstrecke und 100 m Höhendifferenz.

INFO RHEININSELN

Zwischen Mainz und Bingen gibt es eine große Anzahl von Flussinseln. Sie werden hier Auen genannt. Ihre Entstehung geht auf die Engstelle des Rheins am Binger Loch zurück. Dadurch kommt es zu einer Verbreiterung des Flussbetts und das mitgeschwemmte Sediment wird abgelagert. Die Auen sind geprägt von wechselnden Wasserständen, verstärken den Wasserrückhalt und sind eine gute Hochwasservorsorge.

Am Rheinufer, beim Goetheblick und am Panoramaweg auf dem Morschberg finden sich von Frühjahr bis Herbst **Weinprobierstände.** Eine ideale Gelegenheit, um in schöner Landschaft und geselliger Runde Weine zu genießen (genaue Termine unter www.geisenheim.de/kultur-tourismus/gastgeber/weinprobierstaende).

Im heutigen Ortsteil **Johannisberg** erbauten zwischen 1096 und 1100 Benediktiner das erste Kloster. Als das Rheingau 1815 im Rahmen des Wiener Kongresses an Österreich fiel, sicherte sich Klemens von Metternich das **Gut.** Unter ihm wurde das Gebäude klassizistisch und der Park im englischen Stil umgestaltet. Bis 2006 lebte hier ein Familienmitglied des Hauses Metternich. Die Lage und Ausrichtung der **Weinberge** auf einem bis zu 182 m hohen Hügel ist ideal. Auf den 45° nach Süden geneigten 50 Hektar großen Rebflächen gedeiht seit 1720 ausschließlich Riesling. Heute gehört das Weingut zur Oetker-Gruppe.

47 Weingut Ostermühle, Geisenheim

GPS 50.00610, 7.96031

Plätze auf einem Weingut mit Gutsausschank in sehr schöner, ruhiger Lage, entweder auf dem Hof oder auf einer Wiese unterhalb des Hofs. Weinverkauf, Bäcker fußläufig erreichbar. **Lage/Anfahrt:** an der Straße von Johannisberg Richtung Marienthal; **Platzanzahl:** 5; **Untergrund:** Pflaster, Wiese; **Service:** Strom, Trinkwasser; **Preiskat.:** €; **Geöffnet:** ganzjährig; **Kontakt:** Ostermühle, 65366 Geisenheim, www.weingut-ostermuehle.de

TIPP RHEINGAUER SCHLEMMERWOCHEN

Ende April bis in den Mai hinein öffnen jährlich 100 Winzer, Straußwirtschaften und Restaurants ihre Keller und Höfe für die Gäste. Verkostung des neuen Jahrgangs, musikalische Darbietungen, regionale Speisen und Erkundung der Weinberge sind die reizvollen Programmpunkte. Mehr Infos gibt es unter www.rheingau.com/schlemmerwochen oder Tel. 06723 602720.

TOUR WANDERUNG ZUR SCHÖNSTEN WEITSICHT

Höhepunkt der 13,7 km langen Rundtour ist die traumhafte Weitsicht vom Geisenheimer Rothenbergkreuz. Von hier sieht man den 1 km breiten Strom, die größte Rheininsel Mariannenaue, Schloss Johannisberg, Rüdesheim und bis nach Wiesbaden und Mainz. Start ist am Bahnhof in Geisenheim. Die GPX-Datei gibt es unter www.rheingau.com/weinsicht-geisenheim.

48 Gutsschänke Tannenhof, Geisenheim

GPS 50.00390, 7.95210

Weingut mit Schänke und Weinverkauf über dem Rheintal in Marienthal, Bäcker in der Nähe. **Lage/Anfahrt:** in Marienthal bei den Tennisplätzen abbiegen; **Platzanzahl:** 4; **Untergrund:** Wiese; **Service:** Strom, Trinkwasser, WC; **Preiskat.:** €€; **Geöffnet:** ganzjährig; **Kontakt:** Tannenhof 1, 65366 Geisenheim

Bekannt und beliebt: Rüdesheim am Rhein

Rüdesheim am Rhein

In Rüdesheim ist die ganze Welt zu Besuch und dementsprechend bunt ist das Sprachengewirr in den Straßen und Gassen. Besonders die nur zwei Meter breite und 140 m lange **Drosselgasse** ist das Ziel der Touristen. In den vielen Weinstuben und -gärten wird jeder mit einem „Gude" begrüßt und verabschiedet. „Gude" bedeutet hier „Guten Tag", „Auf Wiedersehen" oder Prost! „Gude" ist der Wein, die Musik und natürlich auch die Laune der Gäste.

Die beiden Adelspaläste **Brömserhof** (13. Jh.) und **Klunkhardshof,** die **Brömserburg** und der spätgotische **Adlerturm** (15. Jh.) sind die Highlights in der Altstadt. Überragt wird sie von der schon von Weitem sichtbaren **Abtei St. Hildegard** (www.abtei-st-hildegard.de). Die Klosterfrauen folgen hier Hildegard von Bingen und dem heiligen Benedikt nach. Ein Fußweg führt hinauf auf den Klosterberg. Die Aussicht von oben ist wunderschön.

Ein weiterer Aussichtspunkt ist das **Niederwalddenkmal** inmitten der Rüdesheimer Weinlagen. Für den Aufstieg hat man die Auswahl: entweder bequem mit der Seilbahn vom Zentrum aus oder über den Fußweg vom Panoramaweg. Oben angekommen fällt die 38 m hohe Germania ins Auge. Sie bekam ihren dominierenden Platz als Symbol für die Gründung des deutschen Kaiserreichs 1870/1871. Der Niederwaldtempel (1788) ist einer der schönsten Aussichtspunkte im Rheintal.

TOUR RINGTOUR

Die Rundtour beginnt mit der Seilbahnfahrt hinauf zum Niederwalddenkmal. Nach einem Spaziergang mit schöner Aussicht erreicht man die Bergstation des Sessellifts. Mit ihm geht es hinunter nach Assmannshausen und von dort mit dem Schiff zurück nach Rüdesheim. Kombitickets für diese abwechslungsreiche Rundtour gibt es an der Seilbahn (www.seilbahn-ruedesheim.de/touren/ring-tour).

TOUR HILDEGARDWEG

Eine interessante Wanderung von 6,7 km Länge durch die Weinberge zur Wallfahrtskirche Eibingen und zur Abtei St. Hildegard. Markierung ist eine stilisierte Nonne, der Startpunkt ist am Bahnhof in Rüdesheim.

TIPP FÄHRE NACH BINGEN

Keine Brücke in erreichbarer Nähe, um ans andere Ufer nach Bingen zu kommen? Die Autofähre nimmt auch Wohnmobile mit über den Rhein. Abfahrt an der Straße nach Koblenz am Ortsende.

TIPP RÜDESHEIMER KAFFEE

Diese Kaffeespezialität mit Asbach wird wie folgt gemacht: Drei Würfelzucker mit 4 cl erhitztem Asbach-Weinbrand übergießen und entzünden. Rühren, bis sich der Zucker aufgelöst hat und dann mit heißem Kaffee auffüllen. Gesüßte Sahne darüber geben und mit Schokostreuseln garnieren. Fertig! Man kann ihn natürlich auch einfach in einem der Cafés in Rüdesheim genießen.

Ganz besonders imposant ist die Lage der **Burgruine Ehrenfels** von 1210. An dieser engen Stelle als Zollburg erbaut, wurde sie 1689 im Pfälzischen Erbfolgekrieg von den abziehenden Franzosen gesprengt. Die Schildmauer, die Ecktürme und der Palas sind erhalten geblieben – eine zauberhafte Kulisse und stimmungsvolles Symbol der Rheinromantik.

Dass bereits von den Römern Weinbau auf den Rüdesheimer Lagen betrieben wurde, beweist der Fund eines römischen Rebschnittmessers aus dem 3. Jh. n. Chr. Für die Erweiterung der Anbauflächen auf heutige Größe sorgten die Erzbischöfe von Mainz, die Klöster und der Adel, der von den Einnahmen maßgeblich profitierte. Seit sechs Generationen baut das **Weingut R. Nägler** Riesling am Rüdesheimer

Die idyllische Drosselgasse in Rüdesheim

Den besten Blick auf die Burgen hat man bei einer Rheinschifffahrt

Berg an. Seine Rasse, die Eleganz, Mineralität und seine Säure zeichnen ihn aus. Das Weingut hat verschiedene Proben, Kellerführungen und Wanderungen in seinem Programm (www.weingut-dr-naegler.de, z. B. Winewalk, April–Oktober Sa. 17 Uhr). In der **Vinothek** (Oberstr. 53–57, www.top-wine.de) kann der Interessierte die regionalen Weine probieren und kaufen. Weinstände findet man auf dem Marktplatz und im Hafenpark (www.ruedesheimer-weinstand.de, www.weinstand.de).

1892 gründete **Hugo Asbach** seine Destillation in Rüdesheim (Ingelheimer Straße 4) und heute ist der Slogan für den Weinbrand „In Asbach Uralt ist der Geist des Weines", ein Begriff für hervorragende Qualität. Infos zu Besichtigungen mit Verkostung gibt auf der Website www.asbach.de.

Panorama bei Bingen mit Rhein und Rochusberg

 **Touristeninformation,** Rheinstraße 29a, www.ruedesheim.de

49 Campingplatz am Rhein, Rüdesheim

GPS 49.97777, 7.93885

In schöner Lage, durch Radweg vom Rhein getrennt, Mini-Markt, Biergarten, Zentrum ca. 1 km. **Lage/Anfahrt:** im Ort ausgeschildert; **Platzanzahl:** 180; **Untergrund:** Rasengitter, Wiese; **Service:** Strom, Trinkwasser, Abwasser, Chemie-WC; **Sicherheit:** umzäunt, beleuchtet; **Preiskat.:** €€€; **Geöffnet:** Apr.–Anf. Okt.; **Kontakt:** Kastanienallee 4, 65385 Rüdesheim am Rhein, Tel. 06722 2528, www.campingplatz-ruedesheim.de

Lorch mit der Kirche St. Martin

Lorch

Die günstige Lage am Rhein und an der Mündung des Wispertals brachte Wohlstand nach Lorch und machte es für den Adel zu einem begehrten Wohnsitz. Eine Steintreppe führt hinauf zum Schmuckstück aus dieser Zeit, dem **Hilchenhaus** (Rheinstraße 48). Es wurde von 1546 bis 1548 als Sitz des bedeutenden Adelsgeschlechts von Hilchen gebaut. Der im Laufe der Jahre verwahrloste Renaissancebau erhielt zwischen 2009 und 2014 eine denkmalpflegerische Instandsetzung und erstrahlt seither im prunkvollen Glanz. Die Innenräume nutzen die **Touristeninformation** und die **Vinothek,** die gern zur Verkostung der örtlichen Weingüter einlädt.

Am Südufer der Wisper steht der mittelalterliche **Festungsturm Strunk** von 1567. Er diente zum Schutz der Hafenanlage und der Wisperbrücke.

Im 12. und 13. Jh. bauten die Edlen von Lorch auf dem 176 m hohen Wachtenberg die **Burg Nollig.** Sie war ein Beobachtungsposten mit hoher Schildmauer und zwei Ecktürmen. Heute ist sie in Privatbesitz und nicht zugänglich.

Touristeninformation, Hilchenhaus, Rheinstraße 48, www.lorch-rhein.de

TOUR **WANDERUNGEN**

Sieben Rundwanderungen von 3,1 bis 18,2 km Länge sind um Lorch ausgeschildert. Flyer zum Download finden sich unter www.lorch-rhein.de/tourismus-freizeit/wandern.

50 Naturpark Camping Suleika, Lorch am Rhein

GPS 50.01831, 7.85525

Terrassenplatz in sehr ruhiger, traumhafter Panoramalage, keine Einkaufsmöglichkeiten in der Nähe, schöne Wander- und Mountainbikewege ab dem Platz, Anmeldung empfehlenswert. **Lage/Anfahrt:** teilweise nur 3 m breite, steile Zufahrt, deshalb nur für Campingbusse und geübte Fahrer mit schmalen Womos bis 7 m Länge geeignet; **Platzanzahl:** 40; **Untergrund:** Schotterrasen; **Service:** Strom, Trinkwasser, Abwasser, Chemie-WC; **Sicherheit:** umzäunt, beleuchtet; **Preiskat.:** €€€–€€€€; **Geöffnet:** 15. März–Okt.; **Kontakt:** Im Bodenthal 2, 65391 Lorch am Rhein, www.suleika-camping.de

Weinbaugebiet Rheinhessen

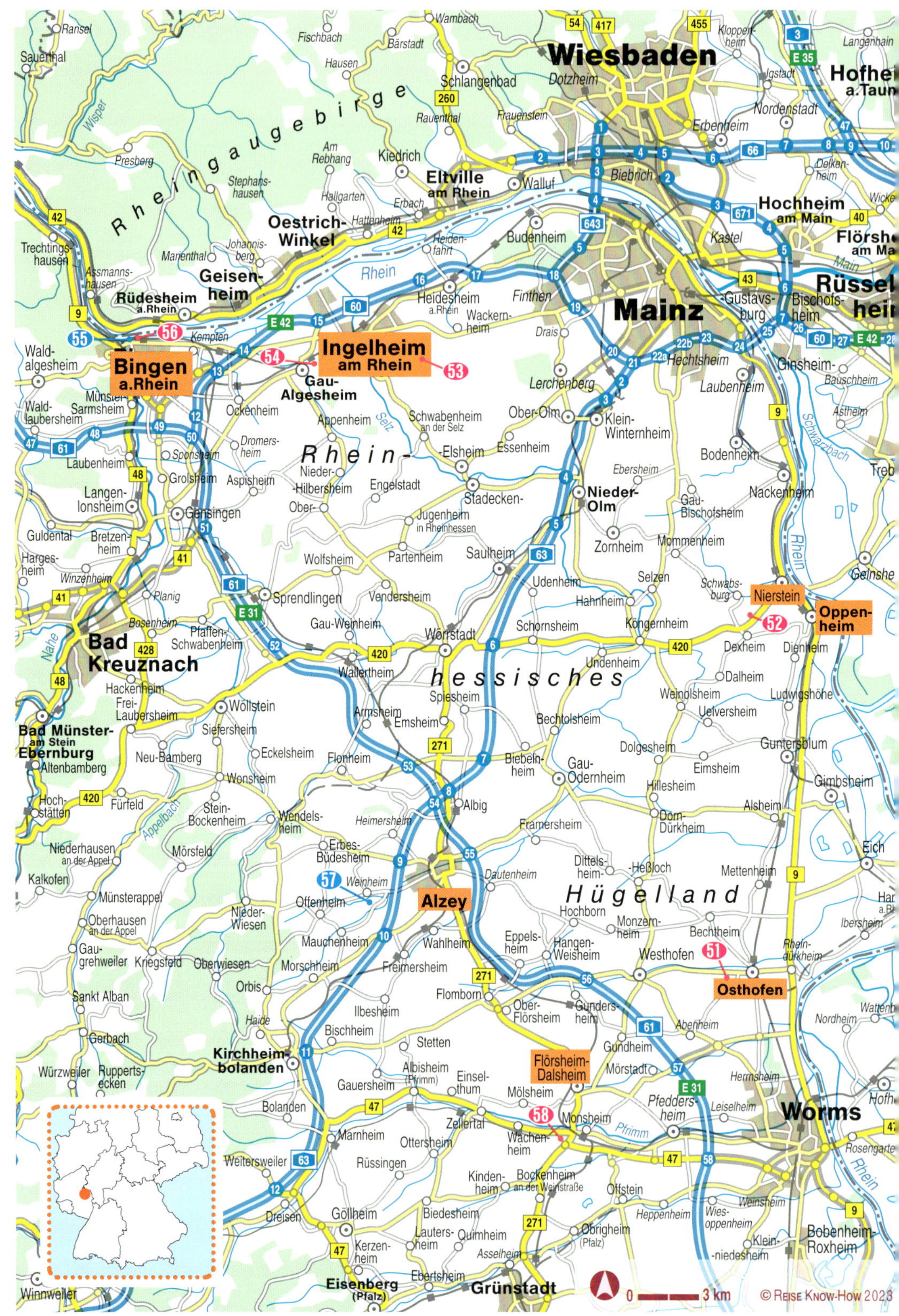
Wiesbaden
Mainz
Rheingaugebirge
Rheinhessisches Hügelland
Rhein
Bingen a.Rhein
Ingelheim am Rhein
Bad Kreuznach
Alzey
Nierstein
Oppenheim
Osthofen
Flörsheim-Dalsheim
Worms
Rüdesheim a.Rhein
Geisenheim
Oestrich-Winkel
Eltville am Rhein
Walluf
Kiedrich
Schlangenbad
Hochheim am Main
Rüsselsheim
Bischofsheim
Gustavsburg
Ginsheim-Gustavsburg
Hechtsheim
Laubenheim
Bodenheim
Nackenheim
Gau-Algesheim
Heidesheim a.Rhein
Finthen
Budenheim
Lerchenberg
Ober-Olm
Klein-Winternheim
Nieder-Olm
Essenheim
Stadecken-Elsheim
Schwabenheim an der Selz
Saulheim
Wörrstadt
Sprendlingen
Gensingen
Grolsheim
Langenlonsheim
Sponsheim
Dromersheim
Ockenheim
Appenheim
Nieder-Hilbersheim
Ober-Hilbersheim
Engelstadt
Jugenheim in Rheinhessen
Partenheim
Wolfsheim
Vendersheim
Gau-Weinheim
Wallertheim
Armsheim
Spiesheim
Udenheim
Schornsheim
Köngernheim
Undenheim
Selzen
Hahnheim
Mommenheim
Zornheim
Ebersheim
Gau-Bischofsheim
Schwabsburg
Dexheim
Dienheim
Dalheim
Weinolsheim
Uelversheim
Ludwigshöhe
Guntersblum
Dolgesheim
Eimsheim
Hillesheim
Dorn-Dürkheim
Alsheim
Gimbsheim
Eich
Mettenheim
Bechtolsheim
Biebelnheim
Gau-Odernheim
Framersheim
Albig
Dittelsheim-Heßloch
Dautenheim
Hochborn
Monzernheim
Bechtheim
Westhofen
Hangen-Weisheim
Eppelsheim
Gundersheim
Ober-Flörsheim
Flomborn
Gundheim
Abenheim
Mörstadt
Mölsheim
Monsheim
Wachenheim
Pfeddersheim
Herrnsheim
Leiselheim
Offstein
Heppenheim
Wies-oppenheim
Weinsheim
Bobenheim-Roxheim
Kinden-heim
Bockenheim an der Weinstraße
Obrigheim (Pfalz)
Grünstadt
Asselheim
Quirnheim
Lautersheim
Ebertsheim
Biedesheim
Göllheim
Kerzenheim
Eisenberg (Pfalz)
Dreisen
Rüssingen
Ottersheim
Marnheim
Zellertal
Einselthum
Albisheim (Pfrimm)
Gauersheim
Stetten
Bischheim
Ilbesheim
Kirchheimbolanden
Bolanden
Weitersweiler
Orbis
Morschheim
Freimersheim
Wahlheim
Mauchenheim
Offenheim
Weinheim
Erbes-Büdesheim
Heimersheim
Wendelsheim
Flonheim
Emsheim
Nieder-Wiesen
Oberwiesen
Kriegsfeld
Gaugrehweiler
Sankt Alban
Gerbach
Würzweiler
Ruppertsecken
Winnweiler
Oberhausen an der Appel
Münsterappel
Niederhausen an der Appel
Kalkofen
Mörsfeld
Stein-Bockenheim
Wonsheim
Neu-Bamberg
Fürfeld
Hochstätten
Altenbamberg
Bad Münster-am Stein Ebernburg
Frei-Laubersheim
Hackenheim
Siefersheim
Wöllstein
Eckelsheim
Pfaffen-Schwabenheim
Bosenheim
Planig
Winzenheim
Hargesheim
Guldental
Bretzenheim
Laubenheim
Münster-Sarmsheim
Waldlaubersheim
Waldalgesheim
Trechtingshausen
Assmannshausen
Presberg
Stephanshausen
Johannisberg
Marienthal
Hallgarten
Hattenheim
Erbach
Am Rebhang
Rauenthal
Hausen
Fischbach
Bärstadt
Wambach
Ransel
Sauerthal
Frauenstein
Dotzheim
Biebrich
Erbenheim
Kastel
Nordenstadt
Igstadt
Kloppenheim
Delkenheim
Hofheim a.Taunus
Flörsheim am Main
Heidenfahrt
Wackernheim
Drais
Kempten
Rheindürkheim
Ibersheim
Nordheim
Wattenheim
Rosengarten
Hofheim
Pfrimm
Selz
Nahe
Appelbach
Wisper
Schwarzbach
Haide
0 3 km
© Reise Know-How 2023

TOUREN-ÜBERBLICK

Routenempfehlung: Osthofen – Oppenheim – Nierstein – Ingelheim – Bingen am Rhein – Alzey – Flörsheim-Dalsheim

Länge gesamt: 125 km
Dauer: 4–6 Tage
Reisezeit: Frühling bis Herbst

Rheinhessen liegt nicht, wie der Name vermuten lässt, in Hessen, sondern in Rheinland-Pfalz und wird auf 85 km vom Rhein begrenzt. Es ist mit 27.000 Hektar Rebfläche das größte Weinanbaugebiet Deutschlands. Ein Viertel der deutschen Weinmosternte kommt hierher. Die Rebsorten Riesling und Müller-Thurgau belegen die Plätze eins und zwei bei den Anbaumengen, danach kommt der rote Dornfelder. Gelegenheit, um die verschiedenen Sorten und die je nach Lage und individuellem Ausbau unterschiedlichen Noten der Weine zu testen, gibt es in den Winzerkellern, Weingütern und bei den vielen Weinfesten. Besonders bequem ist es, wenn man direkt beim Weingut auch mit dem Wohnmobil übernachten kann. Eingebettet in die herrliche Landschaft liegen so geschichtsträchtige Städte wie Ingelheim, Oppenheim, Dalsheim und Bingen. Das Land der tausend „Hiwwel", wie die Hügel hier genannt werden, ist ein ideales Wandergebiet. Durch das je nach Jahreszeit unterschiedlich gefärbte Rebenmeer geht es hinauf zu traumhaften Aussichtspunkten. Auffallend sind die wie Burgen oder wie italienische Trulli gebauten Weinberghäuschen, die unterwegs zwischen den Reben auftauchen. Fahrradwege durchziehen gut ausgeschildert die Landschaft und werden gern von Radlern angenommen. Sehr empfehlenswert ist ein Besuch der beiden Kaiserdome in Mainz und in Worms per Fahrrad.

Osthofen

Vor mehr als 2000 Jahren brachten die Römer den Wein ins Wonnegau. Nachweislich seit 784 gibt es in Osthofen, einem der wärmsten Weinbauorte Deutschlands, Weinberge. Seither dreht sich hier alles um den Rebensaft und die Anzahl der Weingüter ist groß. Wie im gesamten rheinhessischen Weingebiet steht auch in Osthofen der Weißwein klar auf Platz eins. Daneben werden Blanc de Noir, Rosé, Sekte und Seccos ausgebaut. An Roten findet man Dornfelder und Spätburgunder.

Kein Schloss, sondern ein Weinberghäuschen in Osthofen

TIPP WONNEGAU PICKNICK

Mit einem Verwöhnpaket von ausgesuchten Winzern im Gepäck zu Fuß oder mit dem Rad zu einem schönen Platz in der Natur und den Tag genießen. Mehr Infos unter www.wonnegau.de/wonnegaupicknick.

51 Weingut Bornhaler Hof, Osthofen

GPS 49.69980, 8.29845

Plätze in sehr schöner, ruhiger Panoramalage bei einem Damwildgehege, Weinverkauf, 900 m bis in die Ortsmitte, sehr freundliche Betreiber. **Lage/Anfahrt:** von der Straße nach Mühlheim links in die Rhönstraße, dann rechts auf der Höhenstraße zum Platz; **Platzanzahl:** 14; **Untergrund:** Wiese; **Service:** Strom, Trinkwasser, WLAN, WC, Dusche; **Sicherheit:** umzäunt; **Preiskat.:** €; **Geöffnet:** ganzjährig; **Kontakt:** Aussiedlerhof Höhenstraße, 67574 Osthofen, Tel. 06242 2354, www.borntaler-hof.de

Familie Lang vom **Borntaler Hof** empfängt gern Gäste zu Weinproben (Aussiedlerhof Höhenstraße, www.borntaler-hof.de). Sie bewirtschaften 16 Hektar Rebfläche nach der Philosophie: „Weinmachen ist eigentlich kein Geheimnis oder gar eine Wissenschaft – Nein Weinmachen ist schlicht unsere Leidenschaft' (Zitat). Ideal für Wohnmobilreisende ist, dass man nach der Verkostung direkt neben dem Weingut im Womo übernachten kann.

Die große **Weinmeile** Ende Juni markiert den Höhepunkt im Veranstaltungskalender. Weitere attraktive Feste und Veranstaltungen findet man unter www.osthofen.de/osthofen-erleben/kultur-events/veranstaltungskalender. In den endlos wirkenden Weingärten blitzen immer wieder interessant aussehende „Miniaturburgen" hervor. Sie stammen aus dem späten 19. Jh., als sich wohlhabende Winzer hier im Stil der Gründerzeit kleine Weinberghäuschen bauten. Die Wanderung „Von Turm zu Turm" mit 8,3 km Länge startet am Bahnhof und kommt an den schönsten Weinberghäuschen vorbei. Der neugotische Leckzapfen, das Blümel-Häuschen, das Flakhäuschen, das rote und das weiße Häuschen sind die inter-

TOUR FAHRRADTOUR NACH WORMS

Über den Rheinradweg ist Worms von Osthofen aus in 12 km erreicht. Dort ist der Besuch des **Doms St. Peter** auf dem höchsten Hügel der Stadt ein unbedingtes Muss. Der Dom, errichtet zwischen 1130 und 1181, ist neben Speyer und Mainz einer der drei **rheinischen Kaiserdome.** Daneben im Bischofshof musste sich **Martin Luther** am 17. April 1521 während des Reichstags vor der kirchlichen Obrigkeit verantworten.

Die schön herausgeputzte Altstadt von Oppenheim

essanten Anlaufpunkte auf dieser Tour. Wen es mehr aufs Fahrrad zieht, der findet in Osthofen den 42 km langen Mühlenradweg (ausgeschildert), der an sechs Mühlen vorbeiführt.

Touristeninformation, Am Bahnhof, www.osthofen.de

TOUR MAGIE DER 1000 HÜGEL

Ideen und Anregungen, um Rheinhessen mit dem Fahrrad oder zu Fuß zu erleben finden sich unter www.rheinhessen.de/aktiv-und-natur. Es gibt 290 km ausgeschilderte Wanderwege und auch das Radwegenetz ist umfassend.

Oppenheim

765 erstmals urkundlich erwähnt, wirtschaftliche Blüte nach Erhebung zur freien Reichsstadt 1225, starke Zerstörungen 1689 im Pfälzischen Erbfolgekrieg das sind die wichtigsten Eckdaten in der Geschichte der Weinbaugemeinde Oppenheim. Wunderschöne Fachwerkhäuser und der pittoreske Marktplatz zeugen von der Blütezeit. Beschützt wird das Städtchen von der imposanten **Katharinenkirche** aus rotem Sandstein. Die beiden Westtürme stammen vom romanischen Vorgängerbau vom Anfang des 13. Jh. Zwischen 1275 und 1340 kamen der gotische Vierungsturm und das Querhaus dazu. Endgültig fertig war das monumentale Bauwerk mit der Weihe 1439. Auf der Walcker Orgel (1871) mit ihrem besonders schönen Klang hat auch Albert Schweizer mehrmals gespielt.

Von eher martialischem Schutz zeugt die **Ruine Landskron** über dem Ort. Von der Burg aus dem 16. Jh. sind die Außenmauern des dreigeschossigen Palas noch erhalten, diese und die herrliche Aussicht ins Rheintal sind Grund genug den Aufstieg zu meistern.

Umgeben ist Oppenheim von wohlklingenden Weinlagen wie Krötenbrunnen, Herrenberg und Sackträger. Alles über die 2000-jährige Geschichte des Weinbaus anhand traditioneller Gerätschaften wie Keltern, Pressen, Fässern, Flaschenabfüllung und eine original eingerichtete Küferwerkstatt gibt es im **Deutschen Weinbaumuseum** (Wormser Straße 49, www.dwb-museum.de) zu entdecken. 72 Winzer bieten ihre Weine an. Die Bandbreite reicht vom traditionellen Familiengut über den engagierten Biobetrieb bis zur vom Gault Millau prämierten Weinkellerei. Weinselig ist die Stimmung an einem lauen Sommerabend auf dem gemütlichen Marktplatz mit seinen vielen Lokalen.

Etwas ganz Besonderes ist der Besuch in der **Unterwelt von Oppenheim.** Im Loss-Merkel-Erdreich wurden unter der Altstadt zahlreiche Keller zur Weinlagerung gegraben. Bei einer Führung kann man sie besichtigen. Infos bei der Touristeninformation unter Tel. 06133 49094.

Touristeninformation Stadt Oppenheim, Merianstr. 2a, www.stadt-oppenheim.de

Nierstein

Nierstein ist mit 1000 Hektar Anbaufläche die größte Weinbau betreibende Gemeinde am Rhein. Der Ort steht vor allem für Riesling und die Weinlage **Roter Hang.** Entstanden vor 290 Mio. Jahren durch den Einbruch des Rheingrabens, gedeiht der weltbekannte Tropfen hier besonders gut. Seinen Namen hat der Weinberg von seiner roten Farbe, die durch Hämatit (Eisenverbindung) im Ton- und Sandstein entsteht. Die Weinlage **Niersteiner Glöck** am Roten Hang ist die älteste Einzellage Deutschlands, wie eine Schenkungsurkunde von 742 bestätigt. Ihr einzigartiges Mikroklima wird durch die vollständige Umfriedung durch eine Mauer begünstigt. Seit 1989 stellen die Winzer beim Weinfest **Weinpräsentation am Roten Hang** die geschmacklichen Besonderheiten ihrer Weine vor (https://roter-hang.de).

Lisa Bunn und Bastian Strebel gründeten 2011 das **Weingut Bunn Strebel** (Mainzer Str. 86, https://weingut-bunn.de). Rund 21 Hektar be-

Panoramablick auf Schwabsburg vom Stellplatz beim Weingut Gehring

TIPP **AUSFLUG NACH MAINZ**

Ein weiterer sehenswerter **Kaiserdom** steht in Mainz. 975 war Grundsteinlegung für den imposanten Sandsteinbau **St. Martin.** Er war Krönungskirche von sieben Königen, siebenmal wurde er zerstört und wieder aufgebaut.

wirtschaftet das innovative junge Paar, im Angebot sind Guts-, Lagen- und Réserve-Weine. Die alten **Adelshöfe** rund um den Marktplatz erkundet man auf den drei kurzweiligen Audio-Rundgängen durch das historische Nierstein (www.kultour-nierstein.de). Sie führen durch die Stadt und zur **Schwabsburg** (13. Jh.) von der noch ein massiver Turm erhalten ist. Ein mit dem Titel „Schönste Weinsicht 2012“ prämierter Aussichtspunkt befindet sich auf dem **Brudersberg.** Von dort reicht der Blick bis Frankfurt und zum Odenwald.

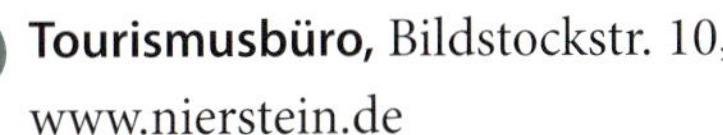

Tourismusbüro, Bildstockstr. 10, www.nierstein.de

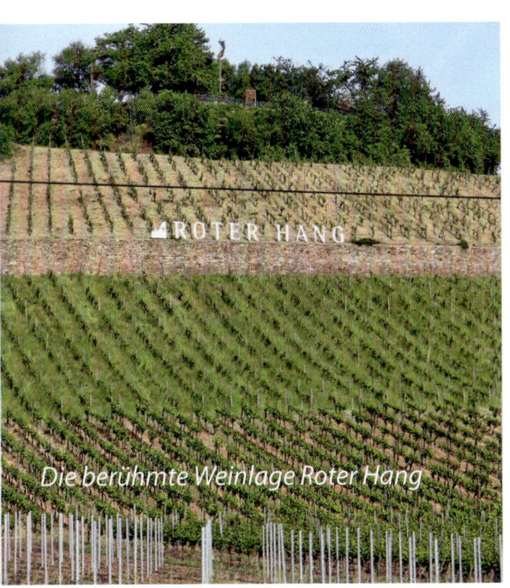

Die berühmte Weinlage Roter Hang

52 Weingut Gehring, Nierstein

GPS 49.85768, 8.32328

Plätze in sehr schöner, ruhiger Panoramalage hinter einem Weingut mit Verkauf und Weinprobe, Restaurant und Brötchenservice. Hier finden in der Saison auch Open-air-Konzerte statt. **Lage/Anfahrt:** an der B420 zwischen Nierstein und Dexheim, ausgeschildert; **Untergrund:** Wiese; **Service:** Strom, Trinkwasser, Abwasser, Chemie-WC; **Preiskat.:** €€; **Geöffnet:** ganzjährig; **Kontakt:** Außerhalb 17, 55283 Nierstein, https://wohnmobilstellplatzinnierstein.de

INFO **KULINARISCHE BESONDERHEITEN IN RHEINHESSEN**

> **Spundekäs** ist eine Mischung aus Quark, Frischkäse, Sahne, Sauerrahm, Zwiebeln und Gewürzen. Dazu wird traditionell eine Laugenbrezel serviert

> **Kartoffelkuchen** mit oder ohne Fleischwurst

> **Riesling-Rahmbraten** ist ein butterzarter Schweinerücken, der zwei Tage in der Sahne geruht hat.

> Ein **Schoppe** ist eine Weinschorle. Sie wird im dünnwandigen Glas mit 0,4 l Inhalt, der sogenannten Mainzer Stange, kredenzt. Dazu nimmt der Winzer bevorzugt Riesling und ein stark perlendes Mineralwasser.

> Ende des 18. Jh. gab es in Rheinhessen durch den Kellermeister des Mainzer Kurfürsten Peter Gimbel den ersten **Winzersekt,** natürlich in Flaschengärung

Die Burgkirche von Ingelheim

Von der Kaiserpfalz sind nur Reste erhalten

Ingelheim am Rhein

Ingelheim teilt sich in zwei Stadtteile: Ober- und Nieder-Ingelheim. Am höchsten Punkt von Ober-Ingelheim steht die **Burgkirche**, das Wahrzeichen der Stadt (An d. Burgkirche, https://burgkirche-ingelheim.ekhn.de). Markant sind die ockerfarbenen Verzierungen an der weiß verputzten dreischiffigen Kirche. Ihr wehrhaftes Aussehen verdankt sie einem Zinnenkranz, dem Malakoffturm und einer imposanten, bis zu 8 m hohen Wehrmauer.

Die Reste der **Kaiserpfalz** in Nieder-Ingelheim sind bedeutende Zeugen des Frühmittelalters. Auf einem Rundgang mit 17 Stationen entdeckt man auch die Ruinen des Heidesheimer Tors, der Aula Regia (Thronsaal) und die vollständig erhaltene, rot-weiß verputzte Saalkirche. Merowinger, Karolinger, Ottonen, Salier, Staufer und Habsburger haben hier zwischen 450 und 1375 gebaut und gelebt. Mehr erfährt der Interessierte im **Museum bei der Kaiserpfalz** (F.-Lachenal -Platz 5, www.museum-in

TOUR WEIN- UND KULTURERLEBNISTOUREN

Unter www.tour-original.de findet man als Individualtourist zwei Angebote: Die **Weinerlebniswanderung** (für 2 Personen) führt über einen 5 km Rundweg (GPS-geleitet) durch die Kaiserpfalz und die Reben. Die Begrüßung findet mit Secco in der Vinothek statt, für unterwegs gibt es Wein und Wasser im Kühlrucksack. Das zweite Angebot ist das **Krimispiel** (3 km Länge), bei dem man unterwegs knifflige Rätselfragen lösen muss, Getränke kann man hinzubuchen. Für beide Touren ist ein mobiles Endgerät nötig.

53 Weingut Menk, Ingelheim

GPS 49.97092, 8.09357

Plätze in schöner Lage in den Weinbergen, Weinverkauf, ins Zentrum 3 km. **Lage/Anfahrt:** über die Binger und Mainzer Straße Ingelheim verlassen, dann ausgeschildert; **Platzanzahl:** 6; **Untergrund:** Schotterrasen; **Service:** Strom, Trinkwasser, Abwasser, Chemie-WC, WLAN, WC; **Preiskat.:** €€; **Geöffnet:** ganzjährig; **Kontakt:** Außenliegend 143, 55218 Ingelheim, Tel. 06132 75164, www.weingut-menk.de

gelheim.de). Eine Übersicht der öffentlichen Führungen ist unter www.ingelheim-erleben. le zu finden.

Karl der Große soll vor über 1200 Jahren Burgunderreben hierhergebracht haben und so rägt die Stadt mit einem über fünfzigprozentigen Anteil roter Reben den Beinamen **Rotweinstadt.** Der Schwerpunkt liegt auf Früh- und Spätburgunder, der 21 % der roen Rebsorten ausmacht. Der vollmundige Geschmack eines edlen Burgunders beruht auf dem guten Terroir und dem außerordentichen Können der hiesigen Winzer. In einem denkmalgeschützten, für seine Architektur ausgezeichneten Gebäude schlägt im **Ingelheimer Winzerkeller** (Binger Straße 16, www.ngelheimer-Winzerkeller.de) bei Weinverkostung und in der Gastronomie das Herz der Rotweinstadt.

nformativ ist die 3,7 km lange **Weinmeile** mit hren zahlreichen Infotafeln und toller Aussicht.

54 Weingut Gerharz Hochthurn, Gau-Algesheim

GPS 49.96238, 8.02387

Platz in schöner, ruhiger Lage bei einem ausgezeichneten Weingut mit Weinprobe und -verkauf. **Lage/Anfahrt:** Richtung Zentrum dann nach links über die Bahnhofstraße, auf der Ingelheimer Str. zum Platz, ausgeschildert; **Platzanzahl:** 20; **Untergrund:** Pflaster; **Service:** Strom, Trinkwasser, Abwasser, Chemie-WC, WLAN, WC, Dusche; **Preiskat.:** €; **Geöffnet:** ganzjährig; **Kontakt:** Ingelheimer Str. 74, 55435 Gau-Algesheim, Tel. 06725 2516, www.gerharz-hochthurn.de

Touristeninformation, Binger Str. 16, www.ingelheim-erleben.de. Unter www.ingelheim-erleben.de/wanderwege sind zahlreiche Wandervorschläge wie der 10,3 km lange Premium-Wanderweg „Hiwweltour Bismarkturm“ zu finden.

Bingen am Rhein

Bingen hat sehr viel zu bieten: Rhein, Burg Klopp, Basilika Sankt Martin, Mäuseturm, Wander- und Radwege und das in einer Region mit ca. zehn Sonnenstunden pro Tag im Sommer. Wenn das nicht genügend Gründe für einen Besuch sind …!

Burg Klopp (Mariahilfstraße) wurde 1282 erstmals urkundlich erwähnt. Nach mehreren Zerstörungen, der letzten 1689 im pfälzischen Erbfolgekrieg, blieb nur eine malerische Ruine zurück. Mitte des 19. Jh. baute ein wohlhabender Kaufmann aus Köln die Burg wieder auf. Seit 1897 ist sie im Besitz der Stadt und repräsentativer Amtssitz mit Blick über die ganze Stadt.

Ein weiteres, das Stadtbild prägendes Gebäude ist die **Basilika Sankt Martin** (Basilikastr. 2). 793 auf den Grundmauern eines römischen Tempels erbaut, 1403 beim Stadtbrand Opfer der Flammen und im gotischen Stil wiedererrichtet, bekam sie 1930 durch Papst Pius XI den Titel einer päpstlichen Basilika verliehen.

Eine gar schaurige Sage rankt sich um den auf einer kleinen Rheininsel stehenden **Mäuseturm.** Bischof Hatto soll dort im 16. Jh. als Strafe für seine Herzlosigkeit eingesperrt und von Mäusen aufgefressen worden sein. Wahrscheinlicher ist allerdings, dass sich der Name des Wach- und Zollturms vom mittelhochdeutschen „musen" („lauern") ableitet.

1098 wurde in Bermersheim bei Alzey **Hildegard von Bingen** (s. S. 51) geboren. Sie starb 1179 im Kloster Rupertsberg bei Bingen und ist bis heute als Visionärin, Mystikerin, Wissenschaftlerin, Ärztin und Dichterin bekannt. Von Papst Benedikt XVI. wurde sie am 10. Mai 2012 zur Kirchenlehrerin erhoben. Das **Museum am Strom** (Museumstraße 3, www

Stadtkulisse von Bingen mit Basilika (rechts) und Burg Klopp (links)

Der Mäuseturm auf der Rheininsel vor Bingen

bingen.de) erzählt ihre Geschichte in einer Dauerausstellung, daneben gibt es Wissenswertes zur Stadtgeschichte.

Gern bezeichnet sich Bingen ob seiner Lage als heimliche Hauptstadt des deutschen Weins. Die Weinanbaugebiete Rheinhessen, Rheingau, Mittelrhein und Nahe treffen in Bingen zusammen. Die **Vinothek am Kulturufer** (www.vinothek-bingen.de) offeriert die hervorragenden Weine aus den vier Weingebieten und den herrlichen Blick über den Rhein gibt es gratis dazu.

Touristeninformation, Rheinkai 21, 55411 Bingen am Rhein, www.bingen.de

TIPP FÄHRE ÜBER DEN RHEIN

Vom Hafen nimmt die Autofähre Fußgänger, Radfahrer und Wohnmobile mit auf die andere Rheinseite nach Rüdesheim (www.bingen-ruedesheimer.de).

55 Campingplatz Hindenburgbrücke, Bingen

GPS 49.96931, 7.93853

Platz direkt am Rhein, Kiosk mit Imbiss, ins Zentrum 3 km, Bushaltestelle in der Nähe. **Lage/Anfahrt:** Bei der Anfahrt über die Mainzer Straße unbedingt der Beschilderung folgen, sonst landet man vor eine Unterführung mit 2,1 m Höhe; **Platzanzahl:** 100; **Untergrund:** Wiese; **Service:** Strom, Trinkwasser, Abwasser, Chemie-WC; **Sicherheit:** beleuchtet; **Preiskat.:** €€€; **Geöffnet:** ganzjährig; **Kontakt:** Mainzer Str. 199, 55411 Bingen, Tel. 06721 17160, www.bauer-schorsch.de

56 Wohnmobilpark Bingen

GPS 49.96861, 7.94410

Gepflegter Platz, Brötchenservice, ins Zentrum 3,5 km, Bushaltestelle in der Nähe. **Lage/Anfahrt:** ausgeschildert; **Platzanzahl:** 39; **Untergrund:** Rasengitter, Wiese; **Service:** Strom, Trinkwasser, Abwasser, Chemie-WC, WLAN; **Sicherheit:** umzäunt, beleuchtet; **Preiskat.:** €; **Geöffnet:** März–Nov., Weihnachten–Neujahr; **Kontakt:** Außerhalb 11, 55411 Bingen, Tel. 6721153421, www.wohnmobilpark-bingen.de

Schloss Alzey befindet sich mitten in der Stadt

Alzey

Das Herz von Alzey schlägt auf dem **Rossmarkt** mit seinen hübschen Fachwerkhäusern und dem **Rossmarktbrunnen.** Dort steht „Max“, das stattliche Ross des Spielmanns und Ritters Volker von Alzey, an der Tränke. Nur wenige Schritte sind es zum **Fischmarkt,** auf dem bis Ende des 18. Jh. Rheinfische verkauft wurden. Am Renaissancebau **Altes Rathaus** fällt besonders der polygonale Treppenturm auf. Das Glockenspiel mit der Figur des „Volkers von Alzey“ lässt den Klang seiner 23 Glocken mehrmals am Tage durch die Stadt klingen.

Das **Alzeyer Schloss** (Schlossgasse 34), heute Amtsgericht und Internat, blickt auf eine lange Geschichte zurück. Es wurde im 13. Jh. errichtet, im 15. bis 16. Jh. zu einer repräsentativen Schlossanlage umgebaut und im Pfälzischen Erbfolgekrieg zerstört. Anfang des 20. Jh. wurde es im Zuge der damals herrschenden Rheinromantik im alten Stil wiederaufgebaut.

Der im klassizistischen Stil um 1850 vollendete Gutshof beherbergt heute das städtische **Weingut der Stadt Alzey** (Schlossgasse 14, www.weingut-alzey.com). In der in einer Mischung aus Moderne und Antikem eingerichteten Vinothek oder an den Tischen im Ehrenhof kann man bei einem oder mehreren Gläschen die Zeit vergessen.

Alzeyer Land, Anoniterstr. 41, www.alzeyer-land.de

Flörsheim-Dalsheim

Der Ortsteil Dalsheim ist das einzige Dorf in Rheinhessen, das völlig von einer Befestigung umgeben ist. Die sogenannte **Fleckenmauer** (1470–1490) bekam ihren Namen, weil sie das kleine Dorf – einen Flecken – umschließt. Sie ist ca. 1100 m lang, hat zwei Tore und sieben Wachtürme. Über den Turm am Obertor gibt es die Möglichkeit, auf die Wehrmauer zu steigen und das Dorf von oben zu sehen. Von Mai bis Oktober beginnt immer samstags um 17 Uhr eine sehr interessante öffentliche Führung entlang der Befestigung.

Wer eine richtige „Kuhkapelle" sehen will, geht in das Blumengeschäft **Augenwaide** (Alzeyer Str. 36, www.augenwaide.net). In der Gegend war es im 19. Jh. üblich, Kuhställe aus statischen Gründen und für die Brandsicherheit mit Kreuzgewölbe zu bauen. Wegen der Ähnlichkeit mit einer Kapelle wurden sie **Kuhkapellen** genannt. Die „Augenwaide" stellt in so einem ehemaligen Stall und im liebevoll gestalteten Garten ihre Blumen und Dekorationsartikel aus. Im Hofladen mit Café kann man Gaumenfreuden kaufen und direkt genießen.

57 Camping Weingut Born, Alzey

GPS 49.73276, 8.06680

Platz bei einem Weingut, schön und ruhig gelegen. **Lage/Anfahrt:** Alzey über die Weinheimer Landstraße Richtung Ortsteil Weilheim verlassen, hinter der Autobahnunterführung nach rechts in die Hauptstraße abbiegen, dann ausgeschildert; **Platzanzahl:** 20; **Untergrund:** Wiese; **Service:** Strom, Trinkwasser, Abwasser, Chemie-WC, WC, Dusche; **Preiskat.:** €€; **Geöffnet:** Apr.–Okt.; **Kontakt:** Gutenbornerhof, Georg-Neidlinger-Straße, 55232 Alzey-Weinheim, Tel. 673141400, www.weingut-gutenbornerhof.de

INFO WEINBAU IM LAUFE DES JAHRES

Die Arbeit der Winzerinnen und Winzer ist das ganze Jahr über arbeitsintensiv und sie sind Wind und Wetter ausgeliefert. Die Berufsbezeichnung Winzer trägt man nach dreijähriger Ausbildung in einem Lehrbetrieb. Die Ausbildung ist so vielseitig wie das weitere Berufsleben als selbstständiger Winzer. Der Winzer ist eigentlich Weinbauer, Kellermeister und Kaufmann. Die Tätigkeit reicht von der Pflege der Weinberge über die Lese bis zur Reifung im Keller und letztendlich muss auch die Kasse stimmen. Auch im **Winter** ist der Winzer in seinen Weinbergen. Er sorgt mit dem richtigen Schnitt für gesunde, kräftige Pflanzen, die im folgenden Jahr reiche Ernte bringen sollen. Das **Frühjahr** beginnt mit der Rebpflege, das heißt der Entfernung von altem Holz und überflüssigen Fruchtruten, sodass sich die Energie auf wenige Zweige konzentriert und die Weinqualität steigt. Wenn die Triebe ungefähr eine Länge von 50 cm erreicht haben und beim Schnitt Saft austritt, werden sie nach unten gebogen und angebunden. Durch diese sogenannte „Rebenerziehung" wird eine gleichmäßige Verteilung der Triebe gewährleistet. Die Maßnahme ist wichtig, sie sorgt dafür, dass die Früchte genügend Sonnenlicht bekommen und die Reben zur Schimmelvermeidung gut durchlüftet werden.

Ab April geht der Winzer an die Bodenbearbeitung. Grünbepflanzung und Düngung zur Versorgung des Bodens mit Nährstoffen sind die nächsten Schritte. Zum Schutz gegen Pilzkrankheiten und echten oder falschen Mehltau wird im **Sommer** zwischen vier- und siebenmal gespritzt. Beim Sommerschnitt entfernt der Winzer stark wachsende Triebe von Hand oder mit der Maschine, auch werden nach der Blüte bereits Fruchtansätze abgeschnitten. So wird der Ertrag gemindert und die Qualität gehoben. Den ganzen Sommer hindurch kontrolliert der Winzer den Weinberg, besonders bei heißen Temperaturen brauchen die Reben viel Aufmerksamkeit. Bei starker, langanhaltender Sonneneinstrahlung produzieren sie zu viel Zucker, wodurch sich die Qualität und der Geschmack des Weins verändert.

Im **Herbst** kommt die meiste Arbeit auf den Winzer zu, denn jetzt erntet er die Früchte seiner Arbeit. Wichtig ist es dabei, den richtigen Zeitpunkt zu bestimmen. Für die meisten Sorten ist dies der September, in

Lese der Acolon-Traube in Handarbeit

Hier kommt die Erntemaschine zum Einsatz

heißen Sommern auch schon der August. Zur **Weinlese** sind dann viele helfende Hände gefragt. Besonders in den Steillagen ist „Manpower“ nötig, denn nur so werden faulige und unreife Beeren sofort entfernt. Nachdem in den Weingärten Vollernter-Maschinen zum Einsatz kommen, ist in den Steillagen alles Handarbeit. Nur für den Abtransport der Lese werden teilweise Einschienen-Zahnradbahnen eingesetzt.
In der Kelter oder im eigenen Keller werden die Trauben vorsichtig gepresst und es entsteht die sogenannte Maische. Für qualitativ besonders hochwertige Weine werden sie vorher von den Stielen befreit. Bei Weiß- und Roséweinen lagert die Maische nur kurz, bevor gepresst wird, Rotweine werden in der Maische vergoren. Der durch die Presse gewonnene Most kommt nun in Fässer oder Tanks und es beginnt die durch Reinzuchthefen angeregte Gärung. Hierbei wird aus Fruchtzucker Alkohol und Kohlensäure gebildet. Ob dies im traditionellen Holzfass, im Barrique oder im Edelstahlbehälter erfolgt, liegt an der Weinsorte und dem gewünschten Stil. Der Winzer kann den Prozess durch Kühlung abbrechen. Somit hat er Einfluss auf den Restsüßegehalt im Wein. Die Lagerzeit in den Behältern ist je nach Weinsorte unterschiedlich lang. Vor der Abfüllung in Flaschen wird der Wein meist noch gefiltert.
Bei der Frage, ob **Naturkorken** oder **Drehverschlüsse** besser für den Wein sind, scheiden sich die Geister. In der Anfangszeit des Drehverschlusses galten Weine mit solchen oft als von minderer Qualität. In der Zwischenzeit haben auch hochwertige Weine diesen Verschluss. Der Vorteil liegt eindeutig darin, dass kein Verlust durch Verdunstung entsteht und die Flasche einfach zu öffnen und auch wieder zu verschließen ist. Beim Naturkorken kommen geringe Mengen Sauerstoff hindurch, der Wein kann atmen und sich weiterentwickeln. Ein Minuspunkt beim Korken ist, dass er mit der Zeit porös werden kann und die Flasche nicht mehr richtig abdichtet. Letztendlich ist es für den Verbraucher eine Einstellungssache.
Nach den vielen Arbeitsschritten ist ein Produkt entstanden, dass von den Wetterbedingungen, vom Geschick, der Kreativität und der Erfahrung des Winzers geprägt ist.

Auf der Fleckenmauer von Dalsheim

Eine weitere Besonderheit sind die sechs weißen **Trulli** aus Trockenmauerwerk mit Kraggewölbe. Sie wurden vermutlich im 18. Jh. von lombardischen Wanderarbeitern gebaut und ähneln stark den „Zipfelmützenhäusern" in Alberobello in Süditalien. Ein Trullo diente früher dem Feldschützen bei seinen Rundgängen als Unterstand. Feld- oder Wingertschütz ist die Süddeutsche Bezeichnung für einen Flurhüter, also jemanden, der darauf achtet, dass auf den Weinbergen alles in Ordnung ist und nichts gestohlen wird. Ein sehr schönes, von einem großen alten Nussbaum beschattetes Exemplar ist der Trullo Kreuzgewann. Die Aussicht von dort über die Rebflächen des Wonnegaus ist herrlich.

Ortsgemeinde Flörsheim-Dalsheim, Alzeyer Str. 12, www.floersheimdalsheim.de

58 Weingut Holz, Monsheim

GPS 49.63278, 8.19807

Plätze auf einer Wiese mit Bäumen vor dem Weingut, ruhig, schöne Aussicht, Hofladen, Weinverkostung, Supermarkt fußläufig erreichbar. **Lage/Anfahrt:** von der B271 vor dem Ort links abbiegen, ausgeschildert; **Platzanzahl:** 6; **Untergrund:** Wiese; **Service:** Strom, Trinkwasser, Abwasser, Chemie-WC; **Preiskat.:** €; **Geöffnet:** ganzjährig; **Kontakt:** Hofgut Holz 1, 67590 Monsheim, Tel. 06243 322, https://holz-liebrich.de

Hammelburg und die fränkische Bocksbeutelstraße

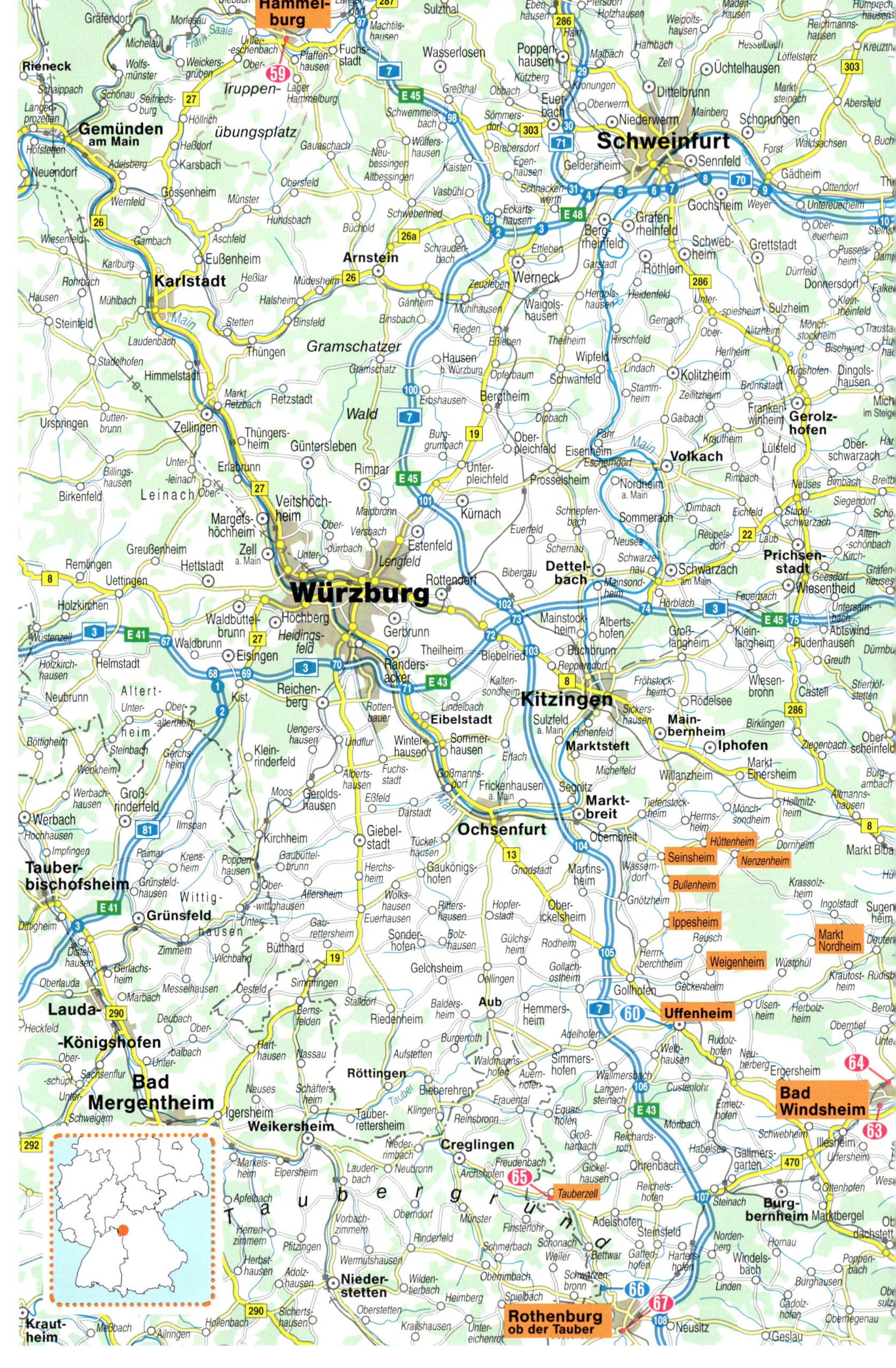

Hammelburg
59
Truppenübungsplatz
Gemünden am Main
Karlstadt
Arnstein
Werneck
Schweinfurt
Gramschatzer Wald
Zellingen
Volkach
Gerolzhofen
Prichsenstadt
Würzburg
Kitzingen
Dettelbach
Marktbreit
Ochsenfurt
Iphofen
Mainbernheim
Marktsteft
Seinsheim
Hüttenheim
Nenzenheim
Bullenheim
Ippesheim
Weigenheim
Markt Nordheim
Uffenheim
60
64
63
Bad Windsheim
Burgbernheim
Tauberbischofsheim
Grünsfeld
Lauda-Königshofen
Bad Mergentheim
Weikersheim
Röttingen
Creglingen
65
Tauberzell
Taubergrund
66
67
Rothenburg ob der Tauber
Niederstetten

TOUREN-ÜBERBLICK

Routenempfehlung: Hammelburg – Uffenheim – Weinparadies Franken – Markt Nordheim – Scheinfeld – Neustadt an der Aisch – Ipsheim – Bad Windsheim – Tauberzell – Rothenburg ob der Tauber

Länge gesamt: 199 km
Dauer: 7–8 Tage
Reisezeit: Frühling bis Herbst, Rothenburg hat auch im Winter seinen besonderen Charme

Einmal in eine Weinregion reisen, die noch nicht so bekannt ist? Wo man authentische Weindörfer entdecken kann? Wo es Essen und Weine ohne Schnickschnack gibt? Wo die Wohnmobilstellplätze manchmal einfach sind, der Reisende aber problemlos ein Plätzchen findet? Wer so etwas sucht, sollte sich Hammelburg und die Fränkische Bocksbeutelstraße zum Ziel nehmen. Wandern und Radfahren durch Weinberge, Felder und Wiesen und anschließend die Einkehr in eine Häckerwirtschaft zu einer deftigen Brotzeit und einem Glas süffigen Wein – wer kann dazu schon nein sagen. Die Weine, besonders häufig der Müller-Thurgau, werden in der für Franken und das Taubertal typischen Bocksbeutelflasche ausgeschenkt. Eine Flaschenart, deren Verwendung nur hier erlaubt ist. Die charmanten Städte, teilweise noch mit einem Mauerring mit Wehrgängen und Tortürmen befestigt, sind absolut sehenswert. Hammelburg, Bad Windsheim und Neustadt sind kleine unbekanntere Perlen, Rothen-

Das Kellereischloss mit dem kleinen, romantischen Schlossgarten

burg ob der Tauber ist dagegen ein richtiger Besuchermagnet. Das Taubertal und speziell Rothenburg ist weit über die deutschen Grenzen und sogar bis in die USA und Asien bekannt und ein Begriff für deutsche Gemütlichkeit. Ein Besuch hier ist ein Muss! Rothenburg ist einfach zu schön, um es auszulassen. Wein gibt es hier natürlich auch, und zwar in einem Weingut direkt im schönsten Teil der Stadt.

Hammelburg

Der Weinbau hat seit dem Jahr 777 Tradition in Hammelburg. Es ist somit die älteste Weinstadt in Franken. Die gewellte Hügellandschaft entlang der Saale mit ihrem idealen Terroir ist prädestiniert für den Anbau klassischer Sorten wie Müller-Thurgau, Bacchus und Silvaner. 70 Winzer, fünf im Haupt-, der Rest im Nebenerwerb, bearbeiten die bestockten Flächen. Das **Kellereischloss,** im Volksmund auch Rotes Schloss genannt, wurde von 1726 bis 1731 vom damaligen Fürstabt Adolph von Dalberg als Sommerresidenz erbaut. Die vierflügelige Anlage im barocken Stil hat an der prachtvollen Westfassade einen kleinen, idyllischen, frei zugänglichen Park. In den riesigen, bis zu 101 Fässern fassenden Kellern des Schlosses lagerten im 18. Jh. bis zu 700.000 Liter Wein.

In der Mitte des großflächigen Marktplatzes steht der **Marktbrunnen** aus Kalkstein von 1541. Im Stil der Frührenaissance erbaut, wurde er 1669 mit einem prächtigen Baldachin und Steinvasen aus Sandstein erweitert. An der Stelle des frühgotischen **Rathauses** steht heute das nach dem großen Brand 1854 auf dessen Grundmauern errichtete neugotische Verwaltungsgebäude mit Treppengiebel.

Von den mittelalterlichen Befestigungsanlagen sind noch die südliche Stadtmauer, der Mönchs- und der Hüterturm sowie der halbrunde, fünfgeschossige **Baderturm** erhalten.

TOUR TERROIR F

Dieser „Magische Ort des Frankenweins" befindet sich oben auf dem Ofenthaler Berg. Serpentinen führen durch vier Tore mit Hörstationen hinauf zum Aussichtspunkt mit weitem Blick ins Saaletal. Eine 12 km lange Rundwanderung mit 340 Höhenmetern startet auf dem Marktplatz.

Letzterer hat eine über eine moderne Treppenanlage zugängliche Aussichtsplattform.
In historischen Mauern werden modern gestaltete, interaktive Ausstellungen präsentiert – unter dieses Motto kann das **Museum Herrenmühle** (Turnhouter Str. 15, www.museum-hammelburg.de) auf der Museumsinsel gestellt werden. Thema Nummer Eins ist der Weinbau gestern und heute. Außergewöhnlich ist dabei, dass es im Museum sogar eine Weinverkostung gibt. Themen Nummer Zwei und Drei sind „Brot" und „Erntedank". Hier werden der Weg vom Korn zum Brot und das religiöse Brauchtum um Brot und Wein unterhaltsam erklärt.
Brot und Wein gehören in Hammelburg zusammen. Den Frankenwein muss man unbedingt probieren und dazu passt ausgezeichnet der **Dätscher.** Das dreieckige oder in Form einer Bocksbeutelflasche geformte Sauerteigbrot ist mit Kümmel und Salz bestreut und wurde in Hammelburg vom Bäckermeister Emmert erfunden. Ein frischer Dätscher und ein Glas Wein sind ein Hochgenuss! Kein Wunder, gehört Hammelburg doch zu den 100 Genussorten in Bayern. Die Bäckerei Schwab (Kissinger Str. 19) hat den Dätscher im Angebot.
Eine urige Wirtschaft mit eigenem Weingut findet man im **Weinhotel Müller** am Marktplatz 12 (www.weingut-weinhotel-mueller.de). Die Rebensäfte sind bio-zertifiziert. Informationen zum Weinbau und seinem Bezug zu den Fuldaer Äbten liefert der 5,8 km lange **Weinlehrpfad.** Er beginnt beim Franziskanerkloster (Am Schloßberg).
Schloss Saaleck befindet sich auf einem 280 m hohen Bergrücken oberhalb der fränkischen Saale. Das Schloss war nie Ritterburg, sondern Amtsburg mit Gefängnisturm und Weingut des Klosters Fulda.

INFO GEHEIMNISVOLLE FIGUREN

Ein Geheimnis gibt es in den Weinbergen von Hammelburg zu entdecken: Dort stehen bis zu 600 kg schwere, lebensgroße Figuren an der Bergkante. Amalberga, der Philosoph und die Tänzerin mit ihrem Kind werden sie genannt. Niemand kennt den Künstler und niemand hat mitbekommen, wie die schweren Statuen dort platziert wurden.

59 Bleichrasen, Hammelburg

GPS 50.11407, 9.88814

Separate Plätze am Rande eines gemischten Parkplatzes an der Saale, zentrumsnah, Radweg in der Nähe. **Lage/Anfahrt:** Über die Weihertorstraße ausgeschildert; **Platzanzahl:** 25; **Untergrund:** Asphalt, Schotter; **Service:** Strom, Trinkwasser, Abwasser, Chemie-WC, WC; **Sicherheit:** beleuchtet; **Preiskat.:** €; **Geöffnet:** ganzjährig; **Kontakt:** Am Bleichrasen, 97762 Hammelburg, www.hammelburg.de

Touristeninformation, im Kellereischloss, Kirchgasse 4, https://touristik.hammelburg.de

TIPP WEINFESTE

Ortsweinfeste und Winzerfeste nach Orten und Termin aufgelistet findet man online unter www.bocksbeutelstrasse.de/weinfeste.

Uffenheim

Uffenheim liegt an der Fränkischen Bocksbeutelstraße. Noch heute ist die Stadt zum größten Teil von einer bis zu 1,30 m dicken Stadtmauer aus dem 13. und 14. Jh. umgeben. Innenliegende Wehrgänge und die gut erhaltenen Tortürme wie das **Würzburger** und das spätgotische **Ansbacher Tor** zeugen von der wehrhaften mittelalterlichen Stadt. Das ehemalige **Gräfliche Schloss** erhielt sein heutiges Aussehen 1537 bis 1552, als es dem Hause Ansbach-Bayreuth als Sommerresidenz diente. Inzwischen kommt die Finanzbehörde in den Genuss, gräflich zu residieren.

In der Oberamtskanzlei (1698 erbaut) hat das **Gollachgaumuseum** (Schlossplatz,) eine Heimat gefunden. Es zeigt interessante Exponate aus Bürgertum und Bauernschaft.

Bis 1953 lebte im Würzburger Tor noch ein Türmer

INFO BOCKSBEUTEL-WEIN

Der Bocksbeutel ist das Markenzeichen des fränkischen Weins. Er hat eine gedrungene, flachgedrückte Kugelform. Die Flaschen sollen der Überlieferung nach dem Hodensack eines Ziegenbocks nachempfunden oder vom Bugsbeutel, einer Trageflasche von Mönchen, ableitet sein.

60 Camping Uffenheim am Freibad

GPS 49.54376, 10.22458

Kleiner, gemütlicher Platz direkt beim großen Freibad, Zentrum fußläufig erreichbar. **Lage/Anfahrt:** im Ort ausgeschildert; **Platzanzahl:** 35; **Untergrund:** Wiese; **Service:** Strom, Trinkwasser, Abwasser, Chemie-WC; **Sicherheit:** umzäunt, beleuchtet; **Preiskat.:** €€€; **Geöffnet:** Mitte Apr.–Anf. Okt.; **Kontakt:** Sportstr.3, 97215 Uffenheim, Tel. 09842 1568, www.camping-uffenheim.de

Weinparadies Franken

Am Fuß der Steigerwaldausläufer liegen mehrere Weindörfer, die sich unter dem Namen Weinparadies Franken zusammengeschlossen haben. Weigenheim, Ippesheim, Bullenheim, Seinsheim, Hüttenheim und Nenzenheim haben alle ihre eigenen Markenzeichen. So besitzt **Bullenheim** ein schönes Fachwerkrathaus, eine mittelalterliche Wehrkirche und die Kunigundenkapelle aus dem Jahr 1500, die auf einem Vorsprung am Kapellenberg steht. **Hüttenheim** ist bekannt für sein Kirchburgweinfest, den kulinarischen Dorfspaziergang und den Hüttenheimer Hofgenuss – alles Veranstaltungen mit hohem Genussfaktor. **Nenzenheim** liegt besonders schön und bietet auf dem Iffigheimer Berg vom Andreas-Därr-Turm eine traumhafte Aussicht. **Weigenheim** mit seinen Ortsteilen Reusch, Frankenberg und Geckenheim schaut auf eine 750 Jahre lange Weinkultur zurück.

In **Ippesheim** steht Schloss Lichtenstein, das in seiner heutigen Form seit 1700 existiert,

INFO EINKEHR IN EINE HÄCKERWIRTSCHAFT

Zu einem Schoppen (0,5 l) Wein gehört in Franken eine deftige Vesper, oft bestehend aus Presssack, Leber- und Griebenwurst, schwarzer Wurst, Käse und Obazder (angemachter Weichkäse). Am besten genießt man sie in einer der zahlreichen Häckerwirtschaften. Das sind saisonal von Winzern betriebene Gastwirtschaften, in denen selbsterzeugte Weine ausgeschenkt werden. Die unterschiedlichen Öffnungszeiten kann man unter www.bocksbeutelstrasse.de/weinfeste einsehen.

Wein aus dem berühmten Bocksbeutel

und im heimeligen **Seinsheim** sind die Kirchgaden (um die Kirche gruppierte Speicher, bei Angriffen auch Zufluchtsort für Bewohner) rund um die Kirche St. Peter und Paul und das Rathaus mit Pranger sehenswert. Heute bewirtschaften im „Weinparadies“ 30 Winzer ca. 18 Hektar Rebflächen. Von Mai bis 1. November sind die Dörfer an Sams- und Sonntagen durch den Freizeitbus **Bocksbeutelexpress** (www.vgn.de) verbunden. Einen absoluten Trinkgenuss erzeugen die Winzer mit der traditionellen Rebsorte **Müller-Thurgau.** Das durch besonders sorgfältigen Anbau und Ausbau entstandene Cuvée aus Weinen von 14 Winzern wird in die typische Bocksbeutelflasche abgefüllt.

Die **Weinparadiesscheune** liegt mitten in den Weinbergen. Auf der Aussichtsterrasse eine fränkische Brotzeit und ein oder auch zwei Gläschen genießen – besser geht es kaum (www.weinparadies-scheune.de).

Die Region ist auch ein Wanderparadies. Von Bullenheim kann man hinauf zum **Aussichtsturm** in 456 m Höhe oder zur malerischen Ruine der **Kunigundenkapelle** am Bullenheimer Berg wandern und den weiten Panoramablick genießen.

Weinparadies Franken, Schlossplatz 1, 97258 Ippesheim, www.weinparadies-franken.de

Das **Weingut Reinhard Schmidt** (Bullenheim 158, 97258 Ippesheim, https://weinstall-schmidt.franken-regio.de) betreibt den Weinstall mit Sonnenterrasse. Neben den deftigen kalten und warmen Speisen und den eigenen Weinen und Bränden, gibt es die Gelegenheit das Wohnmobil mit Flaschenwein zu füllen. Ein besonderer Vorzug ist die Übernachtungsmöglichkeit auf der angrenzenden Wiese.

TIPP WEINVERKAUF

Die **Vinothek Markus Meier** (Ulsenheim 114, www.markusmeierwein.de), sieht den Einklang zwischen Weinbau und Natur als ihr wichtigstes Ziel. Das Ergebnis sind die charaktervollen Bioweine. Ungewöhnliche Erlebnisse wie eine Weinwanderung mit Alpakas, ein südländisches Weinfest oder eine Riesling-Nacht stehen ebenfalls auf dem Jahresprogramm (Voranmeldung erforderlich).

Bei Wein und Heckerbrotzeiten im **Alten Kuhstall** im Weingut Vicedom (Markt Nordheim 117) geht es locker, lustig und entspannt zu und spätestens nach dem zweiten Gläschen kommt man mit dem Nachbarn ins Gespräch. Öffnungszeiten unter www.bocksbeutelstrasse.de.

TIPP HILFE BEI DER WEINLESE

Wer gerne einmal selbst bei der Lese hilft, findet unter www.bocksbeutelstrasse.de die entsprechenden Weingüter.

Markt Nordheim

Markt Nordheim hat 2007 den Titel bayerisches Golddorf erhalten. Golddörfer sind Orte, die beim Landeswettbewerb „Unser Dorf soll schöner werden" die Goldmedaillen errungen haben. Das kleine, hübsche Dörfchen liegt am Rande des südlichen Steigerwalds und ist von Landwirtschaft und Weinbau geprägt. Immer Ende Juli wird ein großes Straßenweinfest gefeiert.

Ausgedehnte **Rad- und Wanderwege** durchziehen die Landschaft mit kleinstrukturierten Weinbergen, Streuobstwiesen, der Burgruine Hohenkottenheim und dem Naturschutzgebiet Höllern mit großem Gipshöhlensystem.

Ein Idyll mit gerade 1100 Einwohnern: Markt Nordheim

Scheinfeld

In einer Talaue der Scheine liegt das kleine Städtchen Scheinfeld umgeben von der herrlichen Natur des Steigerwalds. Mithilfe eines Flyers (Download unter www.stadt-scheinfeld.de) oder der App „Scheinfeld entdecken" (kostenlos für iOS und Android) erfährt der Gast viel Interessantes zu den zahlreichen historischen Häusern im Stadtbild. Über die Lindenallee ist es ein kleiner Spaziergang hinauf zum **Schloss Schwarzenberg.** Ursprünglich eine befestigte mittelalterliche Anlage, erfolgte der Wiederaufbau nach einem Brand 1607 im Stil der Renaissance. Inzwischen ist eine private Real- und Fachoberschule in den Räumen untergebracht. Ein Besuch der Innenräume ist nur von Ostern bis Oktober jeweils am Sonntag möglich (Treffpunkt am Tor zum Schlosshof, 14 Uhr, keine Anmeldung erforderlich), alternativ kann man den Schwarzenberger Schlosskonzerten beiwohnen (https://schwarzenberger-schlosskonzerte.de). Nur ca. 200 m entfernt steht das **Franziskanerkloster Schwarzenberg** (Klosterdorf 1, https://kloster-schwarzenberg.de) mit einer sehenswerten Barockkirche.

In Scheinfeld wird gern gefeiert und so lohnt es sich, den **Veranstaltungskalender** zu studieren (Informationen: www.stadt-scheinfeld.de/veranstaltungsuebersicht).

61 Concord Stellplatz, Scheinfeld

GPS 49.67235, 10.45845

Platz in ruhiger Lage beim Frei- und Hallenbad, Ort mit Restaurants fußläufig erreichbar. **Lage/Anfahrt:** das Freibad ist ausgeschildert; **Platzanzahl:** 15; **Untergrund:** Schotter; **Service:** Strom, Trinkwasser, Abwasser, Chemie-WC, WC und Dusche sollen Anfang 2023 fertig werden; **Preiskat.:** €; **Geöffnet:** ganzjährig; **Kontakt:** Badstraße 3, 91443 Scheinfeld

TOUR WANDER- UND RADTOUREN

Ausgearbeitete Rad- und Wandertouren sind unter www.frankentourismus.de oder bei www.frankens-mehrregion.de gelistet.

TOUR RADTOUR DER SINNE

Eine leichte Runde von ca. 39 km Länge und mit moderaten 204 m Höhendifferenz beginnt in Scheinfeld. Zunächst geht es hinauf zum Schloss und zum Franziskanerkloster Schwarzenberg, dann durch das schöne Steinachtal zur Gastwirtschaft Radlertreff und über Markt Bibart wieder zurück nach Scheinfeld, immer wieder mit schöner Fernsicht.

Das Alte Schloss stammt aus dem 15. Jahrhundert

Neustadt an der Aisch

In Neustadt stehen zunächst Karpfen und ein Geißbock im Vordergrund. Seit mehr als 1250 Jahren werden hier die berühmten Aischgründer Spiegelkarpfen gezüchtet. Der Adel und die Klöster begannen mit der Zucht und noch heute gibt es 7000 bewirtschaftete Teiche in der Region und die beliebte Delikatesse wird bis ins angrenzende Ausland geliefert. Das **Aischgründer Karpfenmuseum** im Alten Schloss (Untere Schlossgasse 8, https://museen-im-alten-schloss.de) bietet so manche spannende Information zum Thema Karpfen. Leckermäuler sollten sich die Aischgründer Karpfenschmeckerwochen im September und Oktober nicht entgehen lassen (www.frankens-mehrregion.de/kulinarik-genuss/aischgruender-karpfen).

Es lohnt sich, durch die Stadt zu streifen und das **Alte und Neue Schloss** und den runden spätmittelalterlichen **Maschikelesturm** zu entdecken. Das Herzstück der Stadt ist der schöne **Marktplatz** mit dem **Neptunbrunnen** (1735) und dem **Rathaus,** das im Mittelalter ein Kaufhaus war und 1711 barock umgestaltet wurde. Jeden Tag dreht um 12 Uhr laut meckernd ein hölzerner **Geißbock** im Türmchen des Rathauses seine Runde. Der Sage nach belagerte Bayernherzog Ludwig 1461 die Stadt und wollte sie durch Hunger zur Aufgabe zwingen. Ein schlauer Schneider nähte sich in die Haut des letzten geschlachteten Bocks ein und sprang so für den Feind sichtbar umher. Dieser meinte, es gäbe in Neustadt noch viel zu essen, und gab die Belagerung auf. So hat ein Geißbock die Stadt gerettet.

Das einzige noch erhaltene von ehemals vier **Stadttoren** ist das markante **Nürnberger Tor.** Auch einige rekonstruierte Stadtmauerteile mit Wehrgang sind noch zu sehen.

Zwei Wochen nach Pfingsten gibt es für die Neustädter kein Halten mehr: Dann ist zehn Tage **Kirchweih** mit großem Festzug, Fahrgeschäften und Rahmenprogramm.

Touristeninformation, Marktplatz 5, www.neustadt-aisch.de

62 Stellplatz beim Sportzentrum, Neustadt an der Aisch

GPS 49.57563, 10.63256

Parzellierte Plätze mit Rasenplatz in schöner, ruhiger Lage, Zentrum und Supermarkt fußläufig erreichbar. **Lage/Anfahrt:** Richtung Waldbad, dann ausgeschildert, Zufahrt zum Platz unbefestigt und etwas steil; **Platzanzahl:** 8; **Untergrund:** Schotterrasen, Wiese; **Sicherheit:** umzäunt, beleuchtet; **Service:** Strom, Trinkwasser, Abwasser, Chemie-WC, WC, Dusche; **Preiskat.:** €€; **Geöffnet:** ganzjährig; **Kontakt:** Eilersweg 1, 91413 Neustadt an der Aisch, Tel. 09161 60666

TOUR AISCHGRÜNDER GENUSSRADWEG

Mit 70 km Länge und einer Höhendifferenz von 470 m ist diese Rundtour etwas für ambitionierte Radler. Unterwegs laden Picknickplätze, Klosterkirchen, Biergärten und Weinberge zu einer Pause ein.

Ipsheim

Auf dem roten Lehm- und dem blau schimmernden Keuperboden der Südlagen „Hohenecker Rangen“, „Sonnenberg“ und „Höll“ wachsen die Reben auf 20 bis 45 % steilem Gelände. Müller-Thurgau, Bacchus, Silvaner und Kerner sind die Rebsorten, die zu gehaltvollen, markanten Weinen ausgebaut werden. Die Schilder „Weinverkauf“ sieht man überall im Ortsbild. Beim **Weingut Strebel & Popp,**

„Meister Adebar“ zieht es immer wieder nach Ipsheim

(Fischergasse 14, www.weinbau-strebel-popp.de) merkt man der jungen Winzerin an, dass sie mit Leib und Seele für den Wein arbeitet. Wer hier Wein kauft oder am Samstag und Sonntag (saisonal geöffnet) einkehrt, kann mit dem Wohnmobil kostenlos im Hof übernachten (Anmeldung erwünscht).

Einen guten Eindruck von den 35 Hektar großen Weinbergen rund um die **Burg Hoheneck** bekommt man auf dem 6 km langen Weinwanderweg (Start GPS 49.52081, 10.50909). An Sonntagen zwischen Mai und Oktober ist das **Bewirtungshaus** am Wanderweg ein beliebter Treffpunkt für eine Vesper und ein Glas Wein. Eine weitere Attraktion sind die vielen **Storchenpaare,** die in Ipsheim auf den Hausdächern und der Kirche St. Johannis ihre Jungen aufziehen. Lautes Schnäbelgeklapper empfängt die Eltern, wenn sie mit Leckerbissen zurück zum Nest fliegen. Die Natur muss noch ziemlich in Ordnung sein, wenn sich hier so viele Störche wohlfühlen.

Im **Weinbauernhaus Hanns** (Schützenstraße 9, www.weinbauernhaus.de) sitzt man gemütlich und bekommt neben den guten Weinen, die man auch mit nach Hause nehmen kann, Brotzeitplatten, Flammkuchen oder Kuchen.

TOUR FAHRRADTOUR BOCKSBEUTELRUNDE

Der Rundkurs von 71,6 km Länge mit 348 m Höhendifferenz startet in Ipsheim. Die abwechslungsreiche Strecke mit Einkehrmöglichkeit führt durch die Weinberge und die Weindörfer des südlichen Steigerwalds.

Weinberge bei Burg Hoheneck

Das repräsentative Rathaus wurde von Windsheimer Handwerkern erbaut

Bad Windsheim

Bad Windsheim hat eine **bezaubernde Altstadt** und wirklich herzliche Einwohner! Schnell kommt man beim Bummel durch die Straßen oder beim Einkauf auf dem Markt ins Gespräch. Doch auch sonst gibt es einige Highlights. Da wären zum Beispiel die **Franken-Therme** mit Hochsole- und Wellness-Bereich und Saunalandschaft (Erkenbrechtsallee 10, www.franken-therme.net) und das **Fränkische Freilandmuseum** (Eisweiherweg 1, www.freilandmuseum.de), in dem 120 originalgetreu eingerichtete Bauernhöfe, Scheunen, Mühlen, Brauereien und Gasthöfe aus 7 Jahrhunderten einen guten Eindruck vom Leben in früherer Zeit geben. Das Freilichtmuseum ist mit Tieren bevölkert und wird wie früher bewirtschaftet.

Im Jahr 822 eine Schenkung an das Bistum Würzburg, zwischen 1295 und 1802 Reichsstadt, 1906 Beginn als Kurbad, 1961 Verleihung des Titels Bad – das sind die einschneidendsten Stationen in der Geschichte von Windsheim. Beim Bummel durch die Straßen der Stadt stößt man immer wieder auf steinerne Zeugen aus vergangenen Tagen. So sind das einem Schloss ähnliche barocke **Rathaus** von 1713, die **Stadtkirche St. Kilian** (15.Jh.), das **Rokokohaus** mit feiner Putzfassade (1743) und der **Chor des Augustinerklosters** (seit 1559 Stadtbibliothek) nur einige der besonders sehenswerten Gebäude. Noch weiter zurückblicken lassen die **Archäologischen Fenster** auf dem Marktplatz. Durch Glasscheiben kann man ein Gräberfeld aus dem 8. bis 10. Jh. und Kellerreste aus dem 12. bis 15. Jh. sehen.

Urige Gemütlichkeit strahlt die **Weinstube Drei Kronen** (Schlüsselmarkt 7, www.weinstubedreikronen.de) aus. Hier wird die typisch fränkische Küche neu interpretiert und man erhält gute Beratung für den passenden Wein.

Touristeninformation, Marktplatz 1, www.bad-windsheim.de

Wer ein besonders knuspriges Bauernbrot mit Roggensauerteig mag, wird das **Doppelback-Brot** aus der **Bäckerei Wimmer** (Rothenburger Str. 18b, www.baecker-wimmer.de) lieben. Ein Broterlebnis wie aus alten Zeiten, das man sich auch nach Hause schicken lassen kann.

TOUR OBERE AISCHRADRUNDE

36 km und 186 Höhenmeter sind auf der Aischrunde zu bewältigen. Start ist am Bahnhof in Bad Windsheim. Es ist eine spannende Strecke, die ins Umland der Kurstadt, durch Streuobstwiesen und am südlichen Steigerwald entlangführt.

63 Am Fränkischen Freilandmuseum, Bad Windsheim

GPS 49.49737, 10.41718

Plätze auf einer großen Obstwiese in sehr schöner, ruhiger Lage, Zentrum 300 m, Museum 200 m. **Lage/Anfahrt:** Der Beschilderung „Freilichtmuseum" folgen; **Platzanzahl:** 40; **Untergrund:** Wiese; **Service:** VE (Trinkwasser, Chemie-WC) beim Freibad (GPS 49.49450, 10.41495); **Preiskat.:** €; **Geöffnet:** ganzjährig; **Kontakt:** Eisweiherweg, 91438 Bad Windsheim

64 Phoenix Reisemobilhafen, Bad Windsheim

GPS 49.51372, 10.41810

Einfacher Platz bei der Therme, Läden in der Nähe, Gastronomie ca. 1 km. **Lage/Anfahrt:** Richtung Therme, dann ausgeschildert; **Platzanzahl:** 110; **Untergrund:** Pflaster; **Service:** Strom, Trinkwasser, Abwasser, Chemie-WC, WLAN, WC, Dusche; **Sicherheit:** beleuchtet; **Preiskat.:** €€; **Geöffnet:** ganzjährig; **Kontakt:** Bad Windsheimerstr. 7, 91438 Bad Windsheim, Tel. 09841 685087, www.phoenix-reisemobilhafen.de

Tauberzell

Wer Ruhe sucht und abschalten möchte, der ist im reizenden Tauberzell an der Weinstraße Tauber richtig. Seit mehr als 800 Jahren wächst hier an den steilen Hängen des Taubertals Wein. Hauptrebsorten sind Müller-Thurgau, Bacchus und Regent. In dem typischen **Häckerdorf** (Winzerdorf) gibt es noch die **fränkischen Fachwerkhäuser** mit ihren farbenprächtigen Bauerngärten.,

Der Wanderweg **Hasennestle** ist eine fünf Kilometer lange Runde durch die Weinberge mit schöner Aussicht ins Tal und der Stellplatz liegt idealerweise direkt am **Taubertalradweg.** Das **Landhaus zum Falken** (Tauberzell 41, www.landhaus-zum-falken.de), hat einen eigenen Weinberg in Tauberzell. Zum Wein empfiehlt der Chef eine auf Rebholz gegrillte Bratwurst oder heiß geräucherte Tauberforellen. Auf der Speise- und Weinkarte findet sich noch viel mehr Empfehlenswertes.

In Tauberzell ist man stolz auf die lange Weintradition

Rothenburg ob der Tauber

An der Südspitze des fränkischen Weinbaugebiets und an der Weinstraße Tauber liegt das reizvolle Rothenburg ob der Tauber. Wenn es eine typisch deutsche Vorzeigestadt gibt, dann ist es sicherlich das romantische und authentische Rothenburg. Auf einem Stadtspaziergang entdeckt man unendlich viele Baudenkmäler aus der mehr als tausendjährigen Geschichte. 1142 ließ Konrad III. die **Reichsburg „Rote Burg“** auf einem Bergsporn 60 m über dem Taubertal erbauen. Die sich in der Stauferzeit in deren Schatten entwickelnde Siedlung wurde 1274 zur Reichsstadt erhoben. Von der Burg,

65 An der Tauber, Tauberzell

GPS 49.44641, 10.12002

Platz in schöner, ruhiger Lage am Tauberradweg. **Lage/Anfahrt:** Im Ort Richtung Rothenburg o.d.T., am Ortsausgang rechts über die Tauber zum Platz; **Platzanzahl:** 10; **Untergrund:** Rasengitter; **Service:** Strom, Trinkwasser, Abwasser, Chemie-WC; **Sicherheit:** beleuchtet; **Preiskat.:** kostenlos (Spende erwünscht); **Geöffnet:** ganzjährig; **Kontakt:** Am Taubergrund, 91587 Adelshofen

einer der größten ihrer Zeit, sind nur noch Teile der Mauer und die Blasiuskapelle erhalten. Ein äußerer Mauerring von 1360 und ein innerer von 1172, teilweise mit begehbarem Wehrgang, umschließen die alte Reichsstadt. Dazu gehören sechs Stadttore wie das Burgtor, der **Siebersturm,** der Markusturm und das Rödertor. Letzteres kann man besteigen und hat von oben einen einzigartigen Panoramablick.

Die charmante gute Stube von Rothenburg ist der **Marktplatz.** Hier zeugt das aus zwei Teilen bestehende, repräsentative **Rathaus** vom Stolz der Bürger. Im Westflügel ist heute noch die überwiegend mittelalterliche Bausubstanz des 1501 durch einen Brand schwer beschädigten gotischen Vorgängerbaus von 1274 zu sehen. Der Ostflügel wurde dagegen zwischen 1572 und 1578 im prächtigen Renaissancestil neugestaltet. 1681 kam der barocke Arkadenbau mit Balkon an der Seite zum Marktplatz dazu. Die hintere, weiße Hälfte des Komplexes wird heute als Altes Rathaus und die Hälfte zum Marktplatz hin als Neues Rathaus bezeichnet. Den 60 m hohen **Rathausturm** können Schwindelfreie über 220 Stufen erklimmen und von oben die weite Aussicht über die Stadt und das Taubertal genießen.

Der Siebersturm, eines der sechs Stadttore

TIPP NACHTWÄCHTERRUNDE

Einmal am späteren Abend mit dem Nachtwächter durch die Gassen ziehen und dabei viel Spannendes über das Leben im Mittelalter erfahren: Mit Hans Georg Baumgartner ist es möglich (www.nightwatchman.de).

Ein weiterer Blickfang auf dem Marktplatz ist die **Ratstrinkstube** von 1446. Sie war früher nur Mitgliedern des Stadtrats vorbehalten. Die prächtige Fassade zieren drei Uhren, die Stadtuhr von 1638, eine Sonnenuhr von 1768 und die **Kunstuhr** von 1910. Zwischen 10 und 22 Uhr öffnen sich an der Kunstuhr immer zur vollen Stunde die Fensterläden und das meistfotografierte Schauspiel der Stadt beginnt: Mit Figuren wird die berühmte Szene nachgespielt, bei der Bürgermeister Nusch den 3,25 l fassenden Humpen Wein, den legendären „Meistertrunk" bewältigt und so die Stadt vor der Zerstörung rettet (s. S. 121).

Auch das **Fleischerhaus,** ein Patrizierhaus, in dem unten die Metzger ihre Ware anboten, und der 8 m tiefe **Georgsbrunnen** von 1608 am Marktplatz sind sehenswert. Die **St.-Jakobs-Kirche,** erbaut 1311, hat mit dem Heilig-Blut-Altar von Tillman Riemenschneider ein Meisterwerk von Weltruf zu bieten. Er stellt in feinen Schnitzereien das letzte Abendmahl dar.

Spitaltor mit begehbarem Wehrgang

Das 1270 errichtete **Alt-Rothenburger Handwerkerhaus** (Alter Stadtgraben 26) bringt in original eingerichteten Räumen das Leben eines Handwerkers im Mittelalter nahe. Das ganze Jahr über Weihnachten herrscht im **Deutschen Weihnachtsmuseum** (Herrengasse 1, www.weihnachtsmuseum.de) und im angeschlossenen Weihnachtsdorf. Verkauft und ausgestellt wird alles von Kitsch bis Kunst.

Die sicherlich am häufigsten fotografierte Ecke der Stadt ist das **Plönlein** („kleiner Platz mit Brunnen") an der Unteren Schmiedgasse. Das dortige schiefe Haus und die beiden Stadttürme Siebersturm (1385) und Kobolzeller Tor (1360) sind einfach zu fotogen!

Mitten in der Altstadt liegt das **südlichste Weingut Frankens:** die **Glocke** (Plönlein 1, www.glocke-rothenburg.de). Silvaner, Riesling und die traditionellen Sorten wie Tauberschwarz, Muskattrollinger und Hartblau wachsen auf den höchstgelegenen Weinbergen des Taubertales. Sie werden ausschließlich in Eichenfässern ausgebaut.

i **Rothenburg Tourismus,** Marktplatz 2, www.rothenburg-tourismus.de

INFO DER MEISTERTRUNK

Das historische Festspiel „Der Meistertrunk" wird in Rothenburg seit 1881 als Volksschauspiel von Laien dargestellt (Termine unter www.meistertrunk.de). Es erzählt die Geschichte, wie 1631 im Dreißigjährigen Krieg die Stadt von General Tilly und seinen Truppen erobert wurde. Um Tilly milde zu stimmen, boten die Stadträte ihm einen Humpen von 3,25 Liter Wein an. Tilly versprach, die Stadt zu schonen, sollte einer von ihnen den Humpen auf einen Zug austrinken. Bürgermeister Nusch gelang das Unmögliche und die Stadt wurde verschont.

Immer zur vollen Stunde öffnen sich auf dem Marktplatz bei der Kunstuhr der Ratstrinkstube zwei Fensterläden, hinter denen Figuren den Meistertrunk nachstellen.

66 Campingplatz Tauberromantik, Rothenburg ob der Tauber

GPS 49.38765, 10.16796

Gepflegter Platz in sehr schöner, ruhiger Lage an der Tauber, zur Altstadt etwas steile 1,5 km, Mini-Markt, Restaurant. **Lage/Anfahrt:** Ausgeschildert; **Platzanzahl:** 100; **Untergrund:** Wiese; **Service:** Strom, Trinkwasser, Abwasser, Chemie-WC; **Sicherheit:** umzäunt, beleuchtet, bewacht; **Preiskat.:** €€€; **Geöffnet:** Apr.–Okt.; **Kontakt:** Detwang 39, 91541 Rothenburg ob der Tauber, Tel. 09861 6191, www.camping-tauberromantik.de

67 Parkplatz P2, Rothenburg ob der Tauber

GPS 49.37045, 10.18340

Separater, von Bäumen umgebener Parkplatz, Straße in Hörweite, Stadtmauer ca. 300 m. **Lage/Anfahrt:** In Rothenburg ausgeschildert; **Platzanzahl:** 70; **Untergrund:** Pflaster; **Service:** Strom, Trinkwasser, Abwasser, Chemie-WC, WC; **Sicherheit:** beleuchtet; **Preiskat.:** €€; **Geöffnet:** ganzjährig; **Kontakt:** Nördlinger Straße, 91541 Rothenburg ob der Tauber

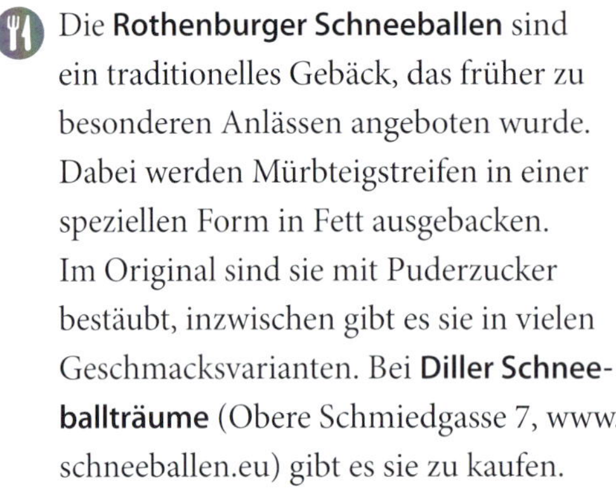

Die **Rothenburger Schneeballen** sind ein traditionelles Gebäck, das früher zu besonderen Anlässen angeboten wurde. Dabei werden Mürbteigstreifen in einer speziellen Form in Fett ausgebacken. Im Original sind sie mit Puderzucker bestäubt, inzwischen gibt es sie in vielen Geschmacksvarianten. Bei **Diller Schneeballträume** (Obere Schmiedgasse 7, www.schneeballen.eu) gibt es sie zu kaufen.

TOUR GESCHICHTE PUR-WANDERUNG

17,6 km lang ist der mit LT 29 markierte Rundweg, der einen Höhenunterschied von 130 m hat. Er startet am Markplatz von Rothenburg, zeigt zunächst noch etwas von der historischen Altstadt und führt dann auf dem Panoramaweg durchs Taubertal. Weitere Stationen sind Bettwar und Seldeneck. Zurück geht es im großen Bogen.

Badische und Hessische Bergstraße mit Odenwälder Weininsel

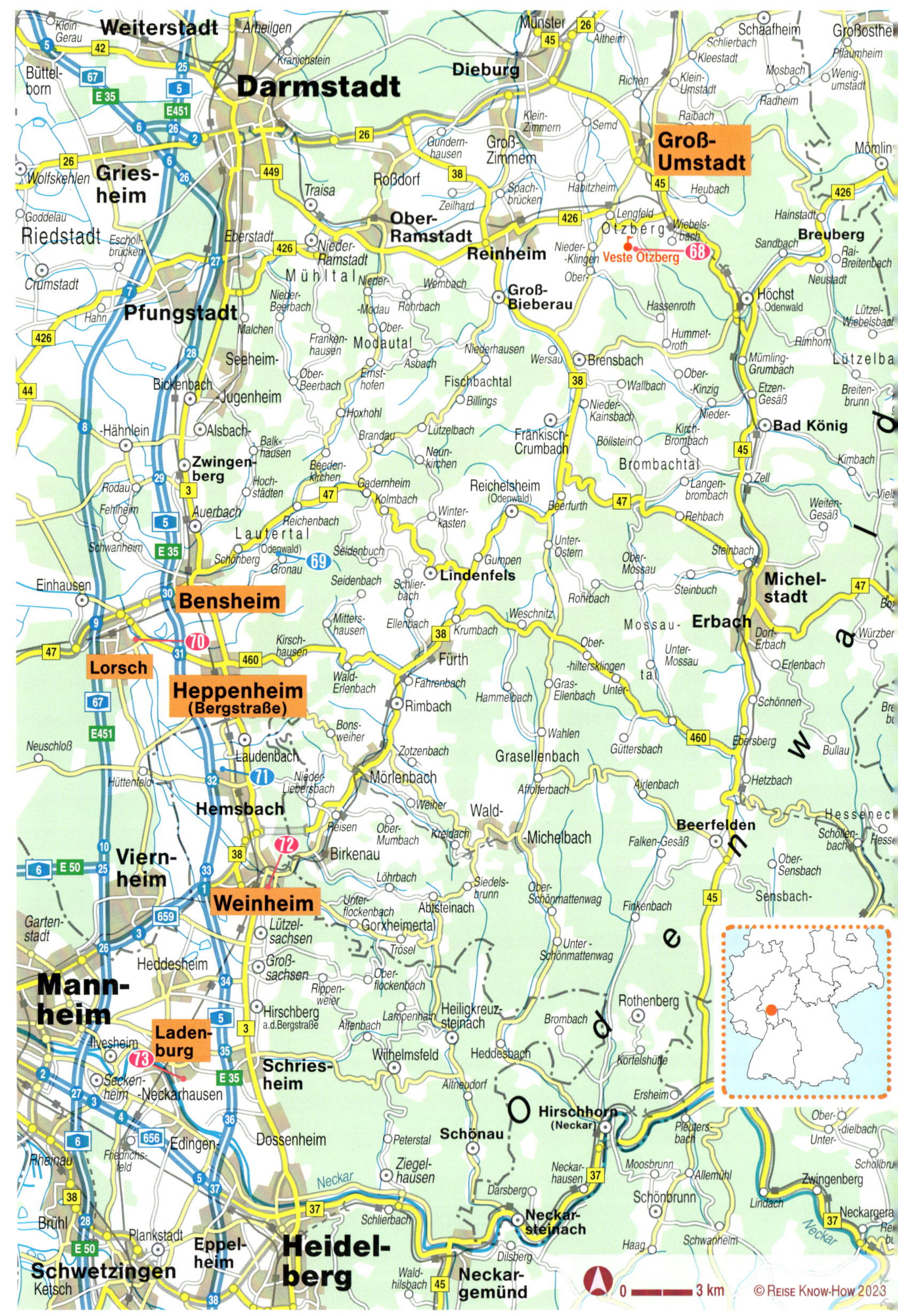

Darmstadt
Weiterstadt
Klein-Gerau
Arheilgen
Kranichstein
Münster
Altheim
Dieburg
Schaafheim
Schlierbach
Kleestadt
Großostheim
Pflaumheim
Büttelborn
Richen
Klein-Umstadt
Mosbach
Wenig-umstadt
Radheim
Raibach
Klein-Zimmern
Semd
Groß-Umstadt
Mömlingen
Gundernhausen
Groß-Zimmern
Wolfskehlen
Griesheim
Roßdorf
Traisa
Spachbrücken
Habitzheim
Heubach
Zeilhard
Hainstadt
Goddelau
Riedstadt
Eschollbrücken
Eberstadt
Nieder-Ramstadt
Ober-Ramstadt
Reinheim
Lengfeld
Otzberg
Wiebelsbach
Veste Otzberg
Breuberg
Sandbach
Rai-Breitenbach
Nieder-Klingen
Ober-Klingen
Crumstadt
Mühltal
Nieder-Modau
Wembach
Groß-Bieberau
Neustadt
Höchst i. Odenwald
Hahn
Pfungstadt
Nieder-Beerbach
Rohrbach
Hassenroth
Lützel-Wiebelsbach
Malchen
Ober-Modau
Frankenhausen
Modautal
Niederhausen
Hummetroth
Rimhorn
Seeheim-
Ober-Beerbach
Ernsthofen
Asbach
Wersau
Brensbach
Mümling-Grumbach
Lützelbach
Bickenbach
Jugenheim
Fischbachtal
Billings
Wallbach
Ober-Kinzig
Etzen-Gesäß
Breitenbrunn
Nieder-Kainsbach
Nieder-Kinzig
Hoxhohl
Hähnlein
Alsbach-
Brandau
Lützelbach
Fränkisch-Crumbach
Böllstein
Kirch-Brombach
Bad König
Balkhausen
Neunkirchen
Brombachtal
Zwingenberg
Beedenkirchen
Langenbrombach
Zell
Kimbach
Rodau
Hochstädten
Gadernheim
Reichelsheim (Odenwald)
Vielbrunn
Fehlheim
Auerbach
Kolmbach
Winterkasten
Beerfurth
Rehbach
Weiten-Gesäß
Reichenbach
Lautertal (Odenwald)
Seidenbuch
Unter-Ostern
Schwanheim
Schönberg
Gronau
Gumpen
Ober-Mossau
Steinbach
Seidenbach
Schlierbach
Lindenfels
Michelstadt
Einhausen
Bensheim
Rohrbach
Steinbuch
Mittershausen
Ellenbach
Weschnitz
Mossau-
Erbach
Krumbach
Dorf-Erbach
Würzberg
Kirschhausen
Ober-hiltersklingen
Unter-Mossau
Lorsch
Fürth
Erlenbach
Wald-Erlenbach
Fahrenbach
Gras-Ellenbach
Unter-
tal
Heppenheim (Bergstraße)
Rimbach
Hammelbach
Schönnen
Bonsweiher
Neuschloß
Wahlen
Güttersbach
Ebersberg
Bullau
Laudenbach
Zotzenbach
Grasellenbach
Hüttenfeld
Nieder-Liebersbach
Mörlenbach
Affolterbach
Airlenbach
Hetzbach
Hemsbach
Weiher
Wald-
Reisen
Ober-Mumbach
Kreidach
-Michelbach
Beerfelden
Hessenec
Falken-Gesäß
Schöllenbach
Viernheim
Birkenau
Ober-Sensbach
Löhrbach
Siedelsbrunn
Ober-Schönmattenwag
Sensbach-
Weinheim
Unter-flockenbach
Abtsteinach
Finkenbach
Gartenstadt
Lützelsachsen
Gorxheimertal
Trösel
Unter-Schönmattenwag
Heddesheim
Groß-sachsen
Ober-flockenbach
Mannheim
Rippenweier
Rothenberg
Hirschberg a.d.Bergstraße
Lampenhain
Heiligkreuz-steinach
Brombach
Altenbach
Ladenburg
Ilvesheim
Wilhelmsfeld
Heddesbach
Kortelshütte
Seckenheim
-Neckarhausen
Schriesheim
Altneudorf
Ersheim
Hirschhorn (Neckar)
Ober-dielbach
Unter-
Edingen-
Dossenheim
Peterstal
Schönau
Pleutersbach
Rheinau
Friedrichsfeld
Ziegelhausen
Neckarhausen
Moosbrunn
Allemühl
Schollbrunn
Neckar
Darsberg
Schönbrunn
Zwingenberg
Lindach
Neckargerach
Schlierbach
Neckarsteinach
Brühl
Plankstadt
Eppelheim
Heidelberg
Dilsberg
Haag
Schwanheim
Schwetzingen
Ketsch
Waldhilsbach
Neckargemünd
Odenwald
0 3 km
© Reise Know-How 2023

TOUREN-ÜBERBLICK

Routenempfehlung: Groß-Umstadt – Veste Otzberg – Bensheim – Lorsch – Heppenheim – Weinheim – Ladenburg
Länge gesamt: 100 km
Dauer: 5–6 Tage
Reisezeit: Frühling bis Herbst

Entlang der Bergstraße, vom Odenwald gegen kalte Winde geschützt, erwacht der Frühling früher als im übrigen Deutschland. Mandel-, Aprikosen-, Pfirsich- und Kirschenbäume entfalten ihre zarte Blütenpracht und locken viele Besucher an. 1972 spaltete sich das Weinanbaugebiet in den hessischen Teil von Darmstadt bis Heppenheim und den badischen Bereich zwischen Weinheim und Heidelberg. Eine Besonderheit ist die Odenwälder Weininsel rund um Groß-Umstadt, die der Hessischen Bergstraße zugeschlagen wird. Die 840 Hektar Anbaufläche der gesamten Bergstraße wird überwiegend von Nebenerwerbswinzern bewirtschaftet. Im Hessischen dominiert als typische Weißweinsorte Riesling, im Badischen sind es Weiß- und Grauburgunder. Eine Rarität findet sich im hessischen Teil mit der historischen Rebsorte Roter Riesling. Genießer werden die geselligen Weinfeste wie den Bergstädter Weinfrühling und den Weinherbst lieben. Außerordentlich hübsche Fachwerkstädtchen, versteckte, weniger besuchte Sehenswürdigkeiten und das UNESCO-Welterbe Kloster Lorsch machen den besonderen Charme dieser geschichtsträchtigen Tour aus. Hier findet man beim Bummel durch malerische Städte wie Weinheim, Ladenburg und Heppenheim, bei der Weinprobe in einer Vinothek oder direkt beim Winzer, beim Wandern oder Radfahren zu einer der sehenswerten Burgen Entschleunigung.

Auf dem Herrnberg in der Weininsel von Groß-Umstadt

Beim Stadtrundgang durch Groß-Umstadt trifft man auf viele schön renovierte Häuser

Groß-Umstadt

Groß-Umstadt nennt sich „wirtschaftliches Mittelzentrum mit dem Ambiente einer historischen Kleinstadt". Umgeben ist es vom Weinbaugebiet **Odenwälder Weininsel.** Dieses gehört geografisch nicht mehr zur Bergstraße, ist mit seinen 78 Hektar Rebflächen aber trotzdem ein Teil des Weinanbaugebiets Hessische Bergstraße. Die Einzellagen an den Südhängen des nördlichen Odenwaldes heißen „Stachelberg", „Herrnberg" und „Steingerück". Hier wachsen die Rebsorten Müller-Thurgau, Riesling, Silvaner, Kerner, Bacchus, Scheurebe, Dornfelder, Portugieser, Ehrenfelser, Chardonnay, Spät-, Grau- und Weißburgunder sowie Gewürztraminer. So findet jeder etwas nach seinem Geschmack.

Die **Odenwälder Winzergenossenschaft Vinum Autmundis** (Riegelgartenweg 1, https//vinum-autmundis.de) leitet ihren Namen von der alten römischen Stadtbezeichnung „autmundisstat" ab. Das kompetente Team der Vinothek berät gut und lässt die Gäste gern Weine probieren. Regelmäßig finden spannende Weinevents statt.

Auf dem zwei Kilometer langen **Weinlehrpfad Herrnberg** gibt es neben einem großartigen Panoramablick auch 24 informative Tafeln mit Infos zu den Themen Weinbau, Geologie Weinsorten, Naturschutz und Ökologie. Start ist beim Hotel Jakob (Zimmerstraße 43).

TOUR WEININSEL WANDERWEG

Diese Wanderung durch Weinlagen ist 11 Kilometer lang und hat die Bezeichnung U2. Start ist am Darmstädter Schloss, weiter geht es über die Lagen Steingerück und Herrnberg und über den Weinlehrpfad. Auf dem Rückweg ins Stadtzentrum hat man immer wieder eine schöne Aussicht.

Einer von sieben Adelshöfen in der Stadt ist das **Darmstädter Schloss** (Am Darmstädter Schloss). Errichtet im 12. Jh. als Wasserburg für das Kloster Fulda, wurde es um 1460 zum gotischen Residenzschloss umgebaut. Ab dem Jahr 1532 war das Schloss Sitz der hessischen Landgrafen, von 1727 bis 1747 erfolgte eine barocke Umgestaltung. Inzwischen ist hier das Evangelische Dekanat Vorderer Odenwald untergebracht. In der Altstadt zeugen weitere Gebäude wie das **Pfälzer- und Wambolt'sche Schloss** und Adelshöfe wie der **Heddersdorf'sche Hof** (13.Jh.) und der **Gans'sche Hof** von der großen Bedeutung Groß-Umstadts als Verwaltungssitz.

Der weitläufige Marktplatz mit dem **Renaissancerathaus** von 1604 ist Austragungsort von stimmungsvollen Festen, Märkten und Konzerten. Die Termine findet man unter www.gross-umstadt.de/kultur-freizeit-tourismus/kultur/feste-maerkte-messen. Um einen guten Überblick über die Stadt zu erhalten, folgt man am besten dem zwei Kilometer langen und gut ausgeschilderten **Stadtspaziergang.**

INFO DEUTSCHE WEINKÖNIGIN

Die Deutsche Weinkönigin repräsentiert ein Jahr lang den Deutschen Wein auf Messen und Weinfesten. Zur Wahl stellen können sich die Gebietsweinköniginnen aus den dreizehn deutschen Anbaugebieten. Die Bewerberinnen müssen mindestens 18 Jahre alt sein und eine „eindeutige und starke Verbundenheit mit deutschen Weinen" haben. Das heißt sie brauchen eine familiäre Bindung zum Weinbau oder eine entsprechende weinbezogene Berufsausbildung. Die Wahl findet meist in Neustadt an der Weinstraße statt. Aus den dreizehn Kandidatinnen werden nach einer Befragung zu Sachthemen sechs für die zweite Runde nominiert. Ihren Charme, ihre Spontanität und Schlagfertigkeit zeigen diese dann bei einer Galavorstellung. Schließlich werden eine Königin und zwei Prinzessinnen gewählt.

Dass die Wahl es auch ein Sprungbrett in die Politik werden kann, sieht man an der ehemaligen Bundesministerin für Ernährung und Landwirtschaft, Julia Klöckner.

Veste Otzberg

Die spektakuläre Lage der Burg, das Panorama und der nette, einfache Stellplatz machen einen Besuch des kleinen Dorfes Otzberg-Hering lohnend. Die **Veste Otzberg** wurde 1220 von der Reichsabtei Fulda als Machtdemonstration auf einem 370 m hohen Basaltkegel erbaut. Der ovale Grundriss der Bauten und Befestigungsanlagen wurde dem Bergverlauf angepasst. Die Burg wurde nie von ihren häufig wechselnden Besitzern bewohnt, sondern von sogenannten Burgmannen, die für die

Veste Otzberg

68 Stellplatz Otzberg-Hering

GPS 49.81934, 8.91359

Hinterer Teil eines gemischten Parkplatzes am Ortsrand, zur Veste 400 m. **Lage/ Anfahrt:** Beschilderung P folgen; **Platzanzahl:** 4; **Untergrund:** Schotterrasen; **Service:** Strom, Trinkwasser, Abwasser, Chemie-WC; **Sicherheit:** beleuchtet; **Preiskat.:** kostenlos; **Geöffnet:** ganzjährig; **Kontakt:** Zum Bergfried, 64853 Otzberg

Sicherung der Anlage zuständig waren. Ihr Wahrzeichen ist der hell verputzte Bergfried, im Volksmund Weiße Rübe genannt.

1826 wurde die Festung nicht mehr benötigt, viele Gebäude abgerissen und dem Verfall preisgegeben. Heute ist sie in Teilen restauriert und ein beliebtes Ausflugsziel mit gemütlichem **Biergarten** und grandiosem Panoramablick.

INFO ROTER RIESLING

Mit 15 Hektar Rebfläche ist die Bergstraße das größte Anbaugebiet der historischen Rebe Roter Riesling. Die Traube mit rötlich gefärbter Schale ist hitzeresistenter als die weiße Rieslingtraube und gerade sehr im Kommen. Der daraus gewonnene Wein ist ein unkomplizierter, vollmundiger Weißwein mit hohem Mostgewicht und ausgewogener Säure.

Bensheim

„Basinsheim" ist als Gründung von 765 im Codex Laureshamensis der Reichsabtei Lorsch beurkundet. Bereits 956 verlieh Kaiser Otto I dem Ort das Marktrecht, aber erst um 1320 konnte er sich Stadt nennen.

Bensheim hat keine homogene mittelalterliche Altstadt, aber zwischen den Zweckbauten der 1970er- und 1980er-Jahre verstecken sich 23 historische Orte. Mithilfe des Flyers „Historischer Rundgang Stadt Bensheim" kann man sie leicht finden. Da sind zum Beispiel der **Marktbrunnen** von 1895 mit der Figur des Drachentöters St. Georg, der ehemalige **Gasthof „Zur Armbrust"** am Marktplatz 22 von 1615 und die **drei einheitlichen Fachwerkhäuser** von 1682 am Marktplatz 16–18. Im auf das Jahr 1395 datierten wunderschönen Fachwerkbau **Walderdorffer Hof** (Obergasse 30, www.knapps.de), gibt es eine gemütliche, rustikale Weinstube mit Biergarten.

Wer sich bei einem Spaziergang über den Weinbau informieren will, geht über den **Weinlehrpfad** mit seinen Infotafeln hinauf zum **Kirchberghäuschen.** Es liegt umgeben von Weinbergen oberhalb der Stadt. Wenn die Fahne oben weht, ist geöffnet und man bekommt Wein und eine Brotzeit. Das 1857 erbaute „Lustschlösschen“ ist ein beliebtes Ausflugsziel mit herrlicher Aussicht.

Im Teilort Auerbach, eingebettet in die Hügelkette südlich von Darmstadt, thront in 340 m Höhe das mächtige **Auerbacher Schloss.** Die Grafen von Katzenelnbogen ließen die Anlage 1230 errichten. 1356 stürzten Teile des Schlosses bei einem schweren Erdbeben ein, ab 1370 wurde es umgebaut und erweitert. 1693 richteten französische Truppen schwere Zerstörungen an, Mauern stürzten ein und die Burg verwilderte im Laufe der Jahre völlig. Erst 1989 kam man auf die Idee, den Verfall mit einem Aussichtsrestaurant zu stoppen. Die Ruine ist frei zugänglich und die Burgschänke lädt zu einer Rast ein (www.schloss-auerbach.de).

Wander- und Radfahrvorschläge sind unter www.diebergstrasse.de/aktiv-und-natur aufgeführt.

Das Auerbacher Schloss

Der Marktplatz ist die gute Stube der Stadt

69 Campingplatz Oase der Ruhe, Bensheim-Gronau

GPS 49.68549, 8.66988

Sehr einfacher, terrassierter Platz in ruhiger Lage, steile Zufahrt, 6 km ins Zentrum. **Lage/Anfahrt:** Von Bensheim nach Gronau fahren, dort ausgeschildert; **Platzanzahl:** 5 für Urlauber; **Untergrund:** Wiese; **Service:** Strom, Trinkwasser, Abwasser, Chemie-WC; **Sicherheit:** umzäunt, beleuchtet, bewacht; **Preiskat.:** €€–€€€; **Geöffnet:** ganzjährig; **Kontakt:** Hintenausweg 10, 64625 Bensheim-Gronau, Tel. 06251 61138, www.camping-bergstrasse.de

Lorsch

Eine wahrhaft eindrucksvolle Geschichte vom Baubeginn 767 bis zu seiner Ernennung zum UNESCO-Welterbe im Jahr 1991 hat das **Kloster Lorsch** zu erzählen. 772 zum Königskloster erhoben, brachten die Reliquien des Märtyrerheiligen Nazarius viele Besucher und wachsende Bedeutung für Lorsch. Schon wenige Jahrzehnte später gehörte das Benediktinerkloster zu den reichsten Grundbesitzern östlich des Rheins. Seine Besitztümer erstreckten sich um das Jahr 800 über heute sechs europäische Staaten. Die erstmalige urkundliche Erwähnung von Hunderten Städten und Dörfern geht auf den Lorscher Codex zurück, ein im 12 Jh. entstandenes Dokument, in dem die Rechte und Besitztümer des Klosters Lorsch festgehalten sind. 1232 verlor das Kloster seine Eigenständigkeit, kam unter die Obhut des Mainzer Erzbischofs und Prämonstratenser-Mönche zogen ein. 1556 wurde die Propste Lorsch aufgehoben, die meisten Bauten verschwanden im Laufe der Jahre und die Ländereien gehörten zu einer landwirtschaftlichen Domäne.

Heute ziehen die sogenannte **Tor- oder Königshalle** und die mitten auf einem grünen Hügel liegende Kirchenruine viele Besucher an. Die Tor- oder Königshalle stammt aus dem Jahre 900 und ist eines der am besten erhaltenen Gebäude aus der Karolingerzeit. Von der kostbar ausgestatteten, einstmals über 100 m langen dreischiffigen **Basilika** sind die Umrisse noch gut zu erkennen. Umgeben ist das Areal in großen Teilen von einer hohen Wehrmauer zum Schutz gegen Angriffe, aber auch zur Abgrenzung vom weltlichen Leben. Im **Museumszentrum** (MUZ, Nibelungenstraße 35, https://kloster-lorsch.de) sind in zwei Abteilungen Informationen zur geistesgeschichtlichen Bedeutung der Abtei und zum Tabakanbau in Lorsch zu finden.

Das Kloster Lorsch hat viel zur Erhaltung der **Weinbau-Historie** an der hessischen Bergstraße beigetragen. Durch den im 12. Jh. angelegten Codex Laureshamensis, ein riesiges Verzeichnis der Besitzverhältnisse und Weinlagen, können mehr als 1000 Ortschaften anhand von 3836 Eintragungen ihre Weinbaugeschichte bis ins Mittelalter zurückverfolgen. Zum Klosterleben gehörte der Weinbau unbedingt dazu und so ist es nicht verwunderlich, dass das Kloster schon um 850 mehr als 900 Weinlagen besaß.

Über mehrere Jahrhunderte spielte auch der **Tabakanbau** in Lorsch eine große Rolle. Er begann 1573, als die Tabakpflanze aus Lothringen hierherkam. Seine Hochzeit begann ab 1861 und endete 1983, als die letzte Zigarrenfabrik ihre Pforten schloss. Mehr Hintergrundinfos gibt es im MUZ.

Touristeninformation, Marktplatz 1, www.nibelungenland.net

70 Wohnmobil-Stellplatz, Lorsch

GPS 49.65213, 8.57965

Platz von Wiesen umgeben, Kloster und Restaurants ca. 10 Min. zu Fuß. **Lage/Anfahrt:** Richtung P Stadtmitte, dann gleich rechts zum Platz; **Platzanzahl:** 16; **Untergrund:** Schotter; **Service:** Strom, Trinkwasser, Abwasser, Chemie-WC; **Sicherheit:** beleuchtet; **Preiskat.:** €; **Geöffnet:** ganzjährig; **Kontakt:** Odenwaldallee, 64653 Lorsch, www.lorsch.de

Auf einer früheiszeitlichen Flugsanddüne stehen die Fragmente der Lorscher Basilika

TOUR RADTOUR AB KLOSTER LORSCH

Über eine 42 km lange Rundtour kann man die Region erkunden. Sie führt auf flacher Strecke durch Weinheim, Heppenheim und Bensheim. Eine gute Gelegenheit das Womo einmal stehen zu lassen.

> https://radtouren-kurpfalz.jimdofree.com/zum-weltkulturerbe-kloster-lorsch

TIPP HEPPENHEIM SAGENHAFT

Unter diesem Motto finden von Mai bis September jeden Samstag um 22 Uhr Führungen durch die mit Straßenlaternen ausgeleuchteten Gassen statt. Mehr Infos unter www.laternenweg.de.

Heppenheim

Die Geschichte Heppenheims geht auf das Jahr 773 zurück als Karl der Große die Königsmark Heppenheim dem nahegelegenen Kloster Lorsch schenkte. 1065 kam es zum Streit zwischen dem damaligen Herrscher Heinrich IV. und der Abtei. Abt Udalrich ließ daraufhin zum Schutz des Klosters eine einfache Verteidigungsanlage errichten. Auf der in der Folge zur steinernen Befestigung erweiterten Burg zog 1206 der Ritter Hugo von Strackimberg ein, von ihm ist der Name **Starkenburg** erhalten geblieben. Mit dem Niedergang der Fürstabtei wechselte die Burg in den Besitz des Erzbischofs von Mainz, der sie 1690 zur Bastion mit Zwinger ausbauen ließ. Ab 1765 verfiel die Anlage, erst seit den 1950er-Jahren wurde sie renoviert und ergänzt, sodass hier eine Jugendherberge Platz fand. Der Kanonenturm, der Südwestturm, der Schneckenturm und Obere Zwinger zeugen noch heute von vergangenen wehrhaften Tagen. Ein Besuch der alten Mauern und der Burgschänke lohnt sich nicht nur wegen des schönen Panoramablicks.

Blick über Heppenheim zur Starkenburg

Heppenheim begrüßt seine Gäste als **Kreis-, Wein- und Festspielstadt** am Rande des Odenwalds. Es gibt viele idyllische Gassen wie die Schunkengasse, die Marktstraße und das Faule Viertel. Ganz besonders heimelig ist der **Marktplatz.** Hier gruppieren sich das Rathaus (1551) mit barockem Fachwerk, die ehemalige Apotheke Pirsch, der Gasthof „Goldener Engel" und viele weitere hübsche Häuser um den Marktbrunnen aus dem 18. Jh. Ein stimmungsvolles Ambiente für die hier regelmäßig stattfindenden Weinfeste. Die beeindruckend große neugotische **Kirche St. Peter** wird von den Einwohnern, obwohl sie niemals Bischofssitz war, liebevoll **Dom der Bergstraße** genannt und wurde zwischen 1900 und 1904 errichtet. Die barocke Kreuzigungsgruppe von 1705, die Heppenheimer Madonna (13. Jh.) und das wertvolle Abendmahlrelief (16. Jh.) an der rechten Seitenwand stammen aus Vorgängerbauten.

Im **Museum Heppenheim** im Kurmainzer Amtshof (Amtsgasse 5) begibt man sich auf die Reise durch die Stadtgeschichte.

Mit einer Rebfläche von 180 Hektar hat Heppenheim die größte Anbaufläche an der Bergstraße. In der **Bergsträßer Winzer eG mit Viniversum** (Darmstädter Str. 56, www.bergstraesserwinzer.de) wird einiges geboten: Weinverkauf, Weinproben, Weinlagenwanderungen und jeden Samstag um 15 Uhr eine Führung mit Multimediashow und Verkostung von drei Weinen.

Auf der **Freilichtbühne** im Kurmainzer Amtshof (Amtsgasse 5, https://festspiele-heppenheim.de) finden im Sommer regelmäßig Theatervorführungen und Auftritte großer Künstler statt.

TOUR ERLEBNISPFAD WEIN & STEIN

Der Pfad mit einer Länge von 6,9 km startet am Winzerplatz bei GPS 49.646904, 8.636614. Unterwegs erklären 80 Infotafeln alles zum Thema Wein. Es gibt herrliche Ruhebänke mit Aussicht, Mandel- und Feigenbäume und die Gelegenheit, im Viniversum (s. oben) Weine zu verkosten. Eine schöne Unterbrechung ist der Abstecher bei Km 5,7 zur Weinterrasse und Vinothek Domäne Bergstraße (GPS 49.65618, 8.63730, https://kloster-eberbach.de/de/wein/weingut/domaene-bergstrasse). Auf der großen Weinterrasse sitzen und dabei eine Kleinigkeit essen und einen Wein genießen – klingt das nicht verführerisch?

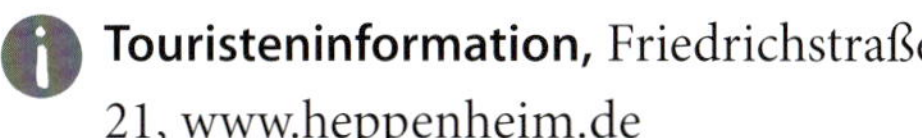

Touristeninformation, Friedrichstraße 21, www.heppenheim.de

71 Campingplatz Hemsbacher Wiesensee, Hemsbach

GPS 49.59802, 8.64019

Platz in schöner Lage am See, direkter Zugang zum Strandbad, Restaurant am Platz, Supermarkt 800 m entfernt. **Lage/Anfahrt:** Richtung Hemsbach-West und dann über die Berliner Straße zum Platz; **Platzanzahl:** 61; **Untergrund:** Wiese; **Service:** Strom, Trinkwasser, Abwasser, Chemie-WC, WLAN; **Sicherheit:** umzäunt, beleuchtet, bewacht; **Preiskat.:** €€€; **Geöffnet:** ganzjährig; **Kontakt:** Ulmenweg 7, 69502 Hemsbach, Tel. 06201 72619, www.camping-wiesensee.de

Weinheim

Das badische Weinheim nennt sich selbst Tor zum Odenwald und Zweiburgenstadt. Markantestes Bauwerk ist das **Alte Schloss,** heute Sitz der Stadtverwaltung. Seine ältesten Teile stammen aus dem Jahr 1400, das Kurpfälzer Schloss im Renaissance-Stil kam 1537, der südlich des Obertors gelegene barocke Bau 1725 und der neugotische Turm 1868 dazu. Ein wahres Sammelsurium verschiedener Baustile. Der **Schlosspark** ist im Stil eines Englischen Gartens mit exotischen Pflanzen und weiten Rasenflächen gestaltet. Ein Ruhepol mitten in der Stadt. Er gehört ebenso wie der Exotenwald, der Kräutergarten und der

Der Aufstieg zur Burgruine Windeck wird mit dieser weiten Aussicht belohnt

TIPP VINOTHEK SCHRIESHEIM

Die Winzergenossenschaft eG Schriesheim (Heidelberger Straße 3, 69198 Schriesheim, www.wg-schriesheim.de) bietet Weinverkauf, -proben und Events an. Sehr kompetente Beratung.

Schau- und Sichtungsgarten Hermannshof zur **Grünen Meile,** die Weinheim wie ein grünes Band durchzieht.

Am von vielen schattenspendenden Bäumen gesäumten **Markplatz** steht das Alte Rathaus mit Staffelgiebel, das besonders schöne Fachwerkgebäude der Löwenapotheke, der Marktbrunnen mit der Justitiafigur und die katholische St. Laurentiuskirche von 1911. Seinen mediterranen Charme entfaltet der Platz, wenn im Sommer bis in die Nacht die Außengastronomie gut besucht ist und die Kellner mit ihren Leckereien von Tisch zu Tisch flitzen.

Ganz besonders malerisch wirkt das **Gerberbachviertel** mit seinen verwinkelten Gassen und den ehemaligen Gerberhäusern (16.–19. Jh.).

Zwei Burgen überragen die Stadt: Burg Windeck und die Wachenburg. Auch wenn es so aussieht: Die höher gelegene **Wachenburg** stammt nicht aus dem Mittelalter, sondern wurde 1907 bis 1928 vom Weinheimer Seniorenkonvent, einem Zusammenschluss schlagender Studentenverbindungen, als Gedenk- und Begegnungsstätte im Stil einer Hochburg erbaut. Die Anlage ist öffentlich zugänglich (www.wachenburg.de). Die **Burgruine Windeck** ist dagegen eine Festung aus dem Jahr 1109. Nach ihrer Zerstörung im Dreißigjährigen Krieg, teilweisem Wiederaufbau und erneuter Zerstörung durch französische Truppen, erfolgte während des Pfälzischen Erbfolgekriegs der Ausbau zu einer modernen Verteidigungsanlage. Nach wechselnden Besitzverhältnissen übernahm sie 1978 die Stadt Weinheim und machte sie zu einem Ausflugsziel mit Burgschänke. Der Panoramablick bis weit in die Rheinebene ist fantastisch (www.weinheim.de).

Die bekannte Romanautorin **Ingrid Noll** lebt in Weinheim und ist seit 2020 Botschafterin der Stadt. Auf einem ausgeschilderten

Spazierweg mit Audioführung per QR-Code (https://weinheimerwege.de/ingrid-noll) zeigt sie die Sehenswürdigkeiten ihrer Stadt, erzählt Anekdoten und liest Passagen aus ihren Kriminalromanen vor.

Das **Weingut Raffl** mit Hofladen und saisonaler Straußwirtschaft (Unterer Viehweg 2, Weinheim-Hohensachsen, www.raffl.de) baut auf 8 Hektar Rebfläche Müller-Thurgau, Riesling, verschiedene Burgundersorten, Gewürztraminer, Dornfelder und Lemberger an.

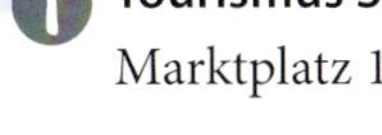

Tourismus Service Bergstraße, Marktplatz 1, www.diebergstrasse.de

72 Parkplatz D1 Schlosspark, Weinheim

GPS 49.54462, 8.66944

Einfacher Parkplatz am Straßenrand ohne VE, direkt beim Rathaus und der Altstadt, laut durch Straße, nur für Fahrzeuge bis 7 m Länge. **Lage/Anfahrt:** Parkplatz ist ausgeschildert; **Platzanzahl:** 4; **Untergrund:** Asphalt; **Sicherheit:** beleuchtet; **Preiskat.:** kostenlos; **Geöffnet:** ganzjährig; **Kontakt:** Rote Turmstraße 30, 69469 Weinheim

Ladenburg

Ladenburg, in römischer Zeit Lopodunum genannt, liegt im badischen Teil der Bergstraße. Wer den Hinweisschildern „Archäologie" folgt, entdeckt heute noch Spuren der römischen Besiedlung ab 98 n. Chr., als Kaiser Trajan **Lopodunum** zum Hauptort der Provinz erhob. Das Gesamtbild der reizvollen Altstadt wird von vielen mittelalterlichen Gebäuden geprägt. Am historischen Marktplatz gibt es zahlreiche Fachwerkhäuser aus dem 15. bis 18. Jh. und den Marienbrunnen. Das **Martinstor** und der **Hexenturm** sind zusammen mit Mauerresten Teile der mittelalterlichen Befestigung. Das Wahrzeichen der Stadt, die **St.-Gallus-Kirche,** wurde zwischen dem 13. und 15. Jh. erbaut. Im ehemaligen Bischofshof hat das **Lobdengau-Museum** (Amthof 1, www.lobdengau-museum.de) seinen Sitz. Auf vier Ebenen erzählt es die Geschichte und viel über die Archäologie Ladenburgs von 100 n. Chr. bis zur Badischen Revolution 1848.

Ladenburg ist ein angenehmes, freundliches Städtchen

Die flache Topografie um Ladenburg ist für Radfahrer ideal

73 Wohnmobilstellplatz, Ladenburg

GPS 49.46620, 8.61510

Platz in schöner, ruhiger Lage am Ortsrand, sehr gut besucht, Zentrum, Bäcker fußläufig erreichbar, Radwege in der Nähe. **Lage/Anfahrt:** Im Ort ausgeschildert; **Platzanzahl:** 52; **Untergrund:** Schotter; **Service:** Strom, Trinkwasser, Abwasser, Chemie-WC, WLAN; **Sicherheit:** beleuchtet; **Preiskat.:** €€; **Geöffnet:** ganzjährig; **Kontakt:** Heidelberger Straße 56, 68526 Ladenburg

Carl Benz erhielt 1886 das Patent für das erste Fahrzeug mit Verbrennungsmotor. 1888 unternahm seine Frau Bertha zusammen mit den Söhnen Eugen und Richard die legendäre erste Überlandfahrt von Mannheim nach Pforzheim. 1906 zog es die Familie nach Ladenburg und Carl Benz gründete hier die Firma „Carl Benz Söhne". Das stattliche Wohnhaus des Autorevolutionärs steht heute noch (Dr.-Carl-Benz-Platz 2). Die historische **Benz-Fabrik** (Ilvesheimer Straße 26, www.automuseum-ladenburg.de/) wurde mit Unterstützung der Daimler-Benz-Group zu einem informativen Museum über unsere mobile Vergangenheit umgebaut.

Matthias Schmidt vom **Weingut Rosenhof** (Schriesheimerstraße 101, www.weingut-rosenhof.eu), baut seine Weine zu 100 % trocken aus. In der Lage Schriesheimer Kuhberg wachsen auf 3,5 Hektar Fläche Weiß-, Grau- und Spätburgunder, Riesling, Silvaner, Chardonnay, Sauvignon Blanc, Merlot und Cabernet-Sauvignon.

 **Stadtinformation,** Hauptstraße 8, www.ladenburg.de

Deutsche Weinstraße

Börrstadt
Elsenberg (Pfalz)
Lautersheim
Bockenheim a.d.W.
Ebertsheim
Grünstadt
Dirmstein
Heuchelheim
Groß-niedesheim
Roxheim
Beindersheim
Tiefenthal
Hettenleidelheim
Sausenheim
Kirchheim a.d.W.
Gerolsheim
Heßheim
Sandhofen
Großkarlbach
Frankenthal (Pfalz)
Battenberg (Pfalz)
Bobenheim am Berg
Weisenheim am Sand
Lambsheim
Wattenheim
Weisenheim am Berg
Eppstein
Altleiningen
Freinsheim
Oggersheim
Mannheim
Carlsberg
Enkenbach-
Leistadt
Kallstadt
Erpolzheim
Maxdorf
Birkenheide
Ludwigshafen am Rhein
Fischbach
Bad Dürkheim
Wachenheim an der Weinstraße
Friedelsheim
Ellerstadt
Gönnheim
Rödersheim-
-Schauernheim
Mutterstadt
Frankenstein
Hochspeyer
Weidenthal
Niederkirchen
-Gronau
Dannstadt-
Neuhofen
Deidesheim
Hochdorf-Assenheim
Limburgerhof
Ruppertsberg
Meckenheim
Waldsee
Neidenfels
Lindenberg
Böhl-
-Iggelheim
Gimmeldingen
Otterstadt
Esthal
Frankeneck
Haardt
Schifferstadt
Lambrecht (Pfalz)
Elmstein
Neustadt an der Weinstraße
Haßloch
Speyer
Iggelbach
Lachen-Speyerdorf
Dudenhofen
Diedesfeld
Kalmit 673
Maikammer
Hanhofen
Kirrweiler (Pfalz)
Duttweiler
Geinsheim
Harthausen
Speyerbach
Altlußheim
Sankt Martin
Edenkoben
Venningen
Altdorf
Gommersheim
Heiligenstein
Weyher in der Pfalz
Freimersheim (Pfalz)
Freisbach
Schwegenheim
Römerberg
Ramberg
Rhodt unter Rietburg
Edesheim
Großfischlingen
Mechtersheim
Eußerthal
Dernbach
Burrweiler
Hochstadt (Pfalz)
Weingarten (Pfalz)
Lingenfeld
Philippsburg
Böchingen
Walsheim
Lustadt
Westheim (Pfalz)
Rheinsheim
Gräfenhausen
Frankweiler
Nußdorf
Essingen
Zeiskam
Albersweiler
Siebeldingen
Godramstein
Queich
Rinnthal
Annweiler am Trifels
Ranschbach
Landau in der Pfalz
Offenbach an der Queich
Bellheim
Germersheim
Ilbesheim
Ottersheim
Sondernheim
Rußheim
Lug
Wernersberg
Waldhambach
Mörzheim
Dettenheim
Gossersweiler-Stein
Impflingen
Herxheim bei Landau/Pfalz
Hördt
Göcklingen
Insheim
Liedolsheim
Silz
Klingenmünster
Rohrbach
Kuhardt
Rülzheim
Gleiszellen-Gleishorbach
Billigheim-Ingenheim
Leimersheim
Linkenheim-Hochstetten
Birkenhördt
Erlenbach bei Kandel
Kapellen-Drusweiler
Steinweiler
Hatzenbühl
Rheinzabern
Neupotz
Dörrenbach
Bad Bergzabern
Oberhausen
Winden
Kandel
Jockgrim
Rhein
Ober-otterbach
Dierbach
Minfeld
Eggenstein-Leopoldshafen
-Rechtenbach
Steinfeld
Freckenfeld
Schaidt
Wörth am Rhein
Schweigen-
Wissembourg
Schweighofen
Bienwald
Neureut
Pfälzerwald
Haardt
© Reise Know-How 2022
0 3 km

TOUREN-ÜBERBLICK

Routenempfehlung: Schweigen-Rechtenbach – Dörrenbach – Bad Bergzabern – Rhodt unter Rietburg – Edenkoben – St. Martin – Neustadt – Deidesheim – Wachenheim – Bad Dürkheim

Länge gesamt: 75 km

Dauer: 5–6 Tage

Reisezeit: Frühling bis Herbst. Im Frühling ist besonders die Mandelblüte, im Herbst sind die Weinlese und die vielen Weinfeste beliebt.

85 Kilometer zieht sich die Deutsche Weinstraße von Schweigen bis Bockheim am Rande des Pfälzerwaldes durch die Weinberge. Das milde Klima, die hervorragenden Löss-, Kalk- und Sandsteinböden und die innovativen Winzer erzeugen Jahr für Jahr eine breite, von Ort zu Ort oft sehr unterschiedliche Weinpalette. Vinotheken und Weingüter laden zur Weinprobe mit fachkundiger Beratung und manchmal auch zu einem Blick in den Weinkeller ein. Ein besonderes Erlebnis sind die unzähligen Weinfeste, die hier das ganze Jahr über stattfinden. Bei Weck, Worschd un Woi (Brot, Wurst und Wein), Grumbeersupp un Quetschekuche (Kartoffelsuppe und Zwetschgenkuchen) oder Keschde (Esskastanien) kommt man mit den geselligen Pfälzern schnell ins Gespräch. Blumengeschmückte Weindörfer mit malerischen Fachwerkhäusern umgeben von den sanften Wellen der Weinberge prägen die Landschaft. Immer wieder tauchen Burgen und Schlösser aus dem Grün der Reben und Wälder auf. Die Aussicht von oben bis weit in die Rheinebene ist traumhaft. Überhaupt sollte der Gast die Pfalz unbedingt zu Fuß oder mit dem Fahrrad erkunden. Nur so hat man das richtige Naturerlebnis, zu dem auch die Einkehr in einer echten Pfälzer Hütte (Wandergaststätte) gehört. Immer mehr Weingüter haben einen Wohnmobilstellplatz eingerichtet. So ist es einfach, die Weine zu verkosten und anschließend beschwingt zurück ins WoMo zu gehen.

Von der Rietburg (s. S. 145) hat man einen weiten Ausblick bis ins Rheintal

Schweigen-Rechtenbach

Die Deutsche Weinstraße beginnt im Spätburgunderdorf Schweigen-Rechtenbach direkt an der Grenze zu Frankreich. Hier steht auch ihr Wahrzeichen, das 18 m hohe **Weintor** (Weinstraße 5). Die älteste touristische Straße Deutschlands durchzieht die Pfalz seit 1935. Mit ihrer Einrichtung wollten die Nationalsozialisten die strukturschwache Region aufwerten und den Fremdenverkehr und somit den Weinverkauf ankurbeln. Gleichzeitig sollte das in nur zwei Monaten Bauzeit errichtete massive Weintor in Richtung der französischen Nachbarn Eindruck machen. Eine Sprengung 1947 durch französische Soldaten konnte vom damaligen Bürgermeister verhindert werden. Seit 1978 gehören Weintor und einige Nebengebäude der **Winzergenossenschaft Deutsches Weintor,** die hier eine Vinothek (www.weintor.de/vinotheken) betreibt. Das beliebte Restaurant Weintor hat seit Oktober 2022 geschlossen, soll aber wieder öffnen, wenn ein neuer Pächter gefunden wurde.

Das Deutsche Weintor

TIPP PICKNICK

Unter http://suew-shop.de gibt es die schöne Möglichkeit, ein Picknick mit leckeren Produkten der Region zu reservieren. Bei einer der Verkaufsstellen abholen und ein naturnahes Picknick, natürlich mit einer Flasche Wein, genießen – klingt doch nach einer romantischen Idee.

74 Weingut Cuntz, Schweigen-Rechtenbach

GPS 49.05815, 7.96279

Plätze auf einem Weingut in ruhiger Lage an den Weinbergen, Weinverkauf, Restaurant im Ort. **Lage/Anfahrt:** Von der Straße nach Bad Bergzabern am Ortsende links abbiegen, ausgeschildert; **Platzanzahl:** 3; **Untergrund:** Rasengitter; **Service:** Strom, Trinkwasser; **Preiskat.:** €; **Geöffnet:** ganzjährig; **Kontakt:** Wasgaustr. 7, 76889 Schweigen-Rechtenbach, Tel. 06342 919141, www.weingut-cuntz.de

Dörrenbach

Umrahmt von bewaldeten Hügeln auf denen auch Esskastanien gedeihen, liegt Dörrenbach, das den Beinamen „Dornröschen der Pfalz" trägt – und das zu Recht. Es lohnt sich unbedingt, das idyllische Weindorf mit dem schönen **Fachwerkrathaus** im Renaissancestil von 1590, der **Wehrkirche St. Martin,** deren älteste Teile von 1300 stammen, und einigen schönen Fachwerkhäusern zu besuchen. Das Gebäudeensemble unterhalb der Wehrkirche

Dörrenbach ist „märchenhaft" schön

TOUR MÄRCHENHAFTE WANDERUNGEN

Die Märchenwanderwege (Dornröschenweg, 13,4 km, und Gebrüder-Grimm-Märchenweg, 5,7 km) starten beide in Dörrenbach. Unterwegs trifft der Wanderer auf viele bekannte Märchenfiguren.

75 Stellplatz beim Sportplatz, Dörrenbach

GPS 49.08821, 7.96973

Plätze in ruhiger Lage mit teilweise schöner Aussicht, Picknicktische, ins Dorf 800 m, dort gibt es einen Bäcker und Weinstuben, aber sonst keine Einkaufsmöglichkeiten. **Lage/Anfahrt:** Im Ort ausgeschildert, schmale Zufahrt, für sehr große Fahrzeuge nicht geeignet; **Platzanzahl:** 10; **Untergrund:** Schotterrasen; **Service:** Strom (4 Anschlüsse), Chemie-WC; **Preiskat.:** €; **Geöffnet:** ganzjährig; **Kontakt:** 76889 Dörrenbach, Übergasse

TIPP WEINGUT SPRENGER

Die guten Weine des Weinguts Sprenger (Übergasse 2) kann man auch abends beim Platzwart am Stellplatz kaufen.

St. Martin mit ihren Rundtürmen, der Wehrmauer und dem üppigem Rosenschmuck ist einfach märchenhaft. Deshalb kürt Dörrenbach auch keine Weinkönigin, sondern wählt alle zwei Jahre ihr Dornröschen. Die Krönung wird mit einer Mittelaltermeile kräftig gefeiert. Termine (auch Infos zur Kerwe – so nennt man in der Pfalz die Kirmes – und dem Weihnachtsmarkt) finden sich unter www.doerrenbach.de/kultur/index.php.

Die **Weinstuben** im Dorf servieren Pfälzer Spezialitäten und lokale Weißweine wie Riesling, Müller-Thurgau, Chardonnay, Grau- und Weißburgunder und die Rotweine Dornfelder, Regent und Merlot.

Bad Bergzabern

Der Kurort Bad Bergzabern kann mit der **Südpfalz Therme** (Kurtalstr. 27, www.suedpfalz-therme.de) punkten. 32 °C heißes Thermalwasser sorgt in Innen- und Außenbecken für die richtige Entspannung und Wellness. Noch stärker zum Wohlbefinden trägt ein Spaziergang auf dem 5,5 km langen **Kneipp-Lehrpfad** bei, wo man neue Erkenntnisse in Sachen gesunder Lebensweise erhält. Start ist zwischen Therme und Haus des Gastes, unterwegs gibt es Anleitungen für Übungen.

Das Schmuckstück von Bad Bergzabern ist der **Oberamtssitz,** 1579 im Renaissance-Stil von den Pfalzherzögen von Zweibrücken erbaut (Königstraße 5). Zwischen 1802 und 2014 war im Erdgeschoß das Gasthaus „Zum Engel“ beheimatet und einige Jahre befand sich in den Obergeschossen das Stadtmuseum. Seit 2022

Von 1744 bis 1774 lebte Herzogin Karoline von Pfalz-Zweibrücken im Schloss Bergzabern

ist alles geschlossen und eine Innensanierung in Planung (www.bad-bergzabern.de/tourismus-kultur/stadtmuseum).

Das **Schloss Bergzabern** ist ein 1526 bis 1579 an der Stelle einer Wasserburg erbauter Vierflügelbau mit Renaissance-Schmuckfassade und zwei massigen Rundtürmen. Inzwischen hat hier die Stadtverwaltung ihren Sitz.

Das **Weingut Hermann Augspurger Stadtmühle** (Königstraße 9, www.augspurger-

TIPP INFOS ZUR WEINSTRASSE

> **Wanderungen:** www.suedlichewein strasse.de/wandern/wanderwege

> **Mandelblüte:** www.suedlichewein strasse.de/mandelbluete

> **Führungen:** www.suedlicheweinstrasse.de/buchbare-erlebnisse

> **Rasthütten:** www.pwv.de/index.php/huetten/244-rasthaeuser

Dieser prachtvoller Renaissancebau war bis 1802 Oberamtssitz

76 Weingut Hitziger, Bad Bergzabern

GPS 49.10711, 7.99713

Plätze auf einem Weingut, schöne Aussicht, Bäcker und Restaurant fußläufig erreichbar, Weinverkauf. **Lage/Anfahrt:** Von der Straße nach Pleisweiler links abbiegen, ausgeschildert; **Platzanzahl:** 12; **Untergrund:** Wiese; **Service:** Strom, Trinkwasser, Abwasser, Chemie-WC; **Sicherheit:** beleuchtet; **Preiskat.:** €€; **Geöffnet:** März–1. Nov.; **Kontakt:** Liebfrauenbergweg 3, 76887 Bad Bergzabern, Tel. 06343 1710, www.weingut-hitziger.de

77 Camping im Klingbachtal, Billigheim-Ingenheim

GPS 49.13686, 8.07235

Gepflegter Platz in schöner, ruhiger Lage, Bistro, Stellplatz vor der Schranke inkl. Sanitär. Der Platz liegt bei vier typischen Pfälzer Weindörfern mit vielen Weingütern. Straußwirtschaften und Weinstuben. Gäste des Campingplatzes können kostenlos ins Freibad. Bushaltestelle. **Lage/Anfahrt:** Von der Hauptstraße in Ingenheim links in die Klingenerstraße, ausgeschildert; **Platzanzahl:** 65, Stellplatz 10; **Untergrund:** Schotter, Wiese; **Service:** Strom, Trinkwasser, Abwasser, Chemie-WC, WLAN; **Sicherheit:** umzäunt, beleuchtet, bewacht; **Preiskat.:** €€€, SP €€; **Geöffnet:** Apr. –Okt.; **Kontakt:** Klingener Straße, 76831 Billigheim, Ingenheim, Tel. 06349 6145, www.camping-klingbachtal.de

stadtmuehle.de) gibt es bereits seit 1881. Angeboten werden die überwiegend trocken ausgebauten klassischen Sorten wie Burgunder, Silvaner und Riesling. Gut zu Wein passt auch Schokolade. Die **Manufaktur Rebmann** (Petronellastraße 33, http://www.trueffelshop.com) macht handgeschöpfte, vorzügliche Schokolade und Pralinen.

Damit man kein **Fest** versäumt, kann man sich unter https://badbergzabernerland.suedlicheweinstrasse.de/veranstaltungen/weinfeste über die Termine informieren.

 **Touristeninformation,** Kurtalstr. 27, www.bad-bergzabern.de

Rhodt unter Rietburg

Wie stellt sich ein Romantiker ein charmantes Weindorf vor? Traumhafte Lage zwischen endlos wirkenden Weingärten, mit Blumen geschmückte Fachwerkhäuser, einladende Weinstuben und Cafés, gemütliche Weinprobierstübchen? Wer einmal in Rhodt war, weiß, der Ort entspricht diesem Traumbild.

Die kopfsteingepflasterte **Theresienstraße** wird von prachtvollen Kastanien und Weingütern gesäumt, deren malerische Höfe von mächtigen Torbögen abgeschirmt werden. Gemütliche Weinstuben wie der **Alte Kastanienhof** (Theresienstr. 79, www.alter-kastanienhof.de) und außergewöhnliche Entdeckungen wie der Würzer-Wein beim **Weingut Knut Fader** (Theresienstraße 62, https://wein-fader.de) bringen so manchen Besucher ins Schwärmen und so kommt es, dass viele „Wiederholungstäter“ sind und immer wieder im Traminerdorf haltmachen.

Mit der **Rietburgbahn** (http://rietburgbahn-edenkoben.de) schwebt der Wanderer bequem die 220 m Höhendifferenz hinauf zur **Rietburg** an der Nordostflanke des Blätterbergs. Der genaue Zeitpunkt, an dem die Herren von Riet den Grundstein für die Rietburg setzten, liegt im Dunkeln. Fest steht, dass sie 1255 Reichsburg war. Sie wurde, wie so viele Burgen, ein Opfer des Dreißigjährigen Kriegs. Die Schäden waren so schwer, dass sie im 17. Jh. bereits verfallen war. 1822 kaufte die Gemeinde Rhodt die Ruine und 1957 konnte die restaurierte Burg mit Aussichtsterrasse wieder eingeweiht werden. Der Blick von oben über Rhodt bis weit hinein ins Rheintal ist fantastisch. Hinter der Burganlage starten verschiedene kurze und längere Wanderungen.

Am Ortsrand Richtung Edesheim gibt es gegenüber der Winzergenossenschaft alte, knorrige **Traminer-Rebstöcke.** Klingt zunächst nicht so besonders, wenn man aber erfährt, dass dieser Weinberg bereits vor dem Dreißigjährigen Krieg existierte, ist man doch erstaunt. 400 Jahre soll er laut mündlicher Überlieferung alt sein.

Eine Auswahl interessanter Wanderungen sind unter www.rhodt.de/rhodt-erleben/aktiv aufgeführt.

Hübsche Details in Rhodt unter Rietburg

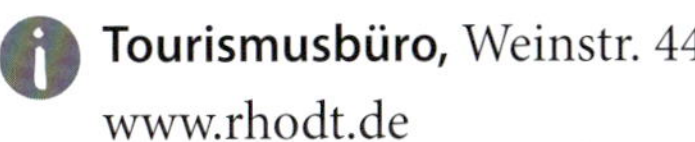

Tourismusbüro, Weinstr. 44, www.rhodt.de

INFO DER RHODTER PIFF

In der Pfalz nennt man ein Weinglas mit 0,25 l Inhalt „Piff", in ein Schoppenglas passen 0,5 l Wein. Anfang der 1900er-Jahre war es nicht üblich, dass die vornehmen Damen der Gesellschaft einen Schoppen tranken und so bestellten sie einen Piff. Da der Wein aber zu gut schmeckte, wurden aus einem Piff, zwei, drei .... und so weiter. Ferdinand Seitz, dem Wirt des Gasthauses „Zum Adler", wurde es zu mühsam, ständig so geringe Mengen zu servieren. Kurzerhand erfand er den „Rhodter Piff", ein Glas mit 1 Liter Inhalt. Er bestand darauf, dass eben ein Unterschied zwischen einem Piff und einem Rhodter Piff besteht. Seither gibt es diese Maßeinheit für Weingläser in Rhodt.

78 Weingut Stefan Meyer, Rhodt unter Rietburg

GPS 49.26832, 8.10787

Parzellierte Plätze in schöner Lage am Ortsrand, Weinprobe und -verkauf, Restaurants im Dorf, kein Supermarkt. **Lage/ Anfahrt:** Von der L512 Richtung Hainfeld am Ortsende links abbiegen; **Platzanzahl:** 6; **Untergrund:** Schotterrasen; **Service:** Strom, Trinkwasser, Chemie-WC, Abwasser mit Eimer; **Preiskat.:** €€; **Geöffnet:** ganzjährig; **Kontakt:** Weinstraße 1A, 76835 Rhodt unter Riedburg, Tel. 06323 2348

Villa Ludwigshöhe und darüber die Rietburg

Edenkoben

Edenkoben lebt mit und vom Wein und nennt sich „Die weinfrohe Stadt". 80 Winzerfamilien bearbeiten ca. 110 Hektar Rebfläche mit Buntsandstein-, Lößlehm- und Kalkstein-Böden. Das Terroir und die Erfahrung der Winzer bringen ausgewogene Weine vom Pfälzer Landwein bis zum Prädikatswein sowie Sekte (brut und trocken) und Seccos hervor. Das **Museum für Weinbau** (Weinstraße 107, http://museum-edenkoben.de) zeigt den oft sehr mühsamen Weg vom Weinberg über den Weinkeller bis zum edlen Tropfen im Glas. Nach dem Museumsbesuch ist Zeit für eine Weinprobe im **Weinkontor Edenkoben** (Weinstraße 130, www.weinkontor-edenkoben.de). Das dortige professionelle Team aus Winzern und Önologen sorgt für eine große

79 Weingut Fitz-Schneider, Edenkoben

GPS 49.28526, 8.11831

Platz in schöner, ruhiger Lage am Ortsrand, Weinkühlschrank des Vertrauens, Weinverkauf, Restaurants und Zentrum fußläufig erreichbar. **Lage/Anfahrt:** Von der Klosterstraße nach rechts in den Neuweg, dann links auf dem Feldweg bis zum zweiten Stellplatz; **Platzanzahl:** 16; **Untergrund:** Schotter; **Service:** Strom, Trinkwasser, Abwasser, Chemie-WC, WC, Dusche; **Preiskat.:** €€; **Geöffnet:** Mitte März–Okt.; **Kontakt:** Klosterstr. 158, 67480 Edenkoben, Tel. 06323 5210, www.weingut-fitz-schneider.de

Der schöne Ortskern von St. Martin lohnt einen Besuch

Auswahl an sortenreinen Weinen und Cuvées.
Als Folge des Wiener Kongresses wurde die Pfalz ab 1816 bayrisch. König Ludwig I. von Bayern gefiel es so gut in der Pfalz, dass er sich mit der **Villa Ludwigshöhe** (Villastr. 64, https://edenkoben.de/villa-schloss-ludwigshoehe) den Wunsch nach einer Sommerresidenz erfüllte. Sie entstand zwischen 1846 und 1852 nach italienischem Vorbild. Die Max-Slevogt-Galerie und die Keramiksammlung, die heute in den königlichen Räumen untergebracht sind, sollen nach einer Renovierung ab Pfingsten 2023 wieder zugänglich sein. Ein weiterer schöner Ausflugstreff ist der **Hilschweiher** (Klosterstraße) mit Bootsverleih und Waldkiosk.

Tourismusbüro Südliche Weinstraße Edenkoben, Poststraße 23, www.garten-eden-pfalz.de

TIPP MANDELBLÜTE
Hunderte rosafarbener Mandelbäume blühen von Anfang März bis Mitte April an der Deutschen Weinstraße. Infos zu einem 77 km langen Wanderweg entlang dieses spektakulären Naturschauspiels und zu Veranstaltungen gibt es unter www.mandelbluete-pfalz.de.

St. Martin

St. Martin liegt malerisch zwischen Weingärten am Rande des Pfälzerwalds. Die ca. 1700 Einwohner leben überwiegend vom Weinbau. Kein Wunder also, dass beinahe jedes Haus **Weinverkauf** anbietet. Alles ist im Angebot: Weiß-, Rot- und Roseweine, aber auch ein spritziger Sekt oder Secco darf nicht fehlen.

Seit 1981 steht der **historische Ortskern** von St. Martin unter Denkmalschutz. Ein bemerkenswertes Baudenkmal ist die dem heiligen Martin geweihte **katholische Kirche** (Am Pfargarten 10) mit einer wertvollen Holzdecke und Kirchenbänken aus dem 14. Jh. auf der Empore.

TIPP **BIO WEINGUT WINFRIED SEEBER**

Seit 250 Jahren ist das Weingut im Besitz der Familie Seeber. 1981 erfolgte die Umstellung auf organisch-biologischen Anbau. Neben den typischen Sorten der Region reifen auch internationale Weinsorten im Edelstahltank, Holzfass oder Barrique. Eine weitere Spezialität sind die handgerüttelten Sekte, Perlweine und Brände. Am Freitagnachmittag und samstags kann man zu einer Degustation in der Probierstube und zum Besuch des Sandsteinkellers kommen.
> Kontakt: Edenkobener Straße 31, www.weingut-seeber.de.

Bummeln durch die schmalen Gassen mit den liebevoll renovierten Fachwerkhäusern und immer wieder ein Gläschen Wein in einem der idyllischen Weingüter trinken, so kann ein erholsamer Urlaubstag in St. Martin aussehen. Auch die Restaurants des Weindorfs haben sich dem Genuss verschrieben und werben mit deftiger Pfälzer Küche, Flammkuchen und kreativen Feinschmeckerideen. Auch die Winzer geben sich viel Mühe und servieren auf ihren gemütlich dekorierten Höfen neben ihren Weinen oft auch kleine Speisen. Im November findet das gutbesuchte **Martinus-Weinfest** statt.

Eine empfehlenswerte **Rundwanderung** von 7,9 km Länge und mit 246 m Höhendifferenz umrundet St. Martin und zeigt viele schöne Perspektiven. Dabei kommt man auch zur mittelalterlichen **Kropsburg** von 1200 (Kropsburg

80 Weingut Schreieck, St. Martin

GPS 49.29996, 8.10554

Platz in zentraler, ruhiger Lage am Ortsrand, für Fahrzeuge über 7,5 m etwas eng, Weinprobe und -verkauf, Restaurant, Bäcker und Metzger im Dorf. **Lage/Anfahrt:** Von der Totenkopfstraße in die Friedhofstraße abbiegen, dann links zum Platz; **Platzanzahl:** 17; **Service:** Trinkwasser, Abwasser, Chemie-WC, WC, Dusche; **Sicherheit:** beleuchtet; **Preiskat.:** €€; **Geöffnet:** ganzjährig; **Kontakt:** Friedhofstr. 8, 67487 St. Martin, Tel. 06323 5415, www.weingut-helmut-schreieck.de

5, www.burgschaenke-kropsburg.de) mit gemütlicher Schänke. Der Blick von der Terrasse in 331 m Höhe reicht weit bis ins Rheintal.

Touristeninformation, Kellereistr. 1, https://stmartin.suedlicheweinstrasse.de. Unter www.sankt-martin.de sind die aktuellen Führungen, Veranstaltungen und Feste aufgeführt.

TOUR WANDERUNGEN BEI ST. MARTIN

St. Martin ist ideal als Ausgangspunkt für Wanderungen geeignet. Unter https://stmartin.suedlicheweinstrasse.de/uebernachten-erleben/wandern/rundwanderwege sind Anregungen zu finden. Traditionell gehört zu einer Wanderung die Einkehr in einer Hütte, Waldgaststätte oder Straußwirtschaft. Den Flyer mit Infos hierzu hält die Touristeninformation bereit.

Neustadt an der Weinstraße

Der Marktplatz von Neustadt gilt als der schönste Platz der Pfalz, und er macht auch wirklich etwas her. Da fällt zunächst das **Barockrathaus** von 1729 auf, früher Jesuitenkolleg und seit 1838 Sitz der Stadtverwaltung. Gegenüber ragt das Wahrzeichen der Stadt, die **Stiftskirche** mit den zwei ungleichen Türmen in den Himmel. Im Südturm führen 187 Stufen hinauf zu einer zweigeschossigen Wohnung. Hier wohnte der Türmer und bewachte von oben die Stadt. Bemerkenswert ist die 1714 errichtete Trennmauer im Innenraum der Kirche. Sie ermöglicht, dass das Gotteshaus gleichzeitig für Protestanten und Katholiken genutzt werden kann.

Das **Scheffelhaus** (Marktplatz 4) ist das älteste Gebäude am Markt und wurde 1580 im Stil der Renaissance errichtet. Der Besitzer, Philipp Christmann, war Mitunterzeichner der Einla-

Mittelpunkt von Neustadt ist das barocke Rathaus

Ein Ort mit großer Bedeutung für Deutschland: das Hambacher Schloss

INFO ELWEDRITSCHE

Während eines Unwetters vor vielen Hundert Jahren verliefen sich der Sage nach einige Hühner, Enten und Gänse im Pfälzerwald. Sie gründeten mit den dort wohnenden Elfen und Kobolden die neue Familie der Elwedritschen. Das lustige Fabelvolk lebt angeblich auch heute noch in unzugänglichen felsigen Wäldern in der Pfalz.

TOUR WANDERUNG ZUR RUINE WOLFSBURG

Beim Käthe-Kollwitz-Gymnasium an der Villenstraße beginnt der Aufstieg über den Haardter Treppenweg. An deren Ende leitet die Beschilderung „Pfälzer Weinsteig" über 2,6 km zur Ruine aus dem 13. Jh. Die Burgschänke mit schönem Ausblick hat samstags und sonntags geöffnet.

dung zum Hambacher Fest am 27. Mai 1832. Durch den Innenhof mit Treppenturm des Hauses Marktplatz 11 erreicht man das **Ordenshaus der Weinbruderschaft der Pfalz.** Der Wahlspruch der „ideellen Gemeinschaft zur Förderung und Pflege der Weinkultur" lautet: „In vite vita" („In der Rebe das Leben"). Die schmale Metzgergasse und die Kunigundenstraße mit den typischen Torbögen und den alten Zunftzeichen erinnern an das Stadtbild der Spätgotik und Renaissance.

Am Hegelplatz steht seit 1978 der vom Neustädter Künstler Rumpf entworfene **Elwedritsche-Brunnen.** Die Fabelwesen aus Bronze treiben ihren Schabernack und spritzen die Spaziergänger nass.

Wie wäre es zur Abwechslung einmal mit Sekt statt Wein? In der **Heim'schen Privat Sektkellerei** in der Maximilianstr. 32 (www.heimsekt.de) mit ihrer großen Auswahl und der guten Beratung kann man sich diesen Wunsch erfüllen.

Die Wiege der deutschen Demokratie, so wird das **Hambacher Schloss** (www.hambacher-schloss.de) auf dem 376 m hohen Schlossberg genannt. Ursprünglich im 11. Jh. als Kästenburg erbaut, hatte es eine wechselvolle Geschichte mit Zerstörung und Wiederaufbau, bis es 1815 an 16 wohlhabende Bürger aus der Region verkauft und Schauplatz politischer Kundgebungen wurde. Am 27. Mai 1832 versammelten sich hier 20.000 bis 30.000 Menschen zu einem großen Fest. Sie forderten in flammenden Reden bürgerliche Freiheiten und die deutsche Einheit. Es war das erste Mal, dass die schwarz-rot-goldene Fahne gehisst wurde. Die Ausstellung zur Geschichte der Demokratie im Schloss ist sehr informativ gestaltet und unbedingt sehenswert.

Touristeninformation Wachenheim, Weinstraße 15, www.wachenheim.de

81 Stellplatz Zentrum, Neustadt

GPS 49.35480, 8.15272

Zentraler Platz in relativ ruhiger Lage (Straße, Nachtanlieferung Aldi), Supermärkte, Bäcker und Restaurants in unmittelbarer Nähe. **Lage/Anfahrt:** Über B38 oder B39 und Martin-Luther-Straße ausgeschildert; **Platzanzahl:** 30; **Untergrund:** Pflaster; **Service:** Strom, Trinkwasser, Abwasser, Chemie-WC; **Preiskat.:** €; **Geöffnet:** ganzjährig; **Kontakt:** Martin-Luther-Str. 54, 67433 Neustadt

82 Weingut Müller-Kern, Neustadt

GPS 49.32305, 8.12786

Platz in sehr schöner Lage mit Sicht auf das Hambacher Schloss, Weinkühlschrank des Vertrauens, Weinprobe und -verkauf. **Lage/Anfahrt:** Im Ort ausgeschildert, enge Zufahrt durch den Hof; **Platzanzahl:** 8; **Untergrund:** Schotterrasen; **Service:** Strom, Trinkwasser, WC, Dusche; **Preiskat.:** €€; **Geöffnet:** ganzjährig; **Kontakt:** Andergasse 38, 67434 Neustadt a. d. Weinstraße, Tel. 06321 80251, www.mk-wein.de

INFO PFÄLZER SAUMAGEN

Der Pfälzer Saumagen ist durch Bundeskanzler Helmut Kohl in der ganzen Welt bekannt geworden. Kohl lud seine Staatsgäste gern zu diesem Gericht in die Pfalz ein. Ob es bei allen Gästen gut ankam, ist nicht bekannt. Beim Originalrezept wird ein gereinigter Schweinemagen mit gewürfelten Kartoffeln, gepökeltem Schweinefleisch, Speck, Wurstbrät, Gewürzen und Ei gefüllt. Die Kunst der Zubereitung liegt darin, zu verhindern, dass der Magen beim Sieden platzt. Serviert wird er traditionell mit Kartoffelbrei und Sauerkraut.

INFO GEISSBOCKVERSTEIGERUNG

Immer am Dienstag nach Pfingsten findet in Deidesheim dieses beliebte Volksfest statt. Es geht auf die Tradition zurück, dass die Stadt Lambrecht zur Bezahlung ihrer Weiderechte auf Deidesheimer Markung Deidesheim einen Geißbock liefern musste. In der zweiten Hälfte des 19. Jh. entwickelten sich daraus ein Historienspiel und eine Riesengaudi mit Versteigerung des Bocks.

Deidesheim

Deidesheim ist stolz, dass hier durch den gebürtigen Rheinland-Pfälzer Dr. Helmut Kohl Staatsgäste wie das spanische Königspaar, Michail Gorbatschow und Margaret Thatcher zu Besuch waren. Diese hohen Herrschaften durften (oder mussten?) im **Deidesheimer Hof** (Marktplatz 1, www.deidesheimerhof.de) den original Pfälzer Saumagen genießen, dessen Fan der Bundeskanzler war. Am besten macht man es nach und kehrt ein.

Das Wahrzeichen der Stadt ist das 1532 errichtete **Rathaus** mit imposanter Doppeltreppe am Marktplatz. Auf dem Platz findet jedes Jahr am Pfingstdienstag die historische **Geißbockversteigerung** mit vielen Besuchern statt. Die **Weinbar 1911** am Marktplatz 5 serviert hervorragende Bioweine, Sekte und Seccos des **Familienweinguts Weisbrodt** (Niederkirchen, Saarstr. 3, www.weingut-weisbrodt.de). Eine außergewöhnliche Kombination ist die im Holzfass gereifte – wie es der Winzer nennt – „Metamorphose“ aus Chardonnay und Muskateller.

An der Rathaustreppe findet die Geißbockversteigerung statt

83 Weingut Margarethenhof, Forst

GPS 49.42857, 8.19323

Plätze in schöner, ruhiger Lage hinter dem Weingut, Weinprobe, Wein-, Secco- und Sektverkauf. **Lage/Anfahrt:** In Forst ausgeschildert; **Platzanzahl:** 7; **Untergrund:** Wiese; **Service:** Strom, Trinkwasser, WC; **Preiskat.:** €€; **Geöffnet:** März–Nov.; **Kontakt:** Wiesenweg 4, 67147 Forst, Tel. 06326 8302, www.margarethenhof-forst.de

Die **Vinothek des Winzervereins** (Prinz-Rupprecht-Straße 8, www.winzervereindeidesheim.de) ist der richtige Platz, um das breite Spektrum der ausgezeichneten Deidesheimer Weine zu probieren und zu kaufen. Der Riesling von hier gehört zu den besten der Welt und auch die Weißweine Müller-Thurgau, Gewürztraminer, Weiß- und Grauburgunder, Chardonnay, Morio-Muskat, Kerner und die Rotweine Dornfelder, Spätburgunder, Portugieser, Merlot und Cabernet Sauvignon sind von sehr guter Qualität.

Touristeninformation, Bahnhofstr. 5, www.deidesheim.de

Wachenheim an der Weinstraße

Wachenheim – der Name kommt sicherlich einigen Lesern bekannt vor. Kein Wunder, hat der **Sekt Schloss Wachenheim** doch schon bei vielen einmal im Glas geperlt. Die Traditionskellerei besteht seit 1888 und ist eine der größten Sektkellereien der Welt. Untergebracht ist sie im repräsentativen **Süssmannschen Hof** (Kommerzienrat-Wagner-Straße 1). Er gehörte im 15. Jh. den Rittern von Steinhausen, ab 1725 dem Hofgerichtsrat Süßmann und ab 1882 dem Weinhändler Böhm, der hier die „Deutsche Schaumweinfabrik" gründete. In den 1990er-Jahren wurde die Sektkellerei Schloss Wachenheim von der Trierer Sektkellerei Faber übernommen. Infos zu Kellerführungen und Sektproben gibt es unter www.schloss-wachenheim-pfalz.de oder Tel. 06322 9427380.

Bei einem Spaziergang durch die **Altstadt** gibt es einige hübsche Häuser zu entdecken, z. B. die **Alte Münze** (Langgasse 2), den **Zehnthof** (Mittelgasse) und den spätbarocken **Wachenheimer Hof** (Weinstraße). Die **Metzgerei Hambel** (Hintergasse1, www.metzgerei-hambel.de) ist überregional für ihren echten Pfälzer Saumagen bekannt. Man sollte ihn einfach mal probieren!

Überragt wird das Städtchen von der **Wachtenburg** aus dem 12. Jh. (Schlossgasse 50,

Burgruine Wachtenburg

www.wachtenburg.de) mit massigem, rechteckigem Burgfried. Belohnung für den Aufstieg auf 232 m Höhe sind der weite Panoramablick und die Einkehr in der Burgschänke. Wer noch mehr Bewegung braucht, findet markierte Rundwege.

Touristeninformation Wachenheim, Weinstraße 15, www.wachenheim.de

TOUR WACHENHEIMER WEIN- UND SEKTPFAD

Der Wein- und Sektpfad ist eine abwechslungsreiche Strecke durch die Weinberge, zur Burg mit Aussichtsturm und Schänke und zu reizvollen Aussichtspunkten. Start der 11,3 km Tour mit 285 m Höhendifferenz ist am Schloss Wachenheim.
Weitere Wandertouren findet man unter www.wachenheim.de/regionale_wanderwege.html, Radstrecken unter www.wachenheim.de/radwandern.html.

Bad Dürkheim

Bad Dürkheim ist ein Kurort, der sich de Entschleunigung widmet. Der eine findet si im Freizeit- und Saunabad **Salinarium** (Kurbrunnenstraße 28, www.bad-duerkheim.de, kultur-tourismus/kur-wellness), der andere beim Genuss eines guten Tropfens, der dritt bei Wanderungen in der herrlichen Natur. Fü alle gilt: In Bad Dürkheim ist er richtig!

84 Burgtal Campingplatz, Wachenheim

GPS 49.43220, 8.16232

Großzügige, parzellierte Plätze in nachts sehr ruhiger Waldrandlage, freundlicher Empfang, Spielplatz, Brötchenservice, Wanderweg zur Wachtenburg direkt vom Platz aus. **Lage/Anfahrt:** Im Ort über die Waldstraße, ausgeschildert; **Platzanzahl:** 40; **Service:** Strom, Trinkwasser, Abwasser, Chemie-WC, WLAN; **Preiskat.:** €€€; **Geöffnet:** März–Nov.; **Kontakt:** Waldstr. 105, 67157 Wachenheim, Tel. 06322 2689, www.campingimburgtal.de

In Bad Dürkheim ist immer etwas los

Von den fünf ehemaligen **Gradierwerken** zur Salzgewinnung ist nur noch das im Kurpark (Salinenstr. 17) erhalten. Beim Spaziergang entlang der 333 m langen historischen Anlage atmet man mikroskopisch feine Salz-Aerosole ein und findet so Linderung bei Atemwegserkrankungen.

Engagierte Winzer, die mineralreichen Böden und das mediterran-milde Klima bringen vorzügliche Weine hervor. Aus den vielen Weingütern sticht die **Weinwelt Herrenberg-Honigsäckel** (Weinstraße 12, Ungstein, www.weinwelt-ungstein.de) mit außergewöhnlichen Weinsorten wie Viognier, Hilbernal, Soreli und Tempranillo, hervor.

1934 hatte der Winzer Fritz Keller die Idee, auf dem Wurstmarktgelände ein **Riesenfass** mit einem Durchmesser von 13,5 m aus 178 Fassdauben zu bauen. 1,7 Millionen Liter Wein hätten darin Platz, es wurde jedoch nie gefüllt, sondern ein **Weinlokal** darin untergebracht (St. Michel Allee 1, https://duerkheimer-fass.de).

Im Stadtteil Grethen befinden sich die Ruinen der ehemaligen **Benediktinerabtei Limburg**

INFO DÜRKHEIMER WURSTMARKT

Der Dürkheimer Wurstmarkt trägt seit 1953 den Ehrentitel „Größtes Weinfest der Welt“. Seine Wurzeln reichen bis ins 15. Jh. zurück, als auf dem Michelsberg bei der Kapelle Pilger mit Wein, Wurst und Brot verköstigt wurden. 1449 reichte der Platz oben nicht mehr aus und man verlegte das Marktgeschehen auf die Brühlwiesen.

Eine Marktbesonderheit sind die Schubkarchstände. Sie gehen auf die Zeit zurück, als Winzer noch ihre Weinfässer mit Schubkarren zum Markt karrten und dort aus einfachen Mitteln einen Ausschank bauten. Heute müssen alle ausgeschenkten Weine das Weinsiegel der Deutschen Landwirtschafts-Gesellschaft oder eine Prämierung durch die Landwirtschaftskammer Rheinland-Pfalz tragen.

Der Wurstmarkt mit Fahrgeschäften und Feuerwerk findet am 2. und 3. Wochenende im September jeweils ab Freitag statt (www.bad-duerkheim.de/kultur-tourismus/veranstaltungen-feste/duerkheimer-wurstmarkt).

85 In der Silz, Bad Dürkheim

GPS 49.46940, 8.16750

Beliebte Plätze in fußläufiger Entfernung zum Zentrum, Straße in Hörweite, teilweise Schatten. **Lage/Anfahrt:** Im Ort ausgeschildert; **Platzanzahl:** 80; **Untergrund:** Schotterrasen; **Service:** Strom, Trinkwasser, Abwasser, Chemie-WC; **Preiskat.:** €; **Max. Stand:** 3 Nächte; **Geöffnet:** ganzjährig; **Kontakt:** In der Silz, 67098 Bad Dürkheim, www.bad-duerkheim.de

malerisch auf einem Bergsporn. Gegründet vom ersten Kaiser aus dem Geschlecht des Salier, Konrad II., bestand das Kloster vom 11. Jh. bis zur Reformation. Heute finden hier stimmungsvolle Konzerte und Theateraufführungen statt.

Eine beeindruckende, mächtige Ruine ist die **Hardenburg** in 200 m Höhe oberhalb des Isenach-Tals. Um 1205 errichtet, erfolgte im 16 Jh. der Ausbau zu einer befestigten Renaissanceresidenz. Ihr vorläufiges Ende kam 1794 als französische Revolutionstruppen Dürkheim eroberten und die Burg sprengten. Heute ist die Ruine ein beliebtes Ausflugsziel.

ⓘ **Touristeninformation,** Kurbrunnenstraße 21c, www.bad-duerkheim.de

Die Deutsche Weinstraße endet in **Bockheim** beim modernen Weintor von 1995.

TOUR WANDERN BEI BAD DÜRKHEIM

Einige gute Tipps gibt es unter www.bad-duerkheim.de/kultur-tourismus/wandern-walken/wanderwege. Besonders schön ist die gut ausgeschilderte Tour **Äbte-Grafen-Herzöge** mit 8,3 km Länge und 254 m Höhendifferenz. Sie startet an der Klosterruine Limburg, führt an der Gaststätte Lindenklause (www.lindenklause.de, Einkehr) vorbei zur interessanten Hardenburg und wieder zurück zum Ausgangspunkt. In Bad Dürkheim ist ein Zubringerweg zur Klosterruine ausgeschildert (ca. 3 km)

Württemberger Weinstraße – nördlicher Teil

Walldürn
Buchen (Odenwald)
Lauda-
-Königshofen
Bad Mergentheim
Boxberg
Osterburken
Adelsheim
Seckach
Limbach
Elztal
Schefflenz
Ravenstein
Krautheim
Bauland
Ahorn
Schöntal
Möckmühl
Widdern
Jagsthausen
Neudenau
Ingelfingen
Niedernhall
Forchtenberg
Weißbach
Künzelsau
Hardthausen
Bad Friedrichshall
Neuenstadt am Kocher
Langenbrettach
Neckarsulm
Öhringen
Neuenstein
Kupferzell
Waldenburg
Waldenburger Berge
Bretzfeld
Pfedelbach
Weinsberg
Heilbronn
Ellhofen
Obersulm
Affaltrach
Löwenstein
Löwensteiner Berge
Wüstenrot
Mainhardt
Michelfeld
Schwäbisch Hall
Rosengarten
Beilstein
Abstatt
Ilsfeld
Flein
Talheim
Untergruppenbach
Erlenbach
Eberstadt
Oedheim
Jagst
Kocher
Tauber

TOUREN-ÜBERBLICK

Routenempfehlung: Weikersheim – Bad Mergentheim – Niedernhall – Forchtenberg – Obersulm – Weinsberg

Länge gesamt: 95 km
Dauer: 3–4 Tage
Reisezeit: Frühling bis Spätherbst

Der nördliche Teil der Württemberger Weinstraße schlängelt sich von Weikersheim und Bad Mergentheim in Tauberfranken über Hohenlohe bis nach Weinsberg im Heilbronner Land. Hohenlohe wird gern als eine ausgesprochene Genießerregion gelobt. Ausgewogene Weine, aromatisches Hochprozentiges und die immer mehr an Bedeutung gewinnende regionale Küche begeistern nicht nur Freunde des Slow Food. Junge Winzer mit neuen Ideen, die aber auch immer auf bewährte Tradition zurückgreifen, bringen vorzügliche Weine ins Glas. Die Verteilung liegt bei 60 % Rot- und 40 % Weißweinen. Den Städten Bad Mergentheim und Weikersheim sind die Lage im Taubertal, die sehenswerten Schlösser und die liebenswerten Innenstädte gemeinsam. Die Rebsorten an den Lagen entlang der Tauber verteilen sich auf 65 % Weiß- und 35 % Rotwein. Weinsberg und Obersulm liegen im Heilbronner Land und sind als gute Weinregionen bekannt. Weinsberg ist Sitz des Staatsweinguts, von hier kommen die inzwischen etablierten Züchtungen Kerner und Dornfelder. Durch die befestigten Städtchen streifen, die abwechslungsreiche Landschaft auf Rad- und Wandertouren erkunden,

Schloss Weikersheim mit seinem Barockgarten

bei einem Gläschen Wein den Tag ausklingen lassen, auf den Weinfesten oder in den Besenwirtschaften den Menschen in der Region und ihren Traditionen nahekommen – es gibt mehr als genug Gründe für einen Besuch auf der Württemberger Weinstraße.

Weikersheim

Im Main-Tauber-Kreis, ganz im Nordosten von Baden-Württemberg, liegt Weikersheim. Das unbestrittene Highlight der kleinen Stadt ist das wunderbar erhaltende **Renaissanceschloss** mit Lustgarten (www.schloss-weikersheim.de). 1586 baute Graf Wolfgang II. von Hohenlohe die Burg mit breitem Wassergraben zu seinem repräsentativen Stammsitz um. Der prächtige Barockgarten mit Orangerie und über 70 Sandsteinfiguren kam ab 1708 dazu. Besonders skurril sind die 16 im Original erhaltenen Steinskulpturen der sogenannten Zwergengalerie. Hier ließ Graf Carl Ludwig einen Teil seines Hofstaats karikieren. Nur wenige Meter sind es vom Schloss durch die Arkaden bis zum Marktplatz. Hier bilden die dreischiffige **Stadtkirche St. Georg** (1419–1425), das **Alte Rathaus** (1709–1711) und der **Kornbau** (1582) das pittoreske Zentrum. Das **Tauberländer Dorfmuseum** im Kornbau (Marktplatz 8, https://tauberlaender-dorfmuseum.de) zeigt auf drei Stockwerken eine Sammlung fränkischer Alltagsgegenstände und zeichnet die Geschichte der Stadt, des Weinbaus und der Landwirtschaft nach.

Touristeninformation, Marktplatz 2, www.weikersheim.de

TOUR AKTIV IN WEIKERSHEIM

Vorschläge für **Wander- und Radausflüge** ab Weikersheim findet man unter www.weikersheim.de/sport-und-freizeit. Eine Rundtour von 7 km Länge und mit 155 m Höhendifferenz mit schöner Aussicht nimmt den Weg durch die Weinberge zum **Wartturm** und zum **Winterberg.**

Die Wanderung mit dem Titel **„Renaissance und Steinriegel"** (Markierung LT23) ist 12 km lang. Sie beginnt am Marktplatz von Weikersheim, das nächste Ziel ist Laudenbach mit der interessanten Bergkirche. Über Queckbronn und den Panoramaweg ist man bald zurück am Ausgangspunkt.

86 Weingut Ehrmann, Weikersheim

GPS 49.50144, 9.90886

Großzügige Plätze in sehr schöner, ruhiger Lage neben einem Weingut. Weinverkauf und saisonal geöffnete Gastronomie Klosterscheuer. **Lage/Anfahrt:** Ab der L2251 in Schäftersheim ausgeschildert; **Platzanzahl:** 6; **Untergrund:** Schotter; **Service:** Strom, Trinkwasser; **Preiskat.:** €; **Geöffnet:** März–Oktober; **Kontakt:** Feldtor 21, 97990 Weikersheim

Bad Mergentheim

Eindrucksvoller Mittelpunkt Mergentheims ist das **Residenzschloss.** Einst als Wasserburg der Herren von Hohenlohe errichtet, kam es ab 1219 in den Besitz des Deutschen Ordens. Zwischen 1525 und 1809 residierten hier deren Hoch- und Deutschmeister. In diese Zeit fallen auch die Umbauten im Barock- und Renaissancestil. Eine Besichtigung der Wendeltreppe von Baumeister Blasius Berwart

87 Camping Schwabenmühle, Weikersheim

GPS 49.45769, 9.92627

Kleiner Platz in schöner, ruhiger Lage, Brötchenservice, Mini-Markt. **Lage/Anfahrt:** An der Straße nach Weikersheim am Ortsende von Laudenbach; Platzanzahl: 70; **Untergrund:** Wiese; **Service:** Strom, Trinkwasser, Abwasser, Chemie-WC, WLAN; **Sicherheit:** beleuchtet; **Preiskat.:** €€€; **Geöffnet:** März–Okt.; **Kontakt:** Weikersheimer Str. 21, 97990 Weikersheim, Tel. 07934 992223, www.camping-schwabenmuehle.de

Am Marktplatz von Bad Mergentheim

(1530–1589), des Rokoko-Götterzimmers, des klassizistischen Kapitelsaals und der barocken Kirche sollte man nicht versäumen. Danach lässt sich im Schlosspark mit See, romantischen Brücken und Lusthäuschen Ruhe für ein Päuschen finden.

TOUR AKTIVE FREIZEIT BEI BAD MERGENTHEIM

Das Taubertal rund um Mergentheim ist ein ideales Ziel für Wanderer, Radfahrer und Bootsfahrer. Unter https://visit.bad-mergentheim.de/de/rad-wandern-aktiv gibt es interessante Vorschläge, um die Gegend zu erkunden.

Eine leichte Wanderung von 8,7 km Länge führt auf den **Spuren des Deutschen Ordens** von den Sportanlagen über Igersheim und Burg Neuhaus zum Deutschordensschloss im Zentrum.

Kanu-Touristik Drescher (Erlenbachweg 1, www.kanu-touristik-drescher.de) ist ein guter Partner für Touren auf der Tauber.

Lebhaft ist die Fußgängerzone, die in den wunderschönen Marktplatz mündet. Hier stehen das **Alte Rathaus** von 1564 mit seinem interessanten Staffelgiebel, der als Wahrzeichen der Stadt geltende **Milchlingsbrunnen** von 1926 und die beiden frühklassizistischen **Zwillingshäuser** von 1780. Der schwäbische Dichter **Eduard Mörike** lebte zwischen 1844 und 1851 im Haus Marktplatz 7. Hier lernte er sein Gretchen kennen, dass er 1851 in der Schlosskirche heiratete.

In der **Solymar Therme** (Erlenbachweg 3, www.solymar-therme.de) mit fünf verschie-

TIPP MARKELSHEIMER PICKNICK-RUCKSACK

Bei der Weinstube Lochner (Hauptstraße 39, Markelsheim, Tel. 07931 9390, https://weinstube-lochner.de) kann man sich ganz einfach telefonisch oder online einen Rucksack mit Markelsheimer Leckereien, Wein und „Schnäpsle" für ein idyllisches Picknick im Grünen ordern.

88 Festplatz, Bad Mergentheim

GPS 49.49214, 9.79236

Separater Platz auf einem riesigen Parkgelände, Fußballplätze angrenzend, ins Zentrum 1,5 km. **Lage/Anfahrt:** Richtung Freizeitzentrum ausgeschildert; **Platzanzahl:** 30; **Service:** Strom, Trinkwasser, Abwasser, Chemie-WC; **Sicherheit:** beleuchtet; **Preiskat.:** €; **Max. Stand:** 2 Nächte; **Geöffnet:** ganzjährig; **Kontakt:** Erlenbachweg, 97980 Bad Mergentheim

denartigen Saunen und sechs Thermalbecken lässt sich der Alltag vergessen.

Eine Besonderheit sind die beiden Weindörfer **Markelsheim** und **Dainbach,** die zu Bad Mergentheim gehören. Markelsheim gehört zu Württemberg und baut als Rarität die Rebsorte Tauberschwarz an. Dainbach gehört zu Tauberfranken und hat das Privileg, seine Weine in Bocksbeutelflaschen abfüllen zu dürfen. Der Weinkeller der **Weingärtner Markelsheim** (Scheuerntorstr. 19, www.markelsheimer-wein.de) steht von Mai bis Okt. freitags um 15 Uhr zur Besichtigung offen. Jeden Donnerstag startet um 15.30 Uhr am Bahnhof von

89 Markelsheim, Bad Mergentheim

GPS 49.47620, 9.83296

Einfache Plätze an der Tauber. **Lage/Anfahrt:** Von der L2251 Richtung Markelsheim abbiegen, nach der Brücke rechts; **Platzanzahl:** 4; **Untergrund:** Rasengitter; **Preiskat.:** kostenlos; **Geöffnet:** ganzjährig; **Kontakt:** Jahnstraße, Bad Mergentheim

90 Natur-Campingplatz Silvago-Camp, Bad Mergentheim

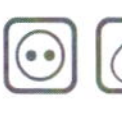   

GPS 49.46476, 9.77733

Platz in sehr schöner, ruhiger Lage im Wald, Biergarten, Zentrum 2,5 km, Bushaltestelle. **Lage/Anfahrt:** Von der B19 Richtung Wachbach abbiegen, ausgeschildert; **Platzanzahl:** 120; **Untergrund:** Schotterrasen; **Service:** Strom, Trinkwasser, Abwasser, Chemie-WC; **Sicherheit:** umzäunt, beleuchtet; **Preiskat.:** €€; **Geöffnet:** ganzjährig; **Kontakt:** Willinger Tal, 97980 Bad Mergentheim, Tel. 0152 28929524

Markelsheim eine 2,5 km geführte Weinwanderung.

Im kleinen Dorf **Stuppach** (Grünewaldstr. 41, https://visit.bad-mergentheim.de) verbirgt sich ein kunsthistorischer Schatz: das Bild **Stuppacher Madonna.** Matthias Grünewald malte dieses Werk 1516 in einer noch heute unvergleichlichen Farbgebung und Brillanz.

Touristeninformation, Marktplatz 1, https://visit.bad-mergentheim.de

Niedernhall

Die kleine Weinbaugemeinde am Kocher steht mit ihrem **historischen Altstadtkern** seit 1983 unter Denkmalschutz. Besonders malerisch ist die Sicht auf das Gesamtensemble mit Türmen und Stadtmauer aus dem 14. Jh. vom gegenüberliegenden Kocherufer. Auffallend ist das mit Blumen bemalte **Götzenhaus** von 1490. In diesem Fachwerkhaus ging Ritter Götz von Berlichingen im Alter von zehn Jahren zur Schule.

Niedernhall mit dem Götzenhaus

Auf den mineralhaltigen Muschelkalkböden und begünstigt durch die intensive Sonneneinstrahlung in den Steillagen wächst in Niedernhall seit über 1000 Jahren ein guter Wein. Bis 2009 war die historische Kelter in Betrieb, in ihr wurde der Wein mit der Qualitätsbezeichnung „Distelfink" ausgebaut.

Seit Generationen bewirtschaftet **Familie Keck** ihre Weinberge im Kochertal. Edle Tropfen vom Gutswein bis zum Premium-Segment erhält man in der Weinsteige 1 (www.weingut-keck.de).

TOUR DREI-TÄLER-FAHRRADTOUR

Diese 30 km lange Radtour führt durch stille Hohenloher Kulturlandschaft. Bademöglichkeiten gibt es im Tiroler See oder im Solebad in Niedernhall. Die Markierung ist ein Rademblem mit Schriftzug „3T".

TOUR WANDERUNG „WIR SIND DIE DISTELFINKEN"

Die 17 km lange Wanderung durch die sonnigen Steillagen, aber auch durch die schattigen Wälder um den Ortsteil Waldzimmern, zeigt die gesamte wunderschöne Landschaft bei Niedernhall. Mehr Infos gibt es unter www.hohenlohe.de.

TIPP KANUVERLEIH, KANUTOUREN

Heffner Outdoor Events, Bobachhof 11, 74653 Ingelfingen. Kanuverleih für Jagst und Kocher mit Transfer usw. Mehr Infos unter www.heffner-outdoor-events.de.

Von der Burg Forchtenberg blickt man über die schöne Landschaft

Forchtenberg

Forchtenberg im Hohenlohekreis ist vollständig von einer mittelalterlichen Stadtmauer, teilweise mit Wehrgang, umgeben. Durch das **Würzburger Tor** von 1604 geht es auf Entdeckungsreise durch die im Ganzen unter Denkmalschutz stehende Altstadt. Im Rathaus, wo Robert Scholl von 1920 bis 1929 Schultheiß war, kam am 9. Mai 1921 seine Tochter Sophie zur Welt. Sie und ihr Bruder Hans waren Mitglieder der **Weißen Rose,** einer Widerstandsbewegung gegen die Nazi-Diktatur. Nach einem Prozess am 22. Februar 1943 wurden beide noch am selben Tag hingerichtet. Ein ausgeschilderter Weg und die **Gedenkstätte** im Würzburger Tor erinnern an die **Geschwister Scholl.**

Oberhalb der Stadt stehen die imposanten Ruinen der **Burg Forchtenberg** (1234). Sie und die darunter entstandene Stadt erhielten ihren Namen durch die Lage auf dem „Vorderen Berg".

Auch der Weinbau in Forchtenberg hat einen hohen Rotweinanteil mit vorwiegend Lemberger- und Spätburgunderweinen. Der **Rebenhof Fröscher** (Weißbacher Straße 6, https://rebenhof-ff.de) bewirtschaftet 6,5 ha Rebfläche, darunter sind auch Silvaner-Reben, die bereits 1954 gepflanzt wurden. Dazu gibt es noch den saisonal geöffneten urigen Besen im Kelterstüble.

Ein richtiges Forchtenberger Urgestein ist Molle Winkler, Weinstuben-Wirt und Sänger in der **Mundartband Annaweech.** In

TIPP AUSFLÜGE AB FORCHTENBERG

Zwei Ausflüge sollte man nicht verpassen: Zehn Kilometer sind es bis zum ehemaligen **Zisterzienserkloster Schöntal.** Die idyllische Lage, die mit Stuck und Fresken geschmückte Barockkirche, die repräsentativen Konventgebäude und der hübsche Klostergarten lohnen den Besuch mit dem Wohnmobil oder bei einer Radtour. In der Kirche fand 1562 Götz von Berlichingen seine letzte Ruhestätte.

Das zweite Ziel ist die **Burg Götz von Berlichingens** in Jagsthausen. Im Museum gibt es viel zu sehen, so auch die Eiserne Faust des Ritters Götz (s. S. 167). Im Burghof finden jährlich die Burgfestspiele statt, bei denen neben anderen Inszenierungen natürlich auch Goethes „Götz von Berlichingen" aufgeführt wird. Infos dazu unter https://burgfestspiele-jagsthausen.de.

Winklers-Weinstube (Bahnhofstr. 25, www.winklers-weinstube.de) gibt es Deftiges wie Sauerkraut, Maultaschen und Kutteln. Wer das Glück hat, das Städtchen während der **Nacht der Keller** zu besuchen, kann in zehn Gewölbekellern einkehren, mit den Einheimischen ins Gespräch kommen und den verschiedensten Musikgruppen lauschen (Infos unter www.forchtenberg.de).

TIPP BADESEE

Der Tiroler See am Schleierhof umfasst 5400 m², es gibt Duschen und eine große Liegewiese.

TOUR WANDERUNG DURCH KUPFER- UND KOCHERTAL

Start der 11 km Tour ist am Busbahnhof in Forchtenberg. Nach dem Besuch der Sehenswürdigkeiten der Stadt einschließlich der Burg, geht es über das Jagdschloss Hermersberg und durch das Kupfertal zurück. Mehr Infos unter www.hohenlohe.de.

TOUR KÜNSTLER- UND BAUERN-RADTOUR

Über 33 km führt diese Tour den Radler über Berg und Tal an Kocher, Sall und Kupfer entlang. Markiert ist die Strecke mit einem Fahrrad, KB, einer Farbpalette und einer Heugabel.

Obersulm

372 Hektar umfasst die Rebfläche in Obersulm und das milde Klima begünstigt das Wachstum der roten Trollinger-, Lemberger-, Schwarzriesling- und der weißen Rieslingtrauben.
1928 kaufte das Ehepaar Baumann, das einer Winzerfamilie aus Rheinhessen entstammt, das **Schloss Affaltrach** und gründete die Kellerei. Inzwischen in vierter Generation geführt, hat sich die Schlosskellerei einen Namen für Weine und Sekte mit sehr hoher Qualität gemacht. Ob Klassische oder Junge Linie, „Fruchtig & Süß“ oder die Spitzenpro-

91 Gemeindeplatz, Forchtenberg

GPS 49.29052, 9.56929

Platz in schöner, ruhiger Lage am Kocher. Ort und Bäcker fußläufig erreichbar. **Lage/Anfahrt:** Am Busbahnhof vorbei über die Bahnhofstraße zum Platz; **Platzanzahl:** 8; **Untergrund:** Schotterrasen; **Service:** beim Klärwerk (GPS 49.29157, 9.55250); Trinkwasser, Abwasser, Chemie-WC; **Preiskat.:** kostenlos; **Geöffnet:** ganzjährig; **Kontakt:** Schöntaler Straße, 74670 Forchtenberg

Hier lagert ein Teil des Ertrags von 400 Hektar Rebfläche

dukte „Fass No. 7“ – in der **Vinothek meeting life** (Willsbacherstraße 7, https://schlossaffaltrach.de/meeting-life) gibt es sie alle.

Das **Weingut Laicher** (Heerweg 21, www.weingut-laicher.de) setzt auf seine über hundertjährige Erfahrung und die Sorten Riesling und Lemberger. Mit Letzteren haben sie schon einige Auszeichnungen errungen. Mehrmals im Jahr ist auch die gute Besenwirtschaft geöffnet. Wohnmobilreisende können nach Einkehr oder Einkauf auf dem Parkplatz übernachten.

Nicht weit weg von Obersulm liegt der **Breitenauersee.** 40 Hektar groß, mit 400 m langem Badestrand, sauberem Wasser, schattigen Plätzen und einem komfortablen Campingpark, ist er ein beliebtes Freizeit- und Erholungsziel bei Löwenstein.

INFO RITTER GÖTZ VON BERLICHINGEN, DER RITTER MIT DER EISERNEN FAUST

Götz von Berlichingen, geboren 1480 in Jagsthausen, verlor im Bayrischen Erbfolgekrieg 1504 seine rechte Hand und ersetzte sie durch eine bis dahin unbekannte Prothese aus Eisen. Er nahm als freier Ritter an zahlreichen Fehden teil, wurde 1517 württembergischer Amtmann in Möckmühl und lebte in seinen Burgen an Jagst und Neckar.

Götz schloss sich der Reformation an und wurde 1525 nicht aus Überzeugung, sondern durch Zwang Hauptmann des Bauernaufstands. Vor der entscheidenden Schlacht gegen den Schwäbischen Bund, verließ er das Bauernheer. Der Schwäbische Bund konnte ihn durch eine List anklagen und von 1528 bis 1530 in Augsburg einkerkern. Seine Freilassung erfolgte gegen die Verpflichtung, seine Burg nicht mehr zu verlassen. 1562 starb er in Hornberg.

Götz von Berlichingens gedruckten Lebenserinnerungen dienten Goethe als Grundlage für sein Drama. Goethe legt ihm auch das Zitat „Vor ihro kayserlichen Mayestät, hab ich, wie immer schuldigen Respect. Er aber sags ihm, er kann mich im Arsche lecken“ in den Mund. Sagt man heute LMAA, weiß beinahe jeder, dass das Götz-Zitat gemeint ist.

92 Campingpark Breitenauer See, Löwenstein

GPS 49.11700, 9.38315

Großer, komfortabler Campingplatz mit Mini-Markt, Restaurant, Seezugang. **Lage/ Anfahrt:** In Obersulm ausgeschildert; **Platzanzahl:** 340; **Untergrund:** Wiese; **Service:** Strom, Trinkwasser, Abwasser, Chemie-WC, WLAN; **Sicherheit:** umzäunt, beleuchtet, bewacht; **Preiskat.:** €€€€; **Geöffnet:** ganzjährig; **Kontakt:** Breitenauer See 2, 74245 Löwenstein, Tel. 07130 8558, www.breitenauer-see.de

TIPP BESENKALENDER

Im Besenkalender werden die saisonal wechselnden Öffnungszeiten der Besen im Heilbronner Land veröffentlicht (www.heilbronnerland.de/wein/weinservice/besenkalender).

TOUR WANDER- UND RADTOUREN

Radtouren und **Wanderstrecken** findet man unter www.heilbronnerland.de.

Weinsberg

Schon bei der Anfahrt grüßt die **Ruine Weibertreu** hoch über Weinsberg die Ankommenden. Die Reichsburg wurde um das Jahr 1000 gebaut und war in ihrer wechselvolle Geschichte im Besitz der Salier, Welfen, Staufer und der Herren von Weinsberg. Der **Name der Burg** erklärt sich aus dem folgenden Geschehen: Am 21. Dezember 1140 eroberte König Konrad III. im Kampf gegen den bayrischen Herzog Welf VI. die Burg. Der König gab sich großherzig und erlaubte den Frauen von Weinsberg den Abzug aus der Burg und gestattete ihnen, alles zu behalten, was sie auf dem Rücken tragen konnten. Die schlauen Frauen ließen ihren Hausrat zurück, nahmen stattdessen ihre Männer auf den Rücken und befreiten sie durch diese List aus der Gefangenschaft. Der König war von der Treue der Frauen so sehr beeindruckt, dass er sie mitsamt ihren Ehemännern ziehen ließ.
Unten im Tal am Stadtseebach findet man die restaurierten Reste eines **römischen Gutshofs** aus dem Jahr 200. Sehr wahrscheinlich wurde bereits damals Wein gekeltert. Seine erste

schriftlichen Erwähnung hat der Wein 1271 und bis heute hat er eine große wirtschaftliche Bedeutung für den Ort. Auf über 400 Hektar wächst Wein von ausgezeichneter Qualität, die Rebsorten verteilen sich auf 24 % Riesling, 22 % Trollinger, 17 % Lemberger und Kerner, Muskateller sowie neue Rotweinzüchtungen wie Acolon, eine Kreuzung aus Lemberger und Dornfelder.

Das **Staatsweingut Weinsberg** (Traubenplatz 5, www.staatsweingut-weinsberg.de/) wurde 1868 gegründet und ist die älteste Weinfachschule Deutschlands. Sie widmet sich der Weinbau-Forschung und neuen Technologien. Im angegliederten Verkaufsraum oder in der Vinothek Weinsberger Tal (Hauptstraße 1, www.vinothek-weinsbergertal.com) kann man die Fülle der spritzig-fruchtigen Weißweine und der trocken bis edelsüßen Rotweine probieren und erwerben.

Im ehemaligen Wohnhaus des Lyrikers, Dichters, Naturwissenschaftlers und Oberamtsarztes **Justinus Kerner** (1786–1862, s. S. 170) in der Öhringer Str. 3 ist ein Museum mit vielen Exponaten untergebracht. Im Obergeschoss ist die original erhaltene Wohnung der Familie aus dem 19. Jh. zu sehen. Kerners Persönlichkeit und Gastfreundschaft machten das Haus zu einem beliebten Treffpunkt in der Schwäbischen Romantik.

TIPP BESEN WEINGUT SEYFFER

Bereits in dritter Generation gibt es das Weingut und die saisonal geöffnete Besenwirtschaft (Schwabstraße 4). Traditionelle schwäbische Speisen wie Kutteln, Nierle, Linsen und Spätzle, dazu die hauseigenen Weine und eine gemütliche Atmosphäre – was will man mehr? Termine unter www.weingut-seyffer.de/besen.

Die Rebenlandschaft unterhalb der Ruine Weibertreu

Weinsberg nennt sich Wein- und Rosenstadt. Diesem Thema folgt der 1250 m lange **Wein- und Rosenweg** rund um die Burgruine. Unterwegs gibt es Infos zu Weinbau und ökologischen Besonderheiten, einen fantastisches Rundumblick und ca. 100 verschiedene Rosensorten zu bewundern.

93 Städtischer Stellplatz, Weinsberg

GPS 49.14890, 9.28362

Einfacher, zentraler Platz, Bahn in Hörweite, wochentags viele Schüler. **Lage/ Anfahrt:** Von der B39 auf die Heilbronner Straße abbiegen, dann weiter über die Lindenstraße und Friedhofstraße, links in die Eugen-Diez-Straße zum Platz fahren; **Platzanzahl:** 15; **Untergrund:** Rasengitter; **Service:** Strom, Trinkwasser, Chemie-WC, WLAN; **Preiskat.:** kostenlos; **Geöffnet:** ganzjährig; **Kontakt:** Eugen-Diez-Straße, 74189 Weinsberg

Tourismus im Weinsberger Tal, Hauptstraße 1, www.weinsbergertal.com

INFO JUSTINUS KERNER

Justinus Kerner erblickte am 18.9.1786 als Sohn eines Beamten in Ludwigsburg das Licht der Welt. Er studierte in Tübingen Medizin, freundete er sich dort mit Ludwig Uhland und Gustav Schwab an und gab mit ihnen zusammen das „Sonntagsblatt für ungebildete Stände" heraus. Er ließ sich in Württemberg an verschiedenen Orten als Arzt nieder, heiratete 1813 Friederike Ehmann und brachte es 1818 zum Oberamtsarzt in Weinsberg. Sein Haus am Fuße des Burgbergs wurde bald zu einem kulturellen Treffpunkt und dem Zentrum der Schwäbischen Romantik.

1826 erschien seine erste Gedichtsammlung, deren Inhalt voller Schwermut, Schmerz und Melancholie ist. Sie wirkt wie ein starker Widerspruch zu seiner geselligen Lebensweise in Weinsberg. Als Arzt forschte er auf dem Gebiet der bakteriellen Lebensmittelvergiftungen und wurde zum Wegbereiter der Psychoanalyse. Seine zunehmende Blindheit zwang ihn, seinen Beruf aufzugeben. Am 21.2.1862 verstarb er in Weinsberg und hinterließ einen Roman, Erzählungen, einige Gedichtsammlungen und das inzwischen zur Landeshymne von Baden-Württemberg aufgestiegene, vertonte Gedicht „Preisend mit viel schönen Reden".

Württemberger Weinstraße – südlicher Teil

Weiler
Kirchardt
Biberach
Neckarsul
Eichelberg
Hilsbach
Ittlingen
Berwangen
Massenbach-
hausen
Kirchhausen
Erlenb
Elsenz
Richen
Massenbach
Frankenbach
Adelshofen
Gemmingen
Schwaigern
Schluchtern
Leingarten
Stebbach
Heilbronn
Rohrbach
Eppingen
Großgartach
Stetten
a.Heuchelbg.
Heuchelberg
Klingenberg
Niederhofen
Nordheim
Horkheim
Sontheim
Zaisen-
hausen
Oberacker
Gochsheim
Sulzfeld
Mühlbach
Kleingartach
Haber-
schlacht
Neipperg
Nordhausen
Flein
Flehingen
Kürnbach
Stockheim
Bracken-
heim
Lauffen
a.Neckar
Talheim
Neibs-
heim
Büchig
Ochsenburg
Michelbach
a.Heuchelbg.
Güglingen
Frauen-
zimmern
Hausen
Schozach
Bauerbach
Ober-
derdingen
Leonbronn
Pfaffen-
hofen
Botenheim
Meimsheim
Gölshausen
Diedelsheim
Großvillars
Sternenfels
Zaberfeld
Weiler
a.d.Zaber
Cleebronn
Kirchheim
a.Neckar
Neckar
Neckar-
westheim
Ilsfeld
Bretten
Stromberg
Eibensbach
Bönnigheim
Hohen-
stein
Rinklingen
Freudenstein
Diefenbach
Häfner-
haslach
Ochsenbach
Erligheim
Gemmrig-
heim
Ottmarsheim
Knittlingen
Hohenklingen
Spielberg
Hofen
Walheim
Zaisersweiher
Freudental
Löchgau
Mundelsheim
Sprantal
Ruit
Maulbronn
Schützingen
Gündelbach
Hohen-
haslach
Besigheim
Hessigheim
Nußbaum
Kleinvillars
Lerchenberg
Neulingen
Ölbronn-
Schmie
Lienzingen
Horrheim
Sachsen-
heim
Bietig-
heim-
Ingersheim
Ensingen
Metter-
zimmern
Bauschlott
Ötisheim
Illingen
Klein-
glattbach
Sersheim
Mur
Göbrichen
Dürrn
Pleidels-
heim
Kieselbronn
Mühlacker
Mühlhausen
a.d.Enz
Vaihingen
a.d.Enz
-Bissingen
Benningen
a.Neckar
Lomers-
heim
Roßwag
Unter-
riexingen
Tamm
Freiberg
a.Neckar
Ispringen
Eutingen
Niefern-
Enz
Ober-
riexingen
Neckar-
weihingen
Pinache
Groß-
glattbach
Aurich
Enz-
weihingen
Asperg
Maurach
-Öschelbronn
Serres
Riet
Mark-
gröningen
Möglingen
Buckenberg
Wiernsheim
Iptingen
Nußdorf
Hochdorf
a.d.Enz
Ludwigsburg
Pforzheim
Wurmberg
Eberdingen
Schwieber-
dingen
Pattonville
Mönsheim
Heimer-
dingen
Korn-
westheim
Huchen-
feld
Würm
Wimsheim
Weissach
Hemmingen
Stamm-
heim
Mühlhausen
-Münchingen
Nagold
Tiefen-
bronn
Flacht
Hirschlanden
Korntal-
Grunbach
Hohenwart
Würm
Friolzheim
Ditzingen
Zuffenhausen
Unter-
reichenbach
Hamberg
Rutes-
heim
Höfingen
Weilimdorf
Münster
Schell-
bronn
Steinegg
Mühlhausen
Heimsheim
Perouse
Gebers-
heim
Feuer-
bach
Bad
Cannstatt
Bieselsberg
Monakam
Lehningen
Hausen
a.d.Würm
Leon-
berg
Gerlingen
Schwarzen-
berg
Neuhausen
Münklingen
Malmsheim
Botnang
Bad
Liebenzell
Merklingen
Warmbronn
Wangen
Beinberg
Unter-
haugstett
Möttlingen
Simmoz-
heim
Renningen
Stuttgart
Oberkollbach
Weil
der Stadt
Magstadt
Sillen-
buch
Ottenbronn
Neu-
hengstett
Busnau
Kaltental
Degerloch
Heu-
maden
Hirsau
Schafhausen
Altburg
Calw
Sindelfingen
Speßhardt
Althengstett
Ostelsheim
Döffingen
Mai-
chingen
Vaihingen
Möhringen
Kemnat
Hohenheim
Ost-
filder
Dätzingen
Grafenau
-Zavelstein
Sommen-
hardt
Gechingen
Darms-
heim
Plieningen
Leinfelden-
Stammheim
Bergwald
Bad
Teinach-
Dachtel
Aidlingen
Dagers-
heim
Böblingen
-Echterdingen
Bern-
hausen
Liebelsberg
Deufringen
Filderstad
Holzbronn
Neu-
bulach
Gültlingen
Deckenpfronn
Ehningen
Schönaich
Steinenbronn
Platten-
hardt
Bonlanden

TOUREN-ÜBERBLICK

Routenempfehlung: Heilbronn – Lauffen – Brackenheim – Maulbronn – Hohenhaslach – Besigheim – Hessigheim – Beilstein – Großbottwar – Marbach – Weinstadt

Länge gesamt: 140 km
Dauer: 7–10 Tage
Reisezeit: Das ganze Jahr über schön

Der südliche Teil der Württemberger Weinstraße führt von Heilbronn entlang des Neckars über das Zabergäu, zum Heuchel- und Stromberg, zum Fuß der Löwensteiner Berge, ins Bottwar- und Remstal – eine sowohl landschaftlich als auch vom Weingenuss her sehr reizvolle und abwechslungsreiche Strecke. Das Zabergäu als die größte Rotweinlandschaft Deutschlands, die extremen Steillagen am Neckar bei Besigheim, die pittoresken Felsengärten, das hügelige Bottwartal und das direkt vor den Toren Stuttgarts liegende Remstal bringen hochwertige, gehaltvolle Weine hervor. Die Weingärtnergenossenschaften beraten gerne, sodass jeder den passenden Wein für sich findet.

Durch die vielen Rad- und Wanderwege ist für Aktive bestens gesorgt, abends oder unterwegs bietet sich dann die gemütliche Einkehr in eine der unzähligen saisonal geöffneten Besenwirtschaften an. Auch eine Reihe malerischer Fachwerkstädtchen und interessanter Burgen reihen sich entlang der Württemberger Weinstraße auf. Besigheim, Strümpfelbach, Brackenheim, Großbottwar und Marbach sind

Beispiele für charmante Weinorte mit guter Gastronomie. Der kulturelle Höhepunkt ist das UNESCO-Welterbe-Kloster Maulbronn.
Und die Württemberger wissen zu Feiern! Weinfeste, mit einem vielfältigen Angebot und regionalen Speisen gehören zum Jahresablauf unbedingt dazu.

TOUR WEINPANORAMAWEG

Der Weinpanoramaweg (https://weinpanorama.hn) auf dem Heilbronner Wartberg wartet auf sechs Kilometern mit 24 Stationen zu Weinbau, Kultur- und Naturlandschaft, einem Skulpturenpfad, einer Baumkelter, einer Fassküferwerkstatt, historischen Ausstellungsstücken und außerdem einer fantastischen Aussicht auf. Unterwegs lädt von April bis Oktober am Wochenende das schmucke Martin-Heinrich-Wengerthäusle zu einer Rast und Verkostung der regionalen Weine ein.

Heilbronn

Die älteste Weinstadt Württembergs steht besonders für die Vielfalt ihrer Weine. 120 Familienbetriebe profitieren vom milden Klima und das Ergebnis sind über sechs Millionen Liter Wein pro Jahr. Riesling und Trollinger, aber auch Muskateller, Gewürztraminer, Samtrot und Lemberger werden auf 530 Hektar Rebfläche angebaut. Einen guten Überblick vermittelt der sechs Kilometer lange Weinpanoramaweg am Wartberg. Stilvoller Treffpunkt für Freunde eines guten Tropfens ist die **Wein Villa** (Cäcilienstraße 66, www.wein-villa.de). Sie wird von 14 namhaften Heilbronner Weingütern und der Genossenschaftskellerei Heilbronn bewirtschaftet. Wer es etwas rustikaler mag, kommt zum **Wengertfescht** im August bzw. zum **Weindorf** oder **Weinlesefest** im September. Unter dem Motto **„Wein & Kulinarik“** veranstalten die Jungwinzer im No-

Freizeitvergnügen auf dem Neckar

vember ein modernes Event-Format mit Wein und den passenden Genüssen.

Die gotische **Kilianskirche** (Baubeginn im 13. Jh.) hat ihren Namen vom irischen Wanderbischof Sankt Kilian. Ihr achteckiger Turm ist der erste mit Renaissance-Elementen nördlich der Alpen. Wer hinaufsteigt, dem liegt die ganze Stadt zu Füßen. Der spätgotische Hochaltar stammt vom Meister Hans Seyfer. Das über 520 Jahre alte Werk entkam durch Einlagerung im Salzbergwerk Kochendorf zum größen Teil der Zerstörung im Zweiten Weltkrieg.

Das **Rathaus** wurde 1417 im gotischen Stil erbaut und im 16. Jh. im Stil der Renaissance erweitert. Beachtenswert ist die astronomische Uhr mit Mondphasenuhr von 1579. Das gotische **Käthchenhaus** (Marktplatz) aus dem 14. Jh. verdankt seinen Namen dem Käthchen von Heilbronn.

Der Turm der Kilianskirche ragt 64 m in den Himmel

INFO DAS KÄTHCHEN VON HEILBRONN

Das „Käthchen von Heilbronn" ist ein Drama von Heinrich von Kleist. Die gleichnamige Hauptfigur ist die sittsame Tochter eines Waffenschmieds, die davon träumt, dass ein Ritter um ihre Hand anhält. Gleichzeitig erscheint dem Grafen Wetter vom Strahl ein schönes Mädchen im Traum. Als der Graf beim Waffenschmied einen neuen Harnisch schmieden lässt, erkennt Käthchen ihren Traumprinzen sofort, der Graf braucht allerdings noch einige Zeit, bis auch er Käthchen als seine Braut erkennt und beide endlich heiraten können.

Seit 1970 werden in Heilbronn alle zwei Jahre drei junge Frauen ausgewählt, die dann kostümiert als Käthchen bei Veranstaltungen die Stadt repräsentieren.

Die Kunstuhr ist das Schmuckstück am historischen Rathaus

Die Wissens- und Erlebniswelt **experimenta** (Dammstraße 1, www.experimenta.science) nennt sich selbst „größtes Science Center" Deutschlands und macht Wissenschaft und Technik mit allen Sinnen erlebbar.

Heilbronn liegt am Neckar und so bieten sich einige Wassersportarten wie Tret- und Ruderbootfahrten oder Stand-up-Paddling an. Die **Neckarpersonenschifffahrt** führt unter www.heilbronn.de/tourismus/heilbronn-am-neckar/neckarschifffahrt.html einige interessante Schiffstouren auf, darunter auch die schönste Strecke bis Lauffen.

 **Touristeninformation,** Marktplatz 7, 74072 Heilbronn

94 Wohnmobilstellplatz Wertwiesen, Heilbronn

GPS 49.13053, 9.20476

Einfacher, bei schönem Wetter gut besuchter Platz beim Wertwiesenpark und Freibad, ins Zentrum 2 km. **Lage/Anfahrt:** Von der B27 auf die Knorrstraße abbiegen und über die Straße Neckarhalde am Freibad vorbei zum Platz; **Platzanzahl:** 20; **Untergrund:** Schotterrasen; **Service:** Strom, Trinkwasser, Abwasser, Chemie-WC; **Sicherheit:** beleuchtet; **Preiskat.:** kostenlos; **Geöffnet:** ganzjährig; **Kontakt:** Neckarhalde, 74074 Heilbronn

95 Müllers Weingut, Nordheim

GPS 49.10259, 9.13819

Plätze auf einem Weingut in schöner Lage. Weinprobe, Essen und Frühstück möglich, Brötchenservice. **Lage/Anfahrt:** Im Ort Richtung Schelmental, ausgeschildert; **Platzanzahl:** 4; **Untergrund:** Rasengitter, Wiese; **Service:** Strom, Trinkwasser, WC, Dusche; **Preiskat.:** €; **Geöffnet:** ganzjährig; **Kontakt:** Im Auerberg 3, 74226 Nordheim, Tel. 07133 9293640, www.weingut-im-auerberg.de

Lauffen am Neckar

Aus dem auf einem Bergsporn am Neckar errichteten Herrensitz der Franken entwickelte sich im 6. Jh. das Dorf Lauffen. Ein wichtiges Datum in der Stadtgeschichte ist die Schlacht bei Lauffen im Jahr 1534. Damals gewann Herzog Ulrich von Württemberg sein Land von den Österreichern zurück und brachte danach mit Johannes Brenz die Reformation nach Württemberg. Bis zum Zusammenschluss am 1. April 1914 bestand Dorfen und Stadt Lauffen aus getrennten Gemeinden. Verbunden wurden sie durch die 225 m lange steinerne **Alte Neckarbrücke** von 1532, die lange die einzige Brücke über den Neckar auf der langen Strecke zwischen Stuttgart und Heilbronn war. Im frühen 11. Jh. begannen die Grafen von Lauffen aus dem Geschlecht der Popponen mit dem Bau einer Burg auf der Neckarinsel. Seit 1818 residiert auf der einzigen Inselburg im Fluss die Stadtverwaltung. Seither trägt die Burg den Namen **Rathausburg.** Im dazugehörigen Wohnturm ist ein **Museum** mit Einrichtungs- und Alltagsgegenständen aus früheren Zeiten untergebracht.

Auf der rechten Neckar-Seite, im „Städtle" genannten Ortsteil, ist die „Sonne", das **älteste Gasthaus** von Lauffen aus dem Jahr 1677, eine Einkehr wert (Heilbronner Str. 5, https://weinstube-sonne.de). Auf der anderen Neckarseite überragt die **Regiswindiskirche** die Stadt. Sie trägt den Namen der Ortsheiligen. Die Tochter des Grafen Ernst von Nordgau soll 839 von ihrer Amme getötet worden sein. 1227 wurde Regiswindis heiliggesprochen und die frühgotische dreischiffige Basilika begonnen.

Stolz ist man auf den großen Sohn der Stadt, den Lyriker **Friedrich Hölderlin.** Dessen Großvater und Vater waren herzogliche Verwalter im säkularisierten Kloster. Im barocken Wohngebäude daneben (Hölderlinhaus, Nordheimer Str. 5, www.hoelderlinhaus.de) wurde Hölderlin am 20. März 1770 geboren, gelebt hat er hier aber nur die ersten vier Jahre. Eine Ausstellung in den Wohnräumen der Familie zeigt die sehr unterschiedlichen Facetten seiner Persönlichkeit. Ganz in der Nähe

Die Rathausburg mit Wohnturm

TIPP PICKNICK IM WEINBERG

Einen Picknickkorb gefüllt mit regionalen Leckereien und einem kühlen Wein gibt es auf Bestellung bei der Metzgerei Jäger (Bahnhofstraße 14), entweder per Telefon unter 07133 961370 oder per E-Mail: Metzger.Jaeger@t-online.de.

Die Weinberge reichen in Lauffen bis an die Stadtmauer heran

TOUR RADTOUREN

Die 48,6 km Radtour **Wein-Land-Fluss** startet in Lauffen, führt dann über die flussnahen Weinberge von Neckar und Zaber nach Nordheim-Nordhausen und weiter zur Ruine Liebenstein in Neckarwestheim. Die Markierung ist N1.
Unter www.neckar-zaber-tourismus.de/radtouren-im-zabergaeu finden Radfahrer Anregungen für **weitere interessante Strecken.**

von Hölderlins Geburtshaus steht mitten in einem Kreisel das Kunstwerk **„Hölderlin im Kreisverkehr“**. Es zeigt, wie beim Künstler **Peter Lenk** üblich, auf provokante Weise die zwiespältige Beziehung Hölderlins zu Goethe, Schiller, dem absolutistischen Herrscher Herzog Carl Eugen und den Frauen.
Bei den **Lauffener Weingärtnern** (Im Brühl 48, www.lauffener-wein.de) bekommt der Weingenießer eine gute Beratung zu den vielen ausgezeichneten Erzeugnissen. Acolon zum Beispiel ist die neue Trendrotweinsorte, eine Kreuzung aus Lemberger und Dornfelder. Die **Katzenbeißer Lage** ist eine der bekanntesten Einzellagen in Württemberg. Sie liegt an einer Neckarschleife mit intensiver Sonneneinstrahlung und profitiert vom hitzespeichernden Muschelkalk- und Keuperboden. Das Ergebnis sind charakterstarke Lemberger, Grau- und Spätburgunder, Trollinger, Schwarzrieslinge und Samtrotweine sowie prickelnde Sekte und Seccos.

Touristeninformation im Bürgerbüro, Bahnhofstr. 54. www.lauffen.de. Auf der Website finden sich unter dem Punkt „Tourismus“ die aktuellen Veranstaltungen und auch Events rund um das Thema Wein.

TOUR WANDERUNGEN

Die kulturell und landschaftlich interessante **Lauffener Katzenbeißer-Runde** (10,6 km) durch die „Katzenbeißer“-Steillagen bietet eine tolle Aussicht. Die Beschilderung ist RWW3. Unter www.lauffen.de/website/de/tourismus/radfahren_wandern gibt es weitere Wandertipps, für die auch GPS-Tracks heruntergeladen werden können.

⑯ Neckarufer, Lauffen

GPS 49.06933, 9.16362

Platz in schöner, ruhiger Lage am Neckar und dem Neckartalradweg, ins Zentrum 1,2 km. **Lage/Anfahrt:** Von der B27 zu den Sport- und Freizeitanlagen abbiegen, dann ausgeschildert; **Platzanzahl:** 7; **Untergrund:** Schotterrasen; **Service:** Strom, Trinkwasser, Abwasser, Chemie-WC, WC; **Preiskat.:** €; **Geöffnet:** ganzjährig; **Kontakt:** Neckaruferweg, 74348 Lauffen am Neckar

Brackenheim

„Heuss- und Weinstadt" – mit diesem Slogan wirbt die Stadt auf ihrer Website. Am 31. Januar 1884 erblickte **Theodor Heuss** hier das Licht der Welt. „Papa Heuss", so sein liebevoller Spitzname, war von 1949 bis 1959 der erste Bundespräsident der Bundesrepublik Deutschland. Das **Heuss-Museum** (Obertorstr. 27, www.theodor-heuss-museum.de) in der Nähe seines inzwischen abgerissenen Geburtshauses zeichnet sein Leben und Wirken nach. Es zeigt einen intellektuellen Menschen, Journalisten, liberalen Politiker und den Menschen zugewandten Bundespräsidenten.

Der Altstadtkern des beschaulichen Städtchens nennt so manche malerische Ecke mit Fachwerkhäusern sein Eigen. Das **Rokoko-Rathaus,** wie man es heute sieht, ist aus dem Jahr 1776. Beim großen Stadtbrand 1691 fiel das alte Rathaus aus dem 15. Jh. den Flammen zum Opfer.

Brackenheims gemütliche Altstadt

TOUR ZWEIFELBERG PANORAMA

Eine mit BRA2 ausgeschilderte, 9,3 km lange Strecke des Brackenheimer Wander-3klangs startet am Parkplatz Wanderdreiklang (GPS 49.10347, 9.03995). Mit schöner Sicht auf die Burg Neipperg, Haberschlacht und Schloss Stocksberg geht es zum Zweifelberg, dem Hauptanbaugebiet des Lembergers. Der **Weinausschank der Weingärtner Stromberg-Zabergäu** liegt in herrlicher Panoramalage mitten in den Weinbergen am Zweifelberg.

> Weitere Infos: www.heilbronnerland.de/tour/bra2-zweifelberg-panorama-wander dreiklang-brackenheim

TIPP WEINERLEBNISTOUREN

Ganz unterschiedliche, informative Touren mit „Wein-Versucherle" findet man unter www.weinerlebnistour.de.

97 Weingut Echle, Neipperg

GPS 49.10281, 9.04930

Der Platz liegt bei einem Weingut, teilweise schöne Sicht auf die Burg, Straße in Hörweite, Weinprobe und -verkauf, Besenwirtschaft Alter Pflug (Termine im Internet). **Lage/Anfahrt:** Im Ort Neipperg ausgeschildert; **Platzanzahl:** 8; **Untergrund:** Schotter; **Service:** Strom, Trinkwasser, Abwasser, Chemie-WC, WC, Dusche; **Preiskat.:** €€, bei einer gewissen Einkaufsmenge ist die Übernachtung kostenlos; **Geöffnet:** ganzjährig; **Kontakt:** Marsaner Str. 18, 74336 Brackenheim-Neipperg, Tel. 0176 82001296, www.weingut-echle.de

98 Weingut Sommer, Haberschlacht

GPS 49.09429, 9.02306

Plätze hinter einem Weingut direkt an den Weinbergen, Besenwirtschaft (Termine im Internet), Wein-, Secco-, Sekt-, Säfte- und Brändeverkauf. **Lage/Anfahrt:** Im Ort über die Krämerstraße zum Platz, ausgeschildert; **Platzanzahl:** 3; **Untergrund:** Wiese; **Service:** Strom, Trinkwasser; **Preiskat.:** kostenlos, Einkehr oder Einkauf obligatorisch; **Geöffnet:** ganzjährig; **Kontakt:** Im Krämer, 74336 Haberschlacht, Tel. 07135 7766, www.weingut-sommer-haberschlacht.de

Die Höhenburg Neipperg teilt sich in die Obere und die Untere Burg

Über dem Ortsteil Neipperg, umgeben von steilen Weinbergen, thront die **Staufische Burganlage Neipperg** mit zwei massigen Türmen. Der Stammsitz der Herren von Neipperg besteht aus der Unteren und der Oberen Burg und wurde 1212 erstmals urkundlich erwähnt. Mit 840 Hektar Rebfläche ist Brackenheim mit seinen sieben eingemeindeten Ortschaften die **größte Weinbaugemeinde Württembergs** und die größte Rotweingemeinde Deutschlands. Noch ein Superlativ: Brackenheim ist das weltweit größte Anbaugebiet für Lemberger. Ein Grund, den Wein mit dem frischen Geschmack, dem Bukett von aromatischen Waldbeeren und seiner milden Säure einmal zu probieren.

TOUR KULTUR, NATUR UND EPPINGER LINIE

Über 13,8 km mit 158 m Höhendifferenz führt die mit MB1 ausgeschilderte Tour vom Kloster zu einem rekonstruierten Schanzgraben und auf dem Eppinger-Linien-Wall zum Wachturm, wo man eine tolle Aussicht genießt. Zurück zum Kloster geht es durch die Weinberge.

Maulbronn

Mitten im Naturpark Stromberg-Heuchelberg liegt das **UNESCO-Welterbe Kloster Maulbronn.** Das 1147 von Zisterziensern gegründete Kloster gilt als die am besten erhaltene historische Klosteranlage nördlich der Alpen. Der großflächige Klosterhof mit Läden und Restaurants und das Herzstück der Anlage, die **Klosterkirche,** sind von einer trutzigen Mauer mit Torturm umschlossen. An der Kirche ist besonders das **Paradies,** eine Vorhalle im Stil der Frühgotik, sehenswert. Im Klosterkomplex ist der Speisesaal der Mönche, das **Herrenrefektorium,** eine der schönsten Raumschöpfungen des deutschen Mittelalters. Seine Dimensionen von 27,20 mal 11,50 m bei einer Höhe von 10,40 m sind imposant. Im seit dem Jahr 1556 dem Kloster angegliederten theologischen Seminar studierten Johannes Keppler, Hermann Hesse und Friedrich Hölderlin.

Einer Sage nach war den Mönchen in der Fastenzeit der Weingenuss verboten. Sie durften nur ihre Finger in eine Rinne tauchen, in die Wein aus einem Schlauch tropfte. Einer soll geseufzt haben: „Ach hätte ich doch eilf (elf)

In der weitläufigen Klosteranlage von Maulbronn

99 Kloster, Maulbronn

GPS 48.99899, 8.80558

Plätze 500 m vom Kloster entfernt, Plätze schmal und nur für Fahrzeuge bis 7 m Länge, kein Schatten. **Lage/Anfahrt:** Am Kloster vorbei, ausgeschildert; **Platzanzahl:** 8; **Untergrund:** Asphalt; **Service:** Strom, Trinkwasser, Abwasser, Chemie-WC, WC; **Preiskat.:** kostenlos; **Geöffnet:** ganzjährig; **Kontakt:** Hilsenbeuerstraße, 75433 Maulbronn

Finger“. So erhielt der Maulbronner Wein, ein hochwertiger, im Eichenfass ausgebauter Lemberger, den Namen **Eilfingerwein.** Heute gehören die ehemaligen Klosterweinberge dem Haus Württemberg. Auf den zwischen 15 und 50 % steilen Südlagen wachsen Riesling, Weißburgunder, Silvaner, Traminer und Lemberger.

Hohenhaslach

Seit ca. 1000 Jahren ist Hohenhaslach vom Weinbau geprägt. Im hohen Mittelalter brachte er Wohlstand ins befestigte Dorf auf dem Hügel, doch im 19. und 20. Jh. gab es Missernten und Hohenhaslach war zeitweise die ärmste Gemeinde im Vaihinger Oberamt. Erst durch die Verbesserung der Anbaumethoden, die Bepflanzung mit resistenten Reben und den Zusammenschluss der Winzer zur Weingärtnergenossenschaft Strombergkellerei ging es ab 1945 wirtschaftlich wieder steil nach oben. 2012 fusionierte die Strombergkellerei mit den Brackenheimer Weingärtnern zur **Weingärtnergenossenschaft Stromberg-Zabergäu** (www.wg-stromberg-zabergaeu.de). Die exponierte Lage auf einem Hügel, umgeben von Weinbergen am Rande des Strombergs, macht Hohenhaslach zu einem idealen Ziel für Wanderer. Der 9,8 km lange **Hohenhaslacher Genuss-Weg** (SH2) startet am Kelterplatz und führt entlang des Schönenbergs und des Teufelsbergs zum sehr interessanten „Geologischen Fenster", das die geologischen Gesteinsschichten und ihre Verwerfungen direkt am Berghang zeigt. Erholsam ist zudem ein Spaziergang auf dem **Weitblickweg,** einem Besinnungs- und Meditationsweg mit sechs begehbaren Kunstwerken und Texttafeln, die zum Nachdenken anregen.

TIPP AUSFLUG NACH TRIPSDRILL

Wer die Abwechslung sucht oder mit Kindern unterwegs ist, kommt um einen Besuch des **Erlebnisparks Tripsdrill** (74389 Cleebronn, https://tripsdrill.de) nicht herum. Fahrgeschäfte und Gastronomie im Freizeitpark und der angeschlossene Wildpark bringen Spaß und Unterhaltung

Die Schussfahrt in Badewannen ist eine der Hauptattraktionen in Tripsdrill

100 Panoramaweingut Reinhard, Hohenhaslach

GPS 49.00166, 9.031178

Der Platz befindet sich in sehr schöner Panoramalage auf einem Weingut mit Weinprobe und Weinverkauf. Spielplatz, Bäcker, Pizzeria fußläufig erreichbar.
Lage/Anfahrt: Von der Freudentaler Straße über An der Steige hinauf bis zum Ortsende, dort rechts in den Panoramaweg; **Platzanzahl:** 3; **Untergrund:** Wiese; **Service:** Strom, Trinkwasser, WC (tagsüber); **Preiskat.:** €; **Geöffnet:** ganzjährig; **Kontakt:** An der Steige 94, 74343 Sachsenheim, Tel. 07147 6298, www.panorama weingut.de

Besigheim

Auf einem Bergsporn zwischen Neckar und Enz liegt Besigheim, das 2010 zum schönsten Weinort Deutschlands gekürt wurde. Wer durch die Kirchstraße mit ihren wunderschönen Fachwerkhäusern und den vielen mit Blumen geschmückten Eckchen spaziert, kann dies nur bestätigen. Auf dem höchsten Punkt steht der **Schochenturm,** um 1220 als Teil der Oberen Burg erbaut. Direkt daneben befindet sich die 1383 geweihte **Evangelische Stadtkirche.** In ihrem Chor ist der spätgotische Cyriakus-Hochaltar von 1520 zu sehen. Am Marktplatz stehen das spätmittelalterliche **Fachwerkrathaus** von 1459, das ungewöhnliche **Dreigiebelhaus** (1486–1501), der **Marktbrunnen** mit dem Wappen der Markgrafschaft Baden und die **historische Stadtapotheke.** Der **Waldhornturm** und die **Alte Kelter** schließen den schönen Altstadtkern ab. In vielen historischen Gebäuden gibt es Gewölbekeller, in denen auch heute noch Wein gelagert wird. Beim alle zwei Jahre (in ungeraden Jahren) stattfindenden **Besigheimer Winzerfest** wird in den rustikalen Kellern gefeiert. Der Wein wächst an den die Landschaft prägenden Steillagen an Enz und Neckar. Seit dem Mittelalter sind die bis zu 60 % steilen Hänge durch Trockenmauern terrassiert und bieten so ideale Bedingungen, um die Sonnenwärme optimal auszunutzen. Maschinen sind in diesen Extremlagen allerdings nicht einsetzbar und die gesamte Pflege und Ernte ist Handar-

TOUR WANDER- UND RADTOUREN
Tipps für Wanderungen und Radtouren findet man unter www.3b-tourismus.de.

Die Altstadt von Besigheim ist ein wahres Schmuckkästchen

Der Schochenturm ist 31 m hoch

beit. Die so gekelterten sortentypischen Weine aus Trollinger, Lemberger und Riesling haben einen besonderen Charakter.

Steil nach oben geht es auf der **Himmelsleiter** über die Weinbergstaffeln zum atemberaubenden Aussichtspunkt **Weinkanzel.** Hier „schwebt" man auf einer Stahlkonstruktion direkt über den Steillagen und die gesamte Stadt und der Neckar liegen einem zu Füßen.

Touristeninformation Rathaus, Marktplatz, www.besigheim.de

TIPP NECKAR-KÄPT'N

Die Neckarpersonenschifffahrt befährt den Neckar zwischen Stuttgart und Neckarzimmern. Da wäre zu überlegen, ob man das Womo einmal stehen lässt und aufs Schiff umsteigt. Termine und Events wie das „Weindorf auf dem Neckar" findet man unter www.neckar-kaeptn.de.

101 Städtischer Stellplatz, Besigheim

GPS 49.99780, 9.14838

Platz in fußläufiger Entfernung zur Altstadt, Straße in Hörweite, Supermärkte zu Fuß erreichbar. **Lage/Anfahrt:** Richtung Ingersheim abbiegen, dann ausgeschildert; **Platzanzahl:** 10; **Untergrund:** Schotter; **Service:** Strom, Trinkwasser, Abwasser, Chemie-WC; **Preiskat.:** €; **Geöffnet:** ganzjährig; **Kontakt:** L1113, 74354 Besigheim

Hessigheim

Eine der beeindruckendsten Landschaften im Neckartal ist das Naturschutzgebiet **Hessigheimer Felsengärten.** Schroffe, kahle Kalkfelsen ragen zwischen Ingersheim und Besigheim auf. Der vor rund 240 Millionen Jahren entstandene Muschelkalk wird nach und nach ausgewaschen und neigt sich talwärts. Die so entstandenen Felsennadeln sind ein beliebtes Kletterziel. Wanderer nehmen den 2,4 km langen **Rundweg Hessigheimer Felsengärten,** Start ist bei der **Felsengartenkellerei.** So ergibt sich auch die ideale Gelegenheit, nach der Tour in der Kellerei (Am Felsengarten 1, www.

Durch die Felsengärten bei Hessigheim mit fantastischer Aussicht

102 Felsengartenkellerei, Hessigheim

GPS 48.99545, 9.181204

Platz bei der Felsengartenkellerei, Straße in Hörweite, guter Ausgangspunkt für eine Wanderung zu den Felsengärten. **Lage/Anfahrt:** In Hessigheim ist die Kellerei ausgeschildert; **Platzanzahl:** 10; **Untergrund:** Schotter; **Service:** Strom; **Preiskat.:** kostenlos; **Geöffnet:** ganzjährig; **Kontakt:** Am Felsengarten 1, 74394 Hessigheim

felsengartenkellerei.de) ein Gläschen zu probieren und anschließend auf dem Parkplatz der Kellerei zu übernachten.

Auch an die **Radfahrer** ist gedacht. Der 48 km lange **Radrundweg 7 Keltern** führt durch die Weinberge über Besigheim, Bietigheim, Löchgau und Walheim zurück nach Hessigheim.

Beilstein

Der Ort liegt umgeben von Weinbergen am Fuße der Löwensteiner Berge und am Ende des Bottwartals. Schon bei der Anfahrt fallen das **Schloss Beilstein** und die Burg Hohenbeilstein ins Auge. Im Schloss, das um 1900 von einem reichen Textilunternehmer im Renaissancestil erbaut wurde, befindet sich inzwischen die Tagungsstätte „Haus der Kinderkirche".

Burg Hohenbeilstein mit Sandstein-Ringmauer und massigem Bergfried aus staufischer Zeit thront oberhalb der Stadt. Der 23 m hohe und mit fünf Meter dicken Mauern versehene Bergfried trägt im Volksmund den Spitznamen „Langhans". Doch nicht nur die Burg selbst und der weite Ausblick lohnen einen Besuch: Im Burggraben finden bei der **Burgfalknerei** regelmäßig Flugvorführungen mit Adlern und Geiern statt (Tel. 07062 5212, www.falknerei-beilstein.de) und das **Schlossgut Hohenbeilstein** (www.schlossgut-hohenbeilstein.de) lockt mit seinen Bioweinen und verschiedene Events rund um den Wein.

Burg Hohenbeilstein und darunter Schloss Beilstein

Viele schöne **Rundwege** mit unterschiedlichen Längen hat die Gemeinde unter www.beilstein.de aufgelistet.

Grossbottwar

In der Altstadt der ca. 6300 Einwohner zählenden Stadt Grossbottwar ist besonders das im prächtigen roten Fachwerk erstrahlende **Renaissancerathaus** von 1556 sehenswert. Eine historische Besonderheit ist das Wahrzeichen der Stadt, das sogenannte **Schiefe Haus** (Lange Gasse 22). Das Weingärtnerhaus aus dem 16 Jh. mit großen Kellerräumen wurde in seinem Grundriss der Gassenführung angepasst.

Der **WeinErlebnisWeg Wunnenstein** bietet auf 3 bis 4 km interessante Weitblicke und informiert zum Thema Weinbau. An der Stelle, wo in 394 m Höhe einst eine Burg stand, wurde 1888 ein Aussichtsturm erbaut, von dessen Terrasse der Blick weit über die abwechslungsreiche Landschaft mit Wäldern, Burgen und Weinbergen schweift.

103 Wohnmobilhafen am Mineralfreibad, Oberstenfeld

GPS 49.03285, 9.31877

Platz beim Freibad, Straße in Hörweite, Ort ca. 1 km entfernt. **Lage/Anfahrt:** Der Beschilderung zum Mineralfreibad folgen; **Platzanzahl:** 5; **Untergrund:** Schotterrasen; **Service:** Strom, Trinkwasser, Abwasser, Chemie-WC, WC, Dusche in der Freibadsaison; **Preiskat.:** €; **Geöffnet:** ganzjährig; **Kontakt:** Beilsteiner Straße, 71720 Oberstenfeld

104 Winzerhäusertal, Großbottwar

GPS 49.00434, 9.28651

Separater Platz beim Sportplatz, nachts ruhig, Ort fußläufig erreichbar, schöner Wasserspielplatz in der Nähe. **Lage/Anfahrt:** ausgeschildert; **Platzanzahl:** 5; **Untergrund:** Rasengitter; **Service:** Strom, Trinkwasser, Abwasser, Chemie-WC, WLAN; **Preiskat.:** €; **Geöffnet:** ganzjährig; **Kontakt:** In den Frauengärten 12, 71723 Großbottwar

Das Schiefe Haus

105 Krügele Destillathalle, Murr

GPS 48.96169, 9.241202

Plätze auf einem Wein- und Obsthof mit Brennerei, Kühlschrank des Vertrauens, Verkaufsstand mit Obst, Eis aus eigener Herstellung, Öl und Bränden. **Lage/Anfahrt:** Ins Industriegebiet Murr Langesfeld abbiegen, dann ausgeschildert; **Platzanzahl:** 5; **Untergrund:** Wiese; **Service:** Strom, Trinkwasser, WC, Dusche; **Preiskat.:** €; **Kontakt:** Burgweg 16, 71711 Murr, Tel. 0163 2545020, www.kruegele.de

Die **Bottwartaler Winzer** (Oberstenfelder Straße 80, www.bottwartalerwinzer.de) laden ihre Gäste in den schönen Verkaufsraum zum Verkosten ihrer außergewöhnlichen Weine ein. Eine besondere Edition ist Vinian: Der Trollinger mit Schwarzriesling Blanc de Noir, weiß gekeltert, aber auch das frische und aromatische Cuvée von Riesling mit traditionellem Silvaner sind nur zwei der absolut lohnenswerten Weine. Sie machen Lust auf mehr!

Marbach am Neckar

Die erste urkundliche Erwähnung Marbachs stammt aus dem Jahr 972. 1009 erhielt der Ort das Münz- und Marktrecht. Doch Marbach ist zuallererst Schillerstadt! Hier wurde **Johann Christoph Friedrich Schiller** am 10. November 1759 geboren. Sein **Geburtshaus** (Niklastorstraße 31, www.schillersgeburtshaus.de) ist seit 1859 Gedenkstätte und zeigt unter anderem das Taufhäubchen und einen Kinderanzug des großen Dichters. Das einfache Handwerkerhaus aus dem 18. Jh. gibt außerdem einen guten Einblick in das Leben in dieser Zeit. 1895 gründete sich der Schwäbische Schillerverein und baute das einem Schloss ähnliche **Schiller-Nationalmuseum** (Schillerhöhe 8–10, www.dla-marbach.de) hoch über dem Neckar. Es zeigt Literatur aus dem 18. und 19. Jh. mit dem besonderen Blick auf die schwäbische Dichtung.

Das nach dem Stadtbrand von 1693 entstandene, beinahe vollständig erhaltene Gebäudeensemble in der **Altstadt** steht unter Denkmalschutz. Gleich beim **Oberen Torturm,** dem einzig noch erhaltenen Stadttor, kommt man zum ältesten Teil der Stadt, dem Burgplatz mit der alten Stadtmauer.

Die kleine Genossenschaft **Weingärtner Marbach** (Affalterbacher Str. 65, www.weingaertner-marbach.de) bezeichnet traditionelle Weinerzeugung mit innovativer Ausprägung als ihr Motto und bietet ungewöhnliche Events wie „Märchenzauber und Weingenuss“ oder eine Fahrt mit dem Oldiebus an.

ⓘ **Information,** Marktstraße 23, www.schillerstadt-marbach.de

In diesem Haus erblickte Friedrich Schiller das Licht der Welt

INFO FRIEDRICH SCHILLER

Am 10. November 1759 wurde Friedrich Schiller als Sohn eines Offiziers in Marbach geboren. Mit 14 Jahren besuchte er auf Befehl des württembergischen Herzogs Carl Eugen die strenge Karlsschule auf Schloss Solitude, wo er zunächst ein Rechtsstudium begann und sich später der Medizin zuwandte. Der Drill setzte Friedrich zu und er floh in die Welt der Literatur. Dennoch promovierte er 1780 und wurde Militärarzt. 1781 vollendete er „Die Räuber". Das Stück wurde 1782 in Mannheim uraufgeführt und machte Schiller über die Landesgrenzen hinaus bekannt. Der Herzog drohte ihm jedoch Festungshaft an und belegte ihn mit einem Schreibverbot, weshalb Schiller aus Stuttgart floh, was ihn offiziell zum Fahnenflüchtigen machte.

Er reiste zunächst nach Mannheim und dann nach Frankfurt am Main, Oggersheim und Bauerbach in Thüringen. Auf Einladung des Theaterintendanten Dalberg kehrte Schiller 1783 nach Mannheim zurück und trat dort im September die Stelle des Theaterdichters an. Im gleichen Monat erkrankte er an Malaria.

Im April 1984 wurde „Kabale und Liebe" uraufgeführt und im Dezember verlieh Herzog Carl August von Sachsen-Weimar Schiller den Titel eines Weimarischen Rats, doch sein Vertrag in Mannheim wurde nicht verlängert, was dazu führte, dass sich die ohnehin prekäre finanzielle Lage des Dichters noch verschärfte.

1785 reiste Schiller nach Leipzig zu Christian Gottfried Körner. Dieser half ihm aus der wirtschaftlichen Notlage und auf seine Bitte entstand das Gedicht „An die Freude", das später unter anderem von Ludwig van Beethoven („Ode an die Freude") vertont wurde. 1787 reiste Schiller nach Weimar und machte dort die Bekanntschaft von Herder und Wieland. Im selben Jahr wurde „Don Karlos" vollendet und uraufgeführt. Während einer Reise durch Rudolstadt lernte Schiller Charlotte von Lengefeld kennen. Zwei Jahre später – Schiller war nun Professor in Jena und seine finanziellen Verhältnisse hatten sich verbessert – hielt er um ihre Hand an. 1790 fand schließlich die Hochzeit statt.

1799 zog die Familie Schiller nach Weimar um. Schiller und Goethe kannten sich zu diesem Zeitpunkt schon mehrere Jahre und aus den ursprünglichen Rivalen waren Freunde geworden, die sich gegenseitig inspirierten.

1802 wurde Friedrich Schiller in den Adelsstand erhoben und er war auf dem Höhepunkt seiner Karriere angelangt. 1805 starb er im Alter von 45 Jahren in Weimar an einer Lungenentzündung.

Weinstadt

Im Remstal zwischen Schurwald und Schwäbischem Wald liegt Weinstadt, das aus einem Zusammenschluss von Beutelsbach, Endersbach, Großheppach, Schnait und Strümpfelbach entstand. **Konrad I.** gilt als Ahnherr des Adelsgeschlechts der Württemberger. Er war der Sohn eines edelfreien **Herrn von Beutelsbach,** weshalb Weinstadts größter Stadtteil den Beinamen „Wiege Württembergs" trägt. Der kleinste Ortsteil, **Strümpfelbach,** mit seinen rund 80 Fachwerkhäusern ist sicherlich der malerischste. Der Wein brachte ihm

Das kleine Strümpfelbach zählt zu den schönsten Fachwerkdörfern im Land

zwischen 1550 und 1600 Wohlstand und so konnten sich die Weingärtner die schmucken Häuser und das markante Fachwerkrathaus (1591) leisten.

Von den ehemals drei Schlössern in **Schnait** ist nur noch das Untere Schloss vorhanden. **Friedrich Silcher,** Komponist und Volksliedersammler, wurde 1789 in Schnait geboren.

Die fünf traditionsreichen Weinorte sind über ein Wander- und Radwegenetz gut miteinander verbunden. Es geht durch ausgedehnte Weinberge, über herrliche Streuobstwiesen, durch schattige Wälder hinauf zu fantastischen Aussichtspunkten, z. B. der Luitenbächer Höhe, dem Karlstein und dem **Remstalkino.** Letzteres ist eine Terrasse mit Klappstühlen, die einem Kino ähnelt, doch statt einem Film genießt man den großartigen Panoramablick.

Mit seinen 502 Hektar Rebfläche hat Weinstadt die zweitgrößte Anbaufläche in Württemberg. Auf der Rangliste der in Weinstadt angebauten Rebsorten (insgesamt 30) stehen Trollinger, Riesling und Lemberger auf den Rängen eins bis drei, gefolgt von Kerner, Müller-Thurgau, Spätburgunder und Zweigelt. Ganz neu im Programm sind die Züchtungen Cabernet Mitos und Acolon. Die große **Remstalkellerei** (Kaiserstraße 13, www.remstalkellerei.de) hat eine große Auswahl im Angebot. Sie reicht vom traditionellen Trollinger „Alte Reben“ über absolute Neuheiten wie Pet Nat Try, einen naturtrüben Perlwein, bis zum Premium-Segment mit dem trockenen Cabernet Sauvignon im Barrique gereift.

TOUR WANDERUNGEN IN WEINSTADT

Die **Tour Sanges Froh** ist 7,9 km lang, überwindet eine Höhendifferenz von 165 m und ist mit WE1Sanges Froh markiert. Sie startet am Bahnhof von Beutelsbach, ein Einstieg ist aber auch in Strümpfelbach möglich. 15 Tafeln mit volkstümlichen Liedern laden unterwegs zum Singen unter freiem Himmel ein. Durch Weinberge wandert man hinauf zum Aussichtspunkt Drei Riesen und zum einzigartigen Remstalkino.

Nur 3,5 km und 123 m Höhendifferenz erwandert man auf dem **Skulpturenpfad Nuss** (Markierung WE7 Skulpturenpfad Nuss). 48 sehenswerte Skulpturen aus Bronze und Stein säumen den Weg.

In Weinstadt wird gern und oft gefeiert, z. B. bei der **Beutelsbacher Kirbe** und beim Lichtspektakel **Leuchtender Weinberg,** die jedes Jahr viele Gäste in die Weinberge zwischen Beutelsbach und Schnait locken. Weitere Feste wie die Nacht der Keller, das Fest der 100 Weine in Großheppach, das Endersbacher Weinfest und das Strümpfelbacher Kelterfest sind ebenfalls Highlights im Veranstaltungskalender der Stadt. Von Mai bis Sept. wird in Strümpfelbach jeden Mittwochabend am Alten Rathaus durch die örtlichen Winzer (im Dialekt Wengerter genannt) Wein ausgeschenkt.

Tourismusverein Remstal-Route, Bahnhofstraße 21, www.remstal-route.de

INFO FRIEDRICH SILCHER

Friedrich Silcher wurde am 27. Juni 1789 in Schnait, das heute ein Ortsteil von Weinstadt ist, geboren. Er wollte zunächst Lehrer werden, entschied sich dann aber 1815 für den Beruf eines freischaffenden Musikers. Silcher wirkte ab 1817 als Universitätsmusikdirektor an der Eberhard-Karls-Universität und als Musiklehrer am Evangelischen Stift in Tübingen. Sein Streben galt der Förderung des Chorgesangs. Seine bekanntesten Werke sind: „Alle Jahre wieder", „Ännchen von Tharau" und das Loreley-Lied „Ich weiß nicht, was soll es bedeuten". Friedrich Silcher starb am 26. August 1860 in Tübingen.

106 Weingut Knauss, Strümpfelbach

GPS 48.79315, 9.36359

Platz in ruhiger Lage bei einem Weingut direkt an den Weinbergen und dem Weinlehrpfad, saisonal geöffnete Besenwirtschaft, Weinverkauf. **Lage/Anfahrt:** Am Ortsanfang links, ausgeschildert; **Platzanzahl:** 3; **Untergrund:** Schotter; **Service: Strom,** Trinkwasser; **Preiskat.:** kostenlos, Einkauf oder Einkehr obligatorisch; **Max. Stand:** 2 Nächte; **Geöffnet:** ganzjährig; **Kontakt:** Nolten 2, 71384 Weinstadt-Strümpfelbach, Tel. 07151 606345, www.weingut-knauss.de

Badische Weinstraße

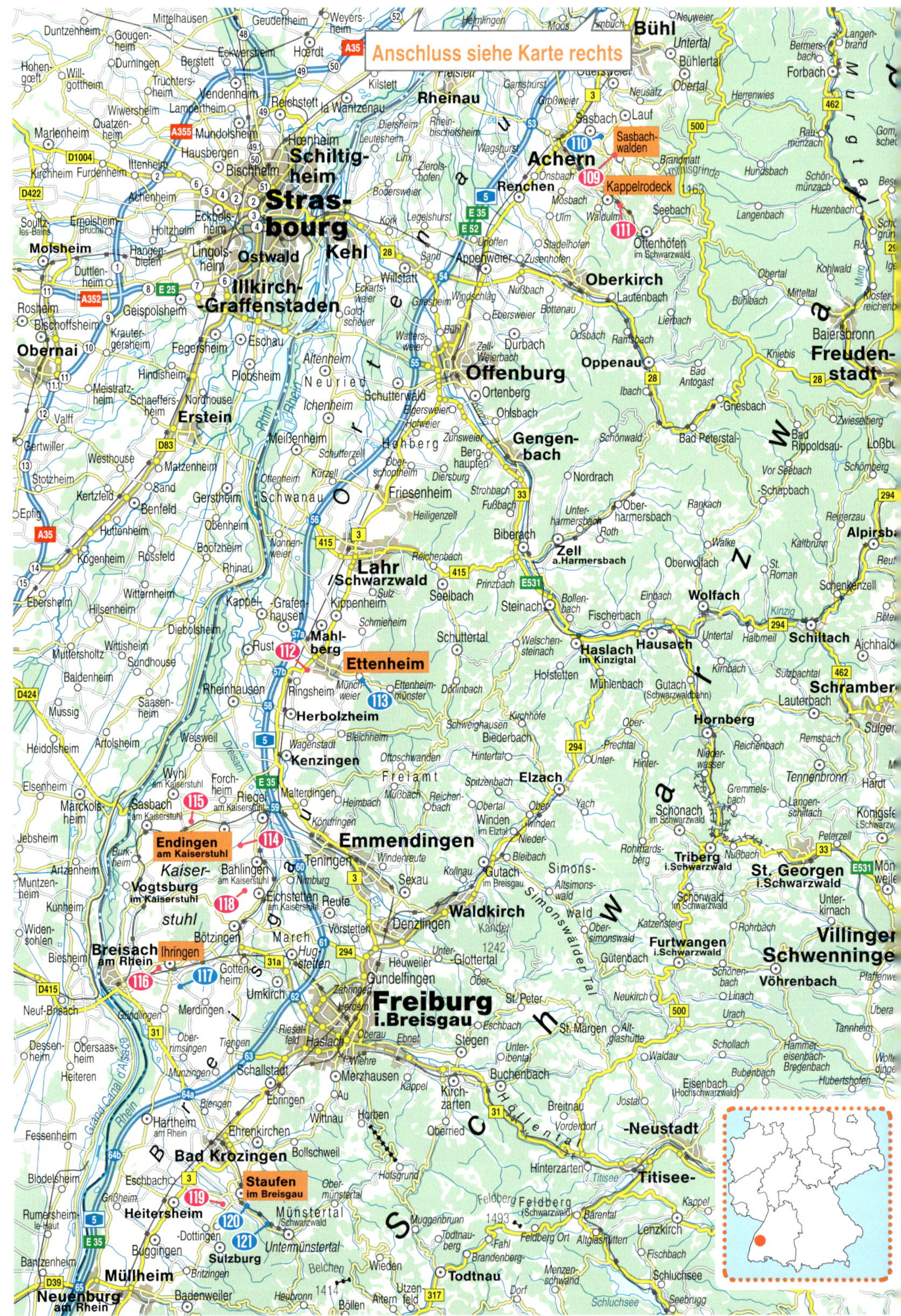

Anschluss siehe Karte rechts
Bühl
Achern
Sasbach-walden
Kappelrodeck
Renchen
Oberkirch
Oppenau
Strasbourg
Schiltigheim
Kehl
Ostwald
Illkirch-Graffenstaden
Rheinau
Offenburg
Freudenstadt
Obernai
Erstein
Molsheim
Gengenbach
Lahr /Schwarzwald
Seelbach
Zell a.Harmersbach
Wolfach
Hausach
Haslach im Kinzigtal
Schiltach
Mahlberg
Ettenheim
Herbolzheim
Kenzingen
Elzach
Hornberg
Triberg i.Schwarzwald
St. Georgen i.Schwarzwald
Endingen am Kaiserstuhl
Emmendingen
Vogtsburg im Kaiserstuhl
Kaiserstuhl
Waldkirch
Breisach am Rhein
Ihringen
Freiburg i.Breisgau
Furtwangen i.Schwarzwald
Villingen Schwenningen
Vöhrenbach
Bad Krozingen
Staufen im Breisgau
Heitersheim
Sulzburg
Müllheim
Neuenburg am Rhein
Todtnau
Titisee-Neustadt
Feldberg
Lenzkirch
Schwarzwald
Ortenau
Breisgau
Simonswälder Tal
Höllental
Murgtal
109
110
111
112
113
114
115
116
117
118
119
120
121

TOUREN-ÜBERBLICK

Routenempfehlung: Kürnbach – Oberderdingen – Sasbachwalden – Kappelrodeck – Ettenheim – Endingen – Ihringen – Staufen
Länge gesamt: 235 km
Dauer: 6–7 Tage
Reisezeit: ganzjährig

Mit 15.800 Hektar Rebfläche ist Baden das drittgrößte Weinanbaugebiet Deutschlands. 48 % nehmen dabei die Burgundersorten wie Weiß-, Grau- und blauer Spätburgunder ein. Die bereits seit 1964 bestehende Badische Weinstraße beginnt im nördlichen Kraichgau, zieht sich dann von der Ortenau über den Kaiserstuhl und das Breisgau hinunter bis kurz vor Basel ins Markgräflerland. Die wärmste Region Deutschlands mit intensiver Sonneneinstrahlung, genügend Niederschlägen und hohen Durchschnittstemperaturen bietet ideale Bedingungen für anspruchsvollen Weinbau. Der altbekannte Slogan „Badischer Wein – von der Sonne verwöhnt", wurde inzwischen durch „Baden, der Garten Deutschlands" ersetzt. Wem das jetzt zu trocken klingt, der kann sich auf die Verkostung vor Ort in den Weingenossenschaften oder direkt beim Winzer freuen. Die Gastronomie ist verlockend, ihre Auswahl reicht von der rustikalen Strauß- bzw. Kranzwirtschaft bis zu gehobenen Restaurants. Weinfeste, Weinwanderungen, Weinproben, Weinbergführungen – alles dreht sich hier um die guten Tropfen, aber auch idyllische Dörfer und Städtchen laden zu einer Besuchstour ein. Hier gibt es so einiges Interessantes, Verstecktes und Sehenswertes zu entdecken. Wer sich gern aufs Rad schwingt oder die Natur erwandern will, findet überall gut ausgezeichnete Wege, die die hügelige Landschaft durchziehen.

Kraichgau

Der badische Kraichgau liegt zwischen Schwarz- und Odenwald und grenzt an den Württemberger Stromberg. Spätburgunder, Portugieser, Schwarzriesling und Lemberger sind die typischen Rotweine, Weißweinsorten reichen von Riesling und Müller-Thurgau bis zum Ruländer.

TIPP WEINPROBEN ENTLANG DER BADISCHEN WEINSTRASSE

Termine für Weinproben entlang der Badischen Weinstraße, aber auch besondere Erlebnisse wie die Mithilfe bei der Weinlese oder eine Fahrt mit dem Tuk-Tuk durch die Weinberge findet man online unter www.badische-weinstrasse.de/geniessen-erleben/erlebnisse.

Kürnbach

Im nordwestlichen Baden zwischen Stromberg und Kraichgauer Hügelland liegt das **Schwarzrieslingdorf** Kürnbach. Es gehörte im Mittelalter als Kondominat zu zwei Dritteln der Landgrafschaft Hessen und zu einem Drittel den Herzögen von Württemberg und ab 1810 in seiner Gesamtheit zu Baden. Dies ist der Grund dafür, dass man im historischen Ortskern eine badische und eine hessische Kelter findet.

Die kleine Gemeinde hat ein reges Vereinsleben und die Feste wie das **Kürnbacher Weinfest** sind beliebt (Termine unter www

107 Weingut GravinO, Kürnbach

GPS 49.07107, 8.83898

Plätze in schöner, teilweise in Aussichtslage bei einem engagierten Winzer, Ort ca. 800 m, Radweg direkt am Platz. **Lage/Anfahrt:** An der Flehingerstraße ausgeschildert; **Platzanzahl:** 3; **Untergrund:** Schotter; **Service:** Strom, Trinkwasser; **Preiskat.:** kostenlos, Einkauf wird erwartet; **Geöffnet:** ganzjährig; **Kontakt:** Gräfental 54, 75057 Kürnbach, Tel. 07258 7784, www.gravino.de

Das Torwächterhaus des Amtshofs aus dem 18. Jh.

‹uernbach.de). Mit dabei ist dann immer das **Weingut GravinO** (Gräfental 54, www.gravino.de) mit seinen ganz besonderen Weinen und Sekten. Als Schmankerl für Wohnmobilreisende wurde ein kostenloser Übernachtungsplatz für Womos angelegt.

Oberderdingen

Durch Oberderdingen verläuft die Grenze zwischen Baden und Württemberg, deshalb treffen hier auch die Badische und die Württemberger Weinstraße zusammen. Mittelpunkt der Stadt ist der **Amthof** (1480), eines der besterhaltenen klösterlichen Wirtschaftsgebäude Deutschlands. Dort mussten die Einwohner aus mehreren Dörfern ihren „Zehnten" für das Kloster Herrenalb abgeben. Bereits um 1500 wurden in der Alten Kelter Trauben gepresst und Weine ausgebaut. In der heute modernisierten Anlage liegt der Anteil der Roten (Lemberger, Trollinger, Schwarzriesling, Spätburgunder) bei 75 % der Mosternte und der Anteil der Weißen (Riesling, Müller-Thurgau) bei 25 %.

INFO WALDENSER

Im Jahr 1170 gründete der wohlhabende Kaufmann Petrus Valdes in Lyon eine christliche Glaubensgemeinschaft. Er verschenkte sein Vermögen und zog als Wanderprediger durch die Lande. 1184 verurteilte ihn die katholische Kirche als Ketzer, trotzdem breitete sich seine Lehre besonders in den schwer zugänglichen Bergtälern im Grenzgebiet zwischen Frankreich und Savoyen-Piemont weiter aus, worauf die Kirche mit der Inquisition antwortete.
1532 schlossen sich die Waldenser der Reformation Luthers an und predigten in ihren Gemeinden in der Landessprache.
1686 unterwarf der Herzog von Savoyen die Waldenser und alle, die sich nicht zum katholischen Glauben bekannten, mussten das Gebiet verlassen. So kamen die Glaubensflüchtlinge aus dem Chisonetal im Piemont nach Württemberg. Ortsnamen wie Pinache, Serres, Perouse, Groß- und Kleinvillars zeugen von Gründungen durch die Waldenser.

108 Wohnmobilstellplatz, Oberderdingen

GPS 49.05927, 8.79640

Separater, parzellierter Platz beim Freibad, Ort und Supermarkt fußläufig erreichbar. **Lage/Anfahrt:** An der Straße Richtung Bretten am Ortsende rechts, ausgeschildert; **Platzanzahl:** 8; **Untergrund:** Schotterrasen; **Service:** Strom, Trinkwasser, Abwasser, Chemie-WC; **Preiskat.:** €; **Geöffnet:** ganzjährig; **Kontakt:** Schillerstraße, 75038 Oberderdingen

TOUR DERDINGER HORN

Das Derdinger Horn wird sicherlich zu Recht als schönster Aussichtspunkt der Gegend bezeichnet. 15,2 km lang ist die Rundtour vom Wanderparkplatz Weinplateau (GPS 49.04559, 8.79711) zum Bernhardsweiher, nach Freudenstein, dann über den Sandberg, den Schlossberg und den Augenberg zum Kraichsee und über die sieben Buchen zurück zum Ausgangspunkt. Mit einer Höhendifferenz von 294 m ist die Tour mittelmäßig anstrengend.

TIPP BALLONFAHRT MIT WEINPROBE

Eine Weinerlebnis-Ballonfahrt über die Weinberge von Oberderdingen und das Kraichgau, die von einer Weinprobe in luftiger Höhe gekrönt wird, kann man online auf der Website www.gt-ballonfahrten.de buchen.

Die **Vinothek Amthof 12** (www.amthof12.de) präsentiert in angenehmer Atmosphäre und mit fachkundiger Beratung Weine, Winzersekt und Secco aus Oberderdingen, Knittlingen und Dürrn. Im Veranstaltungskalender des Orts (www.oberderdingen.de/eventcalendar) sind viele interessante Events zu finden. Der Teilort Großvillars ist eine Gründung der Waldenser aus dem Jahr 1700 (s. S. 197). Entlang der Freudensteiner Straße stehen typische Waldenershäuser, zum Beispiel mit Nr. 45/1 das **Waldenserhäusle** mit einem kleinen Museum zur Geschichte der Einwohner.

Infothek in der Schafscheuer, Heinfelser Platz 3, www.oberderdingen.de

TOUR WANDER- UND RADTIPPS IM KRAICHGAU

In der hügeligen Kraichgauer Landschaft lässt sich wunderbar Wandern und Radfahren. Infos: www.kraichgau-stromberg.de.

Ortenau

Die Ortenau erstreckt sich zwischen den steilen Westhängen des nördlichen Schwarzwalds und der Oberrheinischen Tiefebene. Die Top-Weine der Region sind die verschiedenen Burgundersorten und der Riesling, der rassig-elegant mit fruchtiger Säure daherkommt. der Spätburgunder, der auch gerne als vollmundiger Weißherbst gekeltert wird, schmeckt kräftig, mit leichter Brombeernote. Weitere Burgundersorten sind der fruchtige Grauburgunder (Pinot grigio) und der elegante Weißburgunder. Der frische Müller-Thurgau, eine Kreuzung zwischen Riesling und Silvaner, hat ein feines Muskataroma.

Sasbachwalden

Genauso liebt es der Reisemobilfahrer: ein schöner, ruhiger Stellplatz und ein denkmalgeschütztes Fachwerkdorf mit guter Gastronomie. Außerdem im Angebot: die wunderschöne Lage in der Ortenau mit den dunklen Schwarzwaldhügeln im Hintergrund, köstliche Weine, Weinprobe mit Kellerführung, Wanderungen durch die Weinberge, die Gaishöll-Wasserfälle, blühende Kirschbäume im Frühling, die Schnapsbrunnenwege und vieles mehr. Da ist es kein Wunder, dass viele Wohnmobilisten länger bleiben als zunächst geplant.

Die **Alde Gott Winzer** Schwarzwald eG (Talstr. 2, www.aldegott.de) wurde 1948 gegründet und ihr gehören insgesamt 380 Winzer mit zusammen 266 Hektar Rebenfläche an. Im Keller reifen der feinwürzige Müller-Thurgau, der rassige Riesling und die eleganten Grau- und Spätburgunder. Die Philosophie des Kellermeisters lautet: „Nur solche Tropfen sollen unsere Genossenschaft verlassen, die das typische Bukett der jeweiligen Rebsorte hervorbringen.“ **Kellerbesichtigungen** mit Weinverkostung finden jeweils samstags und von April bis Oktober auch mittwochs um 14 Uhr statt.

Touristeninformation Sasbachwalden, Talsstraße 51, www.sasbachwalden.de

Sasbachwalden ist von Wald und Reben umgeben

109 Alde Gott, Sasbachwalden

GPS 48.61924, 8.12107

Platz bei der Winzergenossenschaft in schöner, ruhiger Lage. Bäcker, Metzger und Supermarkt fußläufig erreichbar. Bezahlung nur mit Münzen möglich. **Lage/ Anfahrt:** Am Ortsanfang rechts hinter der Winzergenossenschaft; **Platzanzahl:** 50; **Untergrund:** Schotter; **Service:** Strom, Trinkwasser, Abwasser, Chemie-WC, WLAN, WC; **Preiskat.:** €€; **Geöffnet:** ganzjährig; **Kontakt:** Talstr. 2, 77887 Sasbachwalden, Tel. 07841 1035

110 Campingplatz Grässelmühle, Sasbach

GPS 48.62479, 8.10553

Familiärer kleiner Campingplatz in schöner, ruhiger Lage, Frühstücksservice, keine Läden im Dorf, Gasthof gegenüber. Campingplatz für Fahrzeuge bis 2,80 m Höhe und 6 m Länge, höhere Fahrzeuge auf der Wiese, KONUS-Gästekarte für kostenlose Fahrten mit dem ÖPNV inklusive. **Lage/Anfahrt:** Im Ort ausgeschildert; **Platzanzahl:** 30; **Untergrund:** Wiese; **Service:** Strom, Trinkwasser, Chemie-WC, WLAN; **Sicherheit:** umzäunt, beleuchtet; **Preiskat.:** €€€; **Geöffnet:** Ende Mai–Mitte Sept.; **Kontakt:** Blumberg 1, 77880 Sasbach, www.camping-obersasbach.de

INFO BRENNEREIEN IN DER ORTENAU

Im Jahr 1726 gestattete der Kardinal Armand Gaston de Rohan, Bischof von Straßburg, seinen Untertanen im Amt Oberkirch das Brennen von Kirschen zu Schnaps für den eigenen Gebrauch. 1945 gab es 45.000 Obstbrenner im süddeutschen Raum, heute sind es ca. 22.000 und allein im Ortenaukreis gibt es 6000 Brennereien. Sie verwerten Obst aus den für die Kulturlandschaft und ökologisch so wertvollen Streuobstwiesen und sind ein nicht unwesentlicher Wirtschaftsfaktor für die Region. Seltene Obstsorten und vom Aussterben bedrohte Tier- und Pflanzenarten haben nur durch die Erhaltung der Wiesen und Obstbäume eine Überlebenschance. Seltene Sorten, die hier gebrannt werden, sind das Zibärtle, eine Wildpflaume, und die Dolleseppler Kirsche aus der Ortenau.

Kappelrodeck

Das Rotweindorf in der Ortenau liegt eingebettet zwischen Obstbäumen, Weinbergen und Wäldern. „Hex vom Dasenstein“ heißt die berühmte Weinlage oberhalb des Städtchens. Bedingt durch das milde Klima und die vielen Sonnenstunden reift hier ein hervorragender Wein mit hohen Oechslegraden. Am besten unternimmt man die **Wanderung auf dem Schnapsbrunnenpfad,** genießt die herrliche Aussicht und liest auf den Informationstafeln Wissenswertes über Weinbau.

Schnäpsle gefällig?

Touristeninformation, Hauptstr. 65, www.kappelrodeck.de

TIPP BRENNEREI SCHEIBEL

Schon seit dem Jahr 1921 erzeugt die Brennerei Scheibel (Grüner Winkel 32, www.scheibel-brennerei.de) edle Obstbrände und Destillate. Vor dem Einkauf kann man die ausgezeichneten Produkte auch verkosten.

Der Gründer der Brennerei Scheibel

TOUR WANDERUNG AUF DEM SCHNAPSBRUNNENPFAD

Der Schnapsbrunnenpfad ist 6,5 km lang und ein Einstieg ist in der Nähe des Stellplatzes Beim Heidenhof möglich. In Kappelrodeck gibt es 400 Brennrechte, bei einigen Brennern kehrt man unterwegs ein und schafft so ganz beschwingt den Aufstieg zum Dasenstein mit schöner Fernsicht. Über den Marktplatz und den Zuckerberg geht die Tour zurück zum Ausgangspunkt.

TOUR SCHNAPSBRUNNENWEGE

Bei der Touristeninformation in Sasbachwalden starten die Schnapsbrunnenwege 1 und 2 mit 7,4 bzw. 13 km Länge. Der Clou sind die 7 bzw. 6 Schnapsbrunnen entlang der Rundstrecke. Schnapsbrunnen sind je nach Eigentümer unterschiedlich gestaltete Möglichkeiten, ein „Schnäpsle“ zu probieren. Einmal ist das Hochprozentige im Kühlschrank, manchmal steht die Flasche im kalten Wasser eines Brunnens. Man genießt, bezahlt einen kleinen Betrag und zieht beschwingt weiter. Eine tolle Genussidee mit herrlicher Aussicht unterwegs.

INFO DIE SAGE VON DER HEX VOM DASENSTEIN

Ein wunderschönes Burgfräulein verliebte sich in einen einfachen Bauernsohn. Der Herr von Schloss Rodeck war gegen diese Liebe und jagte seine eigene Tochter aus dem Schloss. Doch ohne Geld und Grundbesitz war auch der Bauernsohn plötzlich nicht mehr an einer Ehe interessiert. So blieben dem Fräulein nur noch die Felsen auf dem Dasenstein als künftiges Zuhause. Sie pflanzte Reben rund um ihre Wohnhöhle und weil sie den Menschen des Umlandes immer wieder Streiche spielte, bekam sie den Spitznamen „Hex vom Dasenstein". Die Weine dieser Lage wurden nach ihr benannt.

Eine zwei Kilometer lange Wanderung beginnt am Parkplatz Schützenhaus in Kappelrodeck. Unterwegs gibt es Stationen, an denen man mit seinem Smartphone an drei WLAN-Hotspots viel Unterhaltsames zum Thema erfährt (weitere Infos: www.schwarzwaldportal.com/_sagenwanderweg-hex-von-dasenstein.html).

111 Beim Heidenhof, Kappelrodeck

GPS 48.58358, 8.12698

Separate Plätze in schöner Ortsrandlage, ins Zentrum 800 m, Freibad in der Nähe. **Lage/Anfahrt:** ausgeschildert; **Platzanzahl:** 17; **Untergrund:** Schotter; **Service:** Strom, Trinkwasser, Abwasser, Chemie-WC, WLAN; **Sicherheit:** beleuchtet; **Preiskat.:** €; **Geöffnet:** ganzjährig; **Kontakt:** Grüner Winkel, 77867 Kappelrodeck

Ettenheim

Am eindrucksvollsten ist der Zugang zur Altstadt durch die wappengeschmückten Stadttore **Oberes** und **Unteres Tor.** Im barocken Stil gehaltene Gebäude und Häuser mit markantem Fachwerk gruppieren sich rund um den Kirchberg. Über allem thront die barocke Pfarrkirche **St. Bartholomäus** aus dem späten 18. Jh. Auf der linken Seite des Chors fand Kardinal Rohan seine letzte Ruhestätte (s. S. 203).

Der barock angelegte **Prinzengarten** mit dem Gartenhaus des Herzogs von Enghien wurde nach Jahren der Vernachlässigung von Ehrenamtlichen liebevoll restauriert und ist heute eine grüne Oase mitten im Zentrum.

230 Hektar umfasst die Rebfläche der traditionsreichen **Weinbaugemeinde Ettenheim.** Anbauschwerpunkte sind Burgunderweine wie der kräftige Spätburgunder und frische Weiß- und Grauburgunder, Chardonnays und Auxerrois. Müller-Thurgau, Riesling und Gewürztraminer runden das Angebot ab. Die **Winzergenossenschaft Münchweier** (Hauptstraße 50, https://wg-muenchweier.de) lädt von Montag bis Samstag zur Beratung, Verkostung und zum Kauf der Weine ein.

112 Weingut Weber, Ettenheim

GPS 48.25423, 7.79253

Plätze bei einer ausgezeichneten Vinothek mit Restaurant in schöner Aussichtslage, Straße in Hörweite, ins Zentrum 2 km. **Lage/Anfahrt:** Von der Freiburger Straße am Ortsende links, ausgeschildert; **Platzanzahl:** 5; **Untergrund:** Schotterrasen; **Preiskat.:** kostenlos, Weinkauf oder Einkehr im Restaurant wird erwartet; **Geöffnet:** ganzjährig; **Kontakt:** Im Offental 1, 77955 Ettenheim, Tel. 07822 894848, www.weingut-weber.com

Beim Spaziergang trifft man auf hübsch renovierte Fachwerkhäuser

INFO KARDINAL ROHAN

Prinz Louis René Edouard von Rohan wurde am 25. September 1734 in Paris geboren und brachte es 1779 zum Bischof von Straßburg. Durch seine Verwicklung in einen Betrugsskandal am französischen Hof im Jahr 1785, die sogenannte Halsbandaffäre, verlor er 1785 seine Titel, beinahe alle Privilegien und musste über den Rhein nach Ettenheim fliehen. Nach vielen vergeblichen Versuchen, seinen alten Status wiederherzustellen, verstarb er am 16. Februar 1803 ohne Titel und hochverschuldet in Ettenheim. Auf seinen Spuren führt der ausgeschilderte Barock-Rundweg durch die historische Altstadt. Flyer mit dem Routenverlauf gibt es in der Touristeninformation und zum Download unter www.ettenheim.de/stadtfuhrungen.

TOUR WANDERUNGEN BEI ETTENHEIM

Vom Stellplatz beim Weingut Weber (s. links) starten verschiedene Rundwanderungen. Route C mit 5,1 km Länge führt hinauf bis zum Heubergturm mit herrlicher Rundumsicht und einer Gartenwirtschaft zur Einkehr in wunderschöner Panoramalage. Bei Route D mit 6,3 km Länge erreicht der Wanderer nach einer Strecke durch die Weinberge das Städtchen Ettenheim.

TIPP AUSFLUG IN DEN EUROPA-PARK

Der größte Freizeitpark Deutschlands, der Europa-Park in Rust, liegt nur 10 km von Ettenheim entfernt (www.europapark.de). Über 100 Attraktionen und Shows in 18 Themenbereichen sorgen für Unterhaltung.

Auch Hochprozentiges hat in Ettenheim Tradition. So stellt die **Talblickbrennerei** (Talblick 6, www.talblickbrennerei.de) mehrfach ausgezeichnete Brände, Geiste, Liköre und Gin her. Vater und Tochter arbeiten hier gemeinsam an ihrer Leidenschaft.

Bürgerbüro, im Rathaus, Rohanstraße 16, www.ettenheim.de

113 Campingpark Oase, Ettenheim

GPS 48.24742, 7.82805

Gepflegter Platz mit Laden und Restaurant, Schwimmbad angrenzend, ins Zentrum 1,7 km. **Lage/Anfahrt:** In Ettenheim ausgeschildert; **Platzanzahl:** 120; **Untergrund:** Wiese; **Service:** Strom, Trinkwasser, Abwasser, Chemie-WC, WLAN; **Sicherheit:** umzäunt, beleuchtet, bewacht; **Preiskat.:** €€€–€€€€; **Geöffnet:** eine Woche vor Ostern bis erste Oktoberwoche; **Kontakt:** Mühlenweg 34, 77955 Ettenheim, Tel. 07822 445918, www.campingpark-oase.de

Kaiserstuhl

Geschützt zwischen Schwarzwald und Vogesen erhebt sich der Kaiserstuhl mit seinen markanten Rebterrassen. Auf dem Boden vulkanischen Ursprungs gedeiht überwiegend Spät-, Grau und Weißburgunder sowie Müller-Thurgau.

Endingen am Kaiserstuhl

Endingen wurde im Jahr 862 zum ersten Mal urkundlich erwähnt. Die Herren von Üsenberg verliehen Endingen 1285 das Stadtrecht. Ihr Geschlecht starb aus, sodass die Stadt 1379 zu Habsburg und somit zu Vorderösterreich kam. 1805 übernahm das Großherzogtum Baden die Stadt.

Zentrum und die gute Stube der Stadt ist der **Marktplatz.** Hier stehen das **Alte Rathaus** mit Renaissancefassade und Barockportal aus dem Jahr 1527 und das aktuelle Rathaus mit Staffelgiebel, das 1617 als Kornlager erbaut wurde. Der markante **Tennenbacher Klosterhof** mit Staffelgiebel ist ganz in der Nähe. Von der im frühen 14. Jh. errichteten Ringmauer mit vier Stadttoren ist einzig das **Königsschaffhauser Tor** im Westen erhalten.

Endingen wird auch Kleinstadtperle genannt

An der nordöstlichen Seite des Kaiserstuhls, in der Lage Engelsberg, gedeihen die Weine der **Winzergenossenschaft Bischoffingen-Endingen** (Ritterstraße 2, www.wg-bischof fingen.de). Die Sorten Weiß-, Grau-, Spätburgunder und Rivaner unter der Bezeichnung „Tor zum Kaiserstuhl" stehen zur Verkostung und zum Verkauf bereit.

Königschaffhausen, ein Ortsteil von Endingen, ist ein typisches Winzerdorf mit großen Torbögen an den Hofeinfahrten. Hier sorgt die **Winzergenossenschaft Königschaffhausen** (Kriechlinsbergerstr. 2–6, www.koenig schaffhauser-wein.de) für den Verkauf der vollmundigen Tropfen.

Kaiserstühler Verkehrsbüro, Adelshof 2, www.endingen.de

114 Mathilde Kaffee & Wein, Endingen

GPS 48.13588, 7.71319

Platz bei einem Café mitten in den Weinbergen in schöner Lage, Brötchenservice, kein Schatten, ins Zentrum 15 Min. Fußweg, zum Badeweiher 1,8 km. **Lage/ Anfahrt:** An der Straße von Riegel nach Endingen vor dem Ort links, ausgeschildert; **Platzanzahl:** 24; **Untergrund:** Schotter; **Service:** Strom, Trinkwasser, Abwasser, Chemie-WC, WLAN, WC, Dusche.; **Sicherheit:** umzäunt, beleuchtet; **Preiskat.:** €€€; **Geöffnet:** ganzjährig; **Kontakt:** Schambachhof 3, 79346 Endingen, Tel. 07642 9217312, www.mathilde-kaffee-wein.de

115 Kirschenhof, Königschaffhausen

GPS 48.14258, 7.66219

Platz auf einem Kirschbauernhof mit Café in sehr schöner Lage, Brötchenservice. **Lage/Anfahrt:** In Königschaffhausen ausgeschildert; **Platzanzahl:** 28; **Untergrund:** Schotter, Wiese; **Service:** Strom, Trinkwasser, Abwasser, Chemie-WC, WLAN, WC, Dusche; **Sicherheit:** beleuchtet; **Preiskat.:** €€; **Geöffnet:** ganzjährig; **Kontakt:** Königsweg 5, 79346 Königschaffhausen, Tel. 07642 9282845, www.kirschen hof-schmidt.de

TIPP AUSFLÜGE

Ihringen bietet sich als Ausgangspunkt für **Ausflüge** an. Mit dem ÖPNV oder per Fahrrad (5,5 km) ist man schnell im hübschen Städtchen **Breisach im Breisgau.** Besonders eindrucksvoll ist das alles überragende St. Stephansmünster mit seinen berühmten Kunstschätzen. Oder wie wäre es mit einer Bootsfahrt auf dem Rhein, einem Besuch der Sektkellerei Geldermann (www.geldermann.de) oder einem Bummel durch die Fußgängerzone?
Ein Besuch von **Freiburg** lohnt sich ebenfalls, auch dieser Ausflug ist sehr gut mit dem ÖPNV oder mit dem Rad (19 km) zu schaffen. Freiburg ist mit seinen vielen Studenten eine lebhafte Stadt mit interessanten Sehenswürdigkeiten und einem großen Gastronomieangebot. Wer Freiburg in Ruhe erkunden möchte, für den bietet sich der Kauf des **CityTrip Freiburg** aus dem Reise Know-How Verlag an.

Ihringen

Im südlichen Kaiserstuhl liegt Ihringen. Begegnungen mit den freundlichen Bewohnern beim Fest-Hock (Dialektbegriff für ein gemütliches Fest) oder beim Wandern durch die Weinberge oder durch die Lösshohlgassen geben dem Gast das schöne Gefühl, willkommen zu sein. Ob in der rustikalen Straußenwirtschaft oder im gutbürgerlichen Gasthof, überall wird man mit regionalen Leckereien verwöhnt. Brägele (Bratkartoffeln), Kratzede (zerrissene Pfannkuchen) und Schäufele (ge-

TIPP MOBILE WEINPROBE

Eine **mobile Rucksackweinprobe** startet mit MP3-Player, Rucksack und Weinen der Ihringer Winzergenossenschaft in die Natur, auf eine kleine Rundwanderung oder mitten hinein in die Weinberge. Infos gibt es unter www.ihringen-touristik.de/de-de/erleben-feiern/vielfaeltige_angebote/mobile_weinprobe.

Breisach im Breisgau mit dem St. Stephansmünster

räucherte Schweineschulter) muss man unbedingt probieren. Dazu „schlotzt“ man einen kräftigen Spätburgunder, einen spritzigen Silvaner oder einen eleganten Weißburgunder.

Das **Staatsweingut Freiburg** (Blankenhornsberg 7, https://staatsweingut-freiburg.de) bewirtschaftet auch 24 Hektar in Ihringen-Blankenhornsberg. Von Mai bis Oktober lädt die Vinothek im historischen Gutsgebäude jeden Donnerstag um 15.30 Uhr zu einer öffentlichen Weinprobe ein.

Kaiserstuhl-Touristik, Bachenstr. 38, 79241 Ihringen, www.ihringen.de

116 Winzer Sexauer, Ihringen

GPS 48.04204, 7.63565

Plätze bei der Winzer- und Brennerfamilie Sexauer in schöner, ruhiger Lage an den Weinbergen, mit Dusche/WC. **Lage/Anfahrt:** Im Ort in die Poststraße abbiegen, dann ausgeschildert; **Platzanzahl:** 5; **Untergrund:** Wiese/Pflaster; **Service:** Strom, Trinkwasser; **Preiskat.:** €; **Geöffnet:** ganzjährig; **Kontakt:** Führhäupterweg 3, 79241 Ihringen, www.weingut-sexauer.de

118 Weingut Köbelin, Eichstetten

GPS 48.09507, 7.72056

In Eichstetten gibt es in ruhiger Lage am Ortsrand Plätze bei einem Winzerhof mit Weinverkostung und -verkauf. Schöne Wandermöglichkeiten zur Eichelspitze, ins Zentrum 1,5 km. **Lage/Anfahrt:** Auf der Hauptstraße durch den Ort und beim Womo-Piktogramm abbiegen, der Ausschilderung zum Platz folgen; **Platzanzahl:** 5; **Untergrund:** Schotterrasen; **Service:** Strom, Trinkwasser, Abwasser, Chemie-WC; **Preiskat.:** €€; **Geöffnet:** ganzjährig; **Kontakt:** Altweg 131, 79356 Eichstetten; Tel. 07663 1414, www.weingut-koebelin.de

117 Kaiserstuhl-Camping Ihringen

GPS 48.02980, 7.65764

Komfortabler Campingplatz in schöner, ruhiger Lage, Mietbäder, Brötchenservice, Restaurant, Freibad und Sauna angrenzend mit direktem Zugang, ins Zentrum 2 km, Rad- und Wanderwege in der Nähe. **Lage/Anfahrt:** In Ihringen ausgeschildert; **Platzanzahl:** 50; **Untergrund:** Wiese, Rasengitter; **Service:** Strom, Trinkwasser, Abwasser, Chemie-WC, WLAN; **Sicherheit:** umzäunt, beleuchtet, bewacht; **Preiskat.:** €€€€; **Geöffnet:** Mitte März–Okt.; **Kontakt:** Nachtwaid 5, 79241 Ihringen, Tel. 07668 950065, www.kaiserstuhlcamping.de

TIPP IHRINGER WEINFASS

Von Anfang April bis Anfang Oktober präsentieren Ihringer Winzer jeweils samstags von 14 bis 21 Uhr und sonntags von 12 bis 19 Uhr auf dem Rathausplatz ihre Weine.

TOUR FAHRRADTOUREN

Unter www.ihringen-touristik.de/de-de/aktiv_sein-sich_bewegen/radfahren_am_kaiserstuhl werden Radtouren vorgeschlagen, auf denen man die Region erkunden kann.

Markgräfler Land

Das Markgräfler Land mit seinen sanft gewellten Rebflächen liegt im äußersten Südwesten Deutschlands in der Vorgebirgszone zwischen 220 und 450 m Höhe. Die Kalk-, Granit- und Lössböden bieten ideale Bedingungen für Gutedel, Weiß-, Spät- und Grauburgunder und Müller-Thurgau. Der Gutedel erhält seinen außergewöhnlichen Charakter durch das jeweilige Terroir.

INFO GUTEDEL

Der Gutedel ist eine der ältesten Rebsorten und wird mit 1088 Hektar Fläche am häufigsten im Markgräfler Land angebaut. Weinhistoriker vermuten, dass ihn bereits die alten Ägypter vor 5000 Jahren in der Oasenstadt Fajum angebaut haben. Der Gutedel fand 1523 seinen Weg von Konstantinopel nach Burgund. Im kleinen Dörfchen Chasselas wurde er erstmals auf europäischem Boden gepflanzt. 1780 kam er schließlich von Vevey ins Markgräfler Land.

Die großen Gutedeltrauben mit viel süßem Saft und dünner Schale sind nicht nur Garant für einen guten Wein, sie sind auch als Tafelobst begehrt. Die Markgräfler Winzer bezeichnen ihren Gutedel als feinen, ehrlichen und bekömmlichen Weißwein. Gut und edel eben.

Staufen im Breisgau

Staufen, die Fauststadt im Breisgau, bietet Besuchern einiges: ein vielseitiges Kulturangebot, ein denkmalgeschütztes Stadtbild, eine malerische Burgruine, Spitzenweine und eine gute Gastronomie.

Das Herz des Städtchens ist der Marktplatz mit dem **Rathaus** (1546) im spätgotischen Stil mit seiner wappengeschmückten Hauptfront und dem markanten Marktbrunnen (16. Jh.). Zur Erkundung von Staufen bummelt man entlang der Hauptstraße durch die Altstadt, wirft durch einen Torbogen einen Blick auf das **Stubenhaus** (1436) und auf das **Stadtschloss** (1566) mit dem charakteristischen Treppenturm und macht sich dann an den Aufstieg zur **Burgruine.** Der kegelförmige Staufener Schlossberg zählt seit dem 18. Jahrhundert zu den Spitzen-Weinanbaugebieten.

Auf dem **Weingut Peter Landmann** (Auf dem Rempart 2, www.landmann-wein.de) arbeitet die junge Winzerfamilie nach Bioland-Richtlinien. Am Ende der Fußgängerzone kann man in der schattigen Gartenwirtschaft beim Weinbrunnen die Weine und kleine Speisen genießen.

1248 wurde die Burg von den Herren von Staufen vermutlich zur Sicherung des reichen Silbervorkommens im Münstertal errichtet. Das Geschlecht starb 1602 mit dem Freiherrn Leo von Staufen aus und so verfiel die Anlage in den folgenden Jahrzehnten, bis sie 1896 die

Der Marktplatz von Staufen ist Treffpunkt für Touristen und Einheimische

Die hervorragende Weinlage am Schlossberg

119 Stellplatz Staufen-Grunern

GPS 47.87451, 7.71307

Einfacher Parkplatz bei den Sportplätzen, ins Zentrum 2 km, zum Dorfladen in Grunern 1 km. **Lage/Anfahrt:** Richtung Grunern, dann ausgeschildert; **Platzanzahl:** 3; **Untergrund:** Rasengitter; **Preiskat.:** kostenlos; **Geöffnet:** ganzjährig; **Kontakt:** Ballrechter Straße, 79219 Staufen

Stadt Staufen erstand. Im Zusammenhang mit der Burg ist auch der berühmteste Gast Staufens zu erwähnen: **Dr. Johann Georg Faust.** Der wandernde Alchemist und Magier wurde vom hoch verschuldeten Burgherrn engagiert, als die Silbervorkommen im Münstertal zur Neige gingen. Beim Versuch Gold herzustellen, soll Faust 1540 oder 1541 bei einer Explosion ums Leben gekommen sein.

TIPP VITA CLASSICA THERME IN BAD KROZINGEN

Mit dem Fahrrad sind die 7 km vom Campingplatz Belchenblick bis Bad Krozingen rasch überwunden. Die Therme Vita Classica (Thürachstraße 4, www.bad-krozingen.info/Vita-Classica) ist ein stilvoller Badepalast mit großzügigen Becken und Saunaparadies.

120 Camping Belchenblick, Staufen

GPS 47.87224, 7.73601

Platz in schöner, ruhiger Lage, sehr familiär geführt, Mini-Markt, Imbiss, Hallenbad am Platz, Freibad in der Nähe. Hunde willkommen. **Lage/Anfahrt:** Im Ort ausgeschildert; **Platzanzahl:** 220; **Untergrund:** Wiese; **Service:** Strom, Trinkwasser, Abwasser, Chemie-WC, WLAN; **Sicherheit:** umzäunt, beleuchtet, bewacht; **Preiskat.:** €€€; **Geöffnet:** ganzjährig; **Kontakt:** Münstertäler Straße 43, 79219 Staufen, Tel. 07633 7045, www.camping-belchenblick.de

Wohltuendes Thermalwasser in Bad Krozingen

121 Campingplatz Münstertal

GPS 47.85991, 7.76353

Mehrfach ausgezeichneter Komfortplatz in sehr schöner, ruhiger Lage, beheiztes Frei- und Hallenbad, Wellnessoase mit Saunalandschaft, Restaurant, Supermarkt, Abenteuerspielplatz, Radverleih, Reiterhof. **Lage/Anfahrt:** In Staufen Richtung Münstertal, ausgeschildert; **Untergrund:** Wiese; **Service:** Strom, Trinkwasser, Abwasser, Chemie-WC, WLAN; **Sicherheit:** umzäunt, beleuchtet, bewacht; **Preiskat.:** €€€–€€€€; **Geöffnet:** ganzjährig; **Kontakt:** Dietzelbachstr. 6, 79244 Münstertal, Tel. 07636 7080, https://camping-muenstertal.de

TIPP KULINARISCHE WANDERUNGEN UND RADTOUREN

Von April bis Oktober sind unter www.original-landreisen.de eine Weinwanderung oder eine kulinarische Radtour buchbar. Beide beinhalten die Einkehr in vier Restaurants, bei denen man je ein Gericht serviert bekommt und sich so stückchenweise durch ein ganzes Menü schlemmt.

TIPP WEINGUT UND STRAUSSENWIRTSCHAFT LÖFFLER

Das **Weingut Löffler** (Forenbergstr. 43, www.weingut-loeffler.de) erzeugt auf 21 Hektar Rebfläche typisch badische Weine wie Gutedel, Spätburgunder, Grau- und Weißburgunder sowie Müller-Thurgau. Darüber hinaus entstehen in der Hausbrennerei aus den Früchten von den eigenen Obstwiesen feine Edelbrände und Liköre. Saisonal geöffnet ist die Straußenwirtschaft. Hier werden handgemachte badische Spezialitäten und ofenfrisches Bauernbrot serviert (Termine sind auf der Website einsehbar).

TIPP WINZERHOF EBRINGEN

Im Schlossgut Ebringen (https://schlossgut-ebringen.de) setzt man auf schonende Bodenpflege. Das Ziel: hervorragende Qualität bei nachhaltiger Bewirtschaftung. Im historischen Schlosskeller reifen die Weißweine im Holzfass oder Edelstahltank und der Pinot Noir im Eichenholzfass zu ehrlichen, hochwertigen Weinen. Die hervorragenden Weiß-, Grau- und Spätburgunder, den Sauvignon Blanc und den Chasselas (Gutedel) gibt es im Winzerhof Ebringen (Sommerbergweg 1, 79285 Ebringen, https://winzerhof-ebringen.de) zu kaufen.

Anhang

Weinlandschaft an der Mosel

Kleines Weinglossar

Die wichtigsten Begriffe, die man rund um den Wein hört oder liest.

Ausbau

Unter Ausbau versteht man die Reifung des Weins nach der Gärung, am häufigsten in Edelstahl- oder Holzfässern.

Barrique

Ausbau von Wein in Eichenholzfässern. Barriquefässer haben ein Fassungsvermögen von 225 l. Sie sind teuer und können nur bis zu dreimal verwendet werden, deshalb ist in Europa auch die Zugabe von Holzspänen in Edelstahlfässern erlaubt.

Bukett

Das Bukett eines Weins bezeichnet die ihm typischen Aromen und Duftstoffe, z. B. Geschmack oder Geruch nach reifen Beeren, Kirschen etc.

Cuvée

Cuvée ist der Verschnitt verschiedener Rebsorten entweder bereits vor dem Keltern oder auch von fertigen Weinen.

Mostgewicht

Das Mostgewicht ist eine spezifische Maßeinheit zur Bestimmung des Zuckergehalts in den Trauben. Da der Zucker im Most durch die Wein-Hefen in Alkohol umgewandelt wird, ist der Oechslegrad (°Oe) ein wichtiges Kriterium für den späteren Alkoholgehalt und die Qualität des Weins. Gemessen wird er mit der Mostwaage oder dem Refraktometer. Die Maßeinheit ist nach dem Pforzheimer Physiker Christian Oechsle benannt.

Önologie

Der Name kommt von „oinos", dem griechischen Wort für Wein, und bezeichnet die Lehre vom Wein und der Weinherstellung. Der Klimawandel stellt die Önologen bei Bodenbearbeitung, Humusbildung, Rebsorten und Schutz vor Schädlingen vor neue Herausforderungen.

Prädikatsweine

Sogenannte Prädikatsweine sind Qualitätsweine (s. S. 215), die keinerlei Anreicherung mit Zucker haben dürfen.

Prädikatsstufen

Kabinett: unterste Prädikatsstufe, bezeichnet Weine aus reifen Trauben mit wenig Alkoholgehalt
Spätlese: nach der Haupternte gelesene Trauben mit höherem Reifungsgrad
Auslese: Weine mit einem Mostgewicht von mindestens 95 Grad Oechsle

Beerenauslese: Weine aus überreifen Trauben mit Edelfäule, hohes Mostgewicht
Trockenbeerenauslese: Weine aus am Rebstock getrockneten Trauben mit Edelfäule
Eiswein: wird aus gefrorenen Trauben hergestellt. Die Temperaturen bei der Lese müssen bei mindestens -7° Celsius, besser zwischen -10° und -12° Celsius liegen.

Qualitätswein

Der Begriff **Qualitätswein (QbA)** ist eine geschützte Ursprungsbezeichnung und steht für Weine bestimmter Anbaugebiete. Die Tauben für diesen Wein dürfen ausschließlich aus einem genau definierten Teil der 13 Anbaugebiete in Deutschland stammen und dazu die speziellen Richtlinien für die zugelassenen Gebiete erfüllen, z. B. ein Mindestmostgewicht von 51 bis 72 °Oe.
Die höhere Stufe ist der **Qualitätswein mit Prädikat (QMP),** dazu gehören Kabinett, Spätlese, Auslese, Beerenauslese, Trockenbeerenauslese und Eisweine.

Réserve

Diese Bezeichnung tragen hochwertige Qualitätsweine aus einer vollreifen Ernte mit höherem Alkoholgehalt und langer Reifung. Die Réserve-Weine können von 20 bis zu teilweise 50 Jahren gelagert werden.

Restzucker

Darunter versteht man den im Wein enthaltenen, nicht zu Alkohol vergorenen Zucker der Trauben.
Als trocken bezeichnet man einen Wein mit maximal 4 g/l Restzucker, halbtrocken darf max. 12 g/l enthalten. Süße Weine müssen mindestens 45 g/l Restzucker haben.

Secco

Secco ist ein Perlwein, der durch Zugabe von Kohlensäure entsteht.

Sekt

Der Wein wird mit Zucker und Hefe versetzt und in Flaschen gefüllt (Flaschengärung). Beim Gärungsprozess wird durch die Hefe Zucker in Alkohol umgewandelt, dabei entsteht Kohlensäure, die den Sekt perlen lässt.

Terroir

Seit einigen Jahren wird auch in Deutschland der französische Begriff „Terroir“ (Gegend bzw. Erde) verwendet. Gemeint ist damit das wichtige Zusammenspiel von unterschiedlichen Lagen und Geländeformen (Steillagen), Rebsorten, Klima bzw. Mikroklima, Sonneneinstrahlung, Bodenzusammensetzung (Schiefer, Lehm, Kalk, Ton) und Niederschlagsmengen. Alle diese spezifischen Eigenschaften und das Können des Winzers entscheiden letztlich über das Aroma und die Qualität eines Weins.

Trinktemperatur

Für den vollendeten Weingenuss ist die richtige Weintemperatur sehr wichtig. **Weißweine** sollten bei den folgenden Temperaturen ins Glas kommen: 6 bis 10 °C bei süßem Ausbau, leichte und junge Weißweine bei 8 bis 10 °C, trockene bei 9 bis 11 °C, würzige, reife bei 12 °C und halbtrockene bei 12 bis 14 °C.

Bei **Rotweinen** gilt: 12 bis 13 °C für junge, fruchtige Weine, 15 bis 18 °C bei gehaltvollen, kräftigen Roten.

Weinarten

Rotwein wird aus Rotweintrauben hergestellt, **Weißwein** aus weißen Trauben. **Rotling** ist ein Gemisch aus weißen und roten Trauben, die zusammen gepresst werden. In Württemberg ist er auch als **Schillerwein** benannt. Seine Farbe hat einen zarten Lachston.

Weißherbst bezeichnet einen Roséwein, der aus einer einzigen roten Rebsorte einer Lage gekeltert wurde (QbA, s. S. 215). Beliebte Sorten sind Spätburgunder, Blauer Portugieser, Schwarzriesling und Lemberger.

Ein **Rosé** kann aus verschiedenen Rebsorten gemischt werden, die nicht auf dem Etikett angegeben sein müssen. Meist sind es Lemberger, Muskat-Trollinger, Schwarzriesling, Merlot, Frühburgunder oder Acolon. Da Maische und Most nur kurz in Kontakt kommen, geben die roten Schalen nur wenig Farbe an den Most ab. Die Farbe des Weins reicht von lachsrot bis zu einem hellen Kirschton.

Blanc de noir ist ein aus roten Trauben hergestellter Weißwein. Bei der Kelterung muss darauf geachtet werden, dass der Traubensaft nicht mit dem Farbstoff der Beerenhaut zusammenkommt.

Bei einer Kellerführung erfährt man viel Wissenswertes zum Thema Wein

Weinanbaugebiete in Deutschland

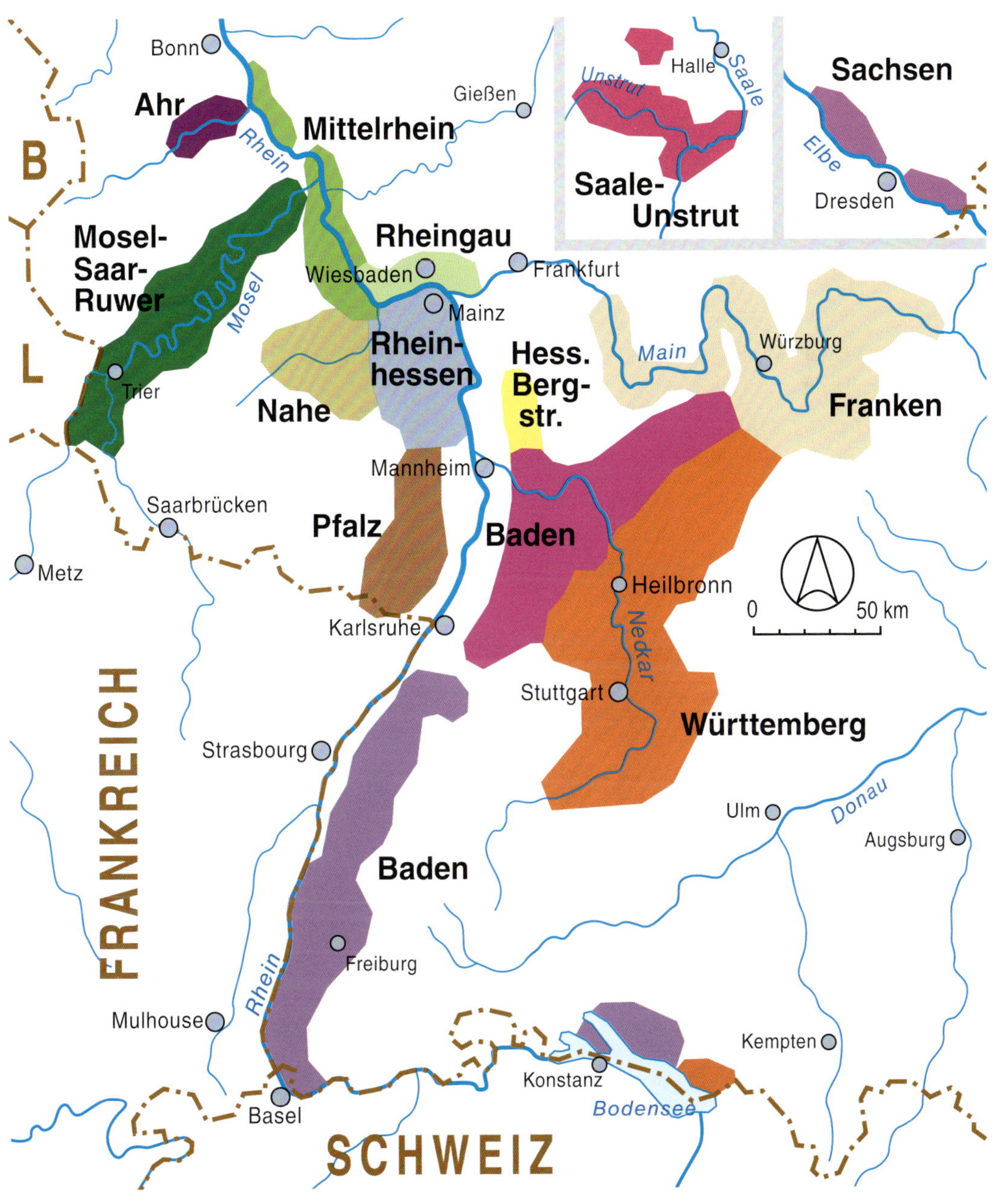

Weißweinsorten

Dieser kleine Überblick beschreibt die jeweils bedeutendsten Weinsorten Deutschlands.

Riesling

Beginnend mit den Weißen, steht ganz vorne die „Königin der Reben", wie die Moselaner Winzer sagen, der Riesling. Er repräsentiert laut Deutschem Weininstitut den deutschen Wein wie kein anderer. Man findet ihn in allen Weinanbauregionen: allen voran die Pfalz, gefolgt von der Mosel, Rhein-Hessen, dem Rheingau und Württemberg. Er stellt sehr hohe Ansprüche an die Lage, denn seine spätreifenden Trauben brauchen viel Sonne. Weniger Ansprüche stellt er an den Boden, wobei er standortbedingte eigene Geschmacksnoten hervorbringt. Spitzenweine kommen von der Mosel, hauptsächlich von den Schiefersteillagen an der Römischen Weinstraße. Ebenso hochgelobt ist der Riesling aus dem Rheingau. Charakteristisch für den Riesling ist eine spritzige, fruchtige Säure. Junge Rieslingweine, trocken oder halbtrocken ausgebaut, sind ideale Sommerweine.

Müller-Thurgau/Rivaner

Ebenfalls leichten, frischen Weingenuss verspricht der Müller-Thurgau. Seinen Namen verdankt er dem Züchter Prof. Hermann Müller aus dem schweizerischen Kanton Thurgau, allerdings wird der Wein mit Bezug auf Silvaner und Riesling, die Kreuzungspartner, aus denen die Rebsorte hervorging, auch als Rivaner bezeichnet.

Bis in die 1990iger-Jahre dominierte der Müller-Thurgau die deutschen Anbauflächen, seitdem begnügt er sich mit Rang 2 hinter dem Riesling. Die leichten, blumigen Weine werden jung getrunken und sind bei Jung und Alt beliebt.

„König der Reben": der Riesling

Silvaner

Seit mehr als dreihundert Jahren wird in den deutschen Weinregionen der Silvaner angebaut, und zwar vom unkomplizierten Alltagsbegleiter bis hin zu edlem Barrique mit opulenten Geschmacksnoten. Entlang der Fränkischen Weinstraße hat er Platz eins der Anbauflächen inne. Man erhält ihn in Franken in der für diese Region typischen Bocksbeutelflasche (s. S. 110).

Scheurebe

Ein Bukett, das an frische Früchte wie Birnen oder Pfirsiche erinnert, wird der Scheurebe zugeschrieben. Ihren Namen verdankt sie dem Züchter Georg Scheu aus Alzey. 1916 züchtete er den stark duftenden Wein aus Riesling und österreichischem Bukettwein. Scheurebe wird hauptsächlich in Rheinhessen angebaut, aber auch in der Pfalz, in Franken und an der Nahe. Scheurebe kommt überwiegend als Prädikatswein in die Flasche. Man findet ihn auch als edelsüße Spät- und Auslese.

Grauburgunder/Ruländer

Immer mehr an Bedeutung gewinnen die beiden Burgundersorten Weißburgunder (Pinot blanc) und Grauburgunder (Pinot gris). Grauburgunder trägt in manchen deutschen Regionen das Synonym Ruländer. Diese alte Bezeichnung verwenden heute noch Winzer, die ihn als schweren, edelsüßen Wein anbieten. Grauburgunder dagegen wird meist trocken ausgebaut. Junge, trocken oder halbtrocken ausgebaute Grauburgunder sind beliebte Sommerweine. Die Hauptanbauflächen findet man an der Badischen Weinstraße. Sein französischer Name Pinot leitet sich aufgrund seiner zapfenförmigen Trauben angeblich von französisch „pin“ (Kiefer) ab – übrigens eine sehr alte Sorte, sie ist im Burgund seit dem Mittelalter bekannt.

Chardonnay-Trauben

Im Weinberg

Weißburgunder

Der zweite in der Burgunderfamilie ist der Weißburgunder, der sich immer größerer Beliebtheit erfreut. Meist wird er trocken ausgebaut und eignet sich mit seiner leichten Säure und der harmonischen Frucht als Begleiter zu leichten Menüs oder solo als Bereicherung eines warmen Sommerabends. Einige Winzer schwören auch auf den Barrique-Ausbau oder auf edelsüße Spät- und Auslesen. Das Alter der Grauburgundertraube wird bis ins 14. Jahrhundert nachgewiesen. Baden, Rheinhessen und die Pfalz sind die Hauptanbaugebiete.

Chardonnay

Eine auf der ganzen Welt verbreitete Rebsorte wird auch bei uns immer mehr heimisch: der Chardonnay. Rheinhessen und die südliche Deutsche Weinstraße sind seine Hauptanbaugebiete. Der Chardonnay eignet sich zum Barrique-Ausbau, der seine ohnehin kräftige, rauchige Note noch unterstreicht. Aber auch junge, im Stahlfass gereifte Chardonnays erfreuen mit ihrem frischen Aroma die Genießer.

Sauvignon Blanc

Ein weiterer, sehr geschätzter Weißwein, der erst in jüngerer Zeit seinen Weg von Südfrankreich zu uns gefunden hat, ist der Sauvignon Blanc. Erst seit Anfang dieses Jahrhunderts wird er vornehmlich in Württemberg und in der Pfalz, neuerdings auch in Rheinhessen angebaut. Sauvignon Blanc zeichnet sich durch sein Aromareichtum aus, das an diverse Früchte, aber auch an Gräser oder feurigen Paprika erinnert.

Muskateller

Ein ebenfalls recht würziger Wein ist der Muskateller, eine der ältesten Rebsorten der Welt, die schon die alten Römer zu uns brachten. Er benötigt für seine spät reifenden Früchte ein warmes, windgeschütztes Anbaugebiet. In der Pfalz und in Baden-Württemberg sind ca. 500 Hektar mit dem Muskateller bestockt.

Gewürztraminer

Der Gewürztraminer hat seinen Namen vom Südtiroler Weinort Tramin, wo er seit dem 11. Jh. angepflanzt wird. Seine leicht lilafarbenen Beeren werden zu einem trockenen bis süßen Wein von kräftig gelber bis kupferner Farbe ausgebaut. Sein Bouquet erinnert an Rosen. 830 Hektar in Baden, der Pfalz und Rheinhessen sind mit der Rebe bestockt.

Elbling

Mit im Gepäck hatten die Römer auch den Elbling, den sie „vitis alba", die weiße Rebe, nannten. Der früh reife Elbling stellt keine hohen Ansprüche an den Standort und wird vorwiegend an der südlichen Mosel kultiviert. Mit seiner feinen Frische und Spritzigkeit ist er der ideale Sommerwein.

Wein für gehobene Anlässe: der Spätburgunder

Rotweinsorten

Außerdem warten da noch die Rotweine, die mit Recht ebenso viel Aufmerksamkeit beanspruchen.

Spätburgunder/Pinot noir

Gleich zu Anfang steht ein Wein für gehobene Anlässe, der Spätburgunder oder Pinot noir. Seiner Beliebtheit ist es zu verdanken, dass er laut Deutschem Weininstitut im Jahr 2021 11 % der deutschen Anbaufläche mit zunehmender Tendenz beansprucht. Ein Hauptanbaugebiet ist der Kaiserstuhl in Südbaden. Man trifft ihn auch in der Pfalz, in Rheinhessen, in Württemberg und im Rheingau. Sein samtiger, gehaltvoller Geschmack macht ihn zu einem guten Begleiter von deftigen Speisen oder würzigem Käse. Er ist ein idealer Wein am Kaminfeuer in der kalten Winterzeit.

Dornfelder

Die Neuzüchtung aus den 1950er-Jahren wurde zuerst als sogenannter robuster Deckwein vermarktet, das heißt, dass man andere Rotweinsorten mit ihm veredelt hat. Inzwischen hat er sich jedoch selbstständig zu einem echten Rotweinklassiker entwickelt und belegt mit über 7100 Hektar bestockter Rebfläche Platz zwei in Deutschland. Der tiefrote Tropfen mit seinem gehaltvollen Geschmack wird bevorzugt in der kalten Jahreszeit getrunken.

Portugieser

Der Portugieser ist ein unkomplizierter, frischer und süffiger Gesellschaftswein. Man findet ihn in nahezu allen deutschen Weinanbaugebieten, wo er nach Anbaufläche (2400

INFO BESEN-, HÄCKER-, RÄDLE-, KRANZ- ODER STRAUSSWIRTSCHAFTEN

Die Tradition dieser einfachen Ausschänke geht auf einen Erlass Karls des Großen von 812 zurück. Seither ist es dem Winzer (Wengerter oder Weingärtner genannt) erlaubt, sie vier Monate im Jahr zu öffnen. Serviert werden hauseigene Weine und einfache Speisen. Früher wurde dazu häufig die Wohnstube der Besitzer ausgeräumt und zeitweise als Gaststube genutzt, heute gibt es dafür separate Räumlichkeiten. In der gemütlichen Atmosphäre kommt man schnell mit den Tischnachbarn ins Gespräch und es wird garantiert sehr gesellig.
Der Name Besen ist in Württemberg gebräuchlich, Kranz- bzw. Rädlewirtschaft werden die Ausschänke in Baden genannt, Straußwirtschaft an der Mosel, in der Pfalz, teilweise in Baden und am Rhein, und Häckerwirtschaft in Franken. Eine offene Wirtschaft erkennt man oft am geschmückten Zweig, Besen oder Kranz, der den Eingang ziert.

Hektar) gemessen bereits Platz 3 einnimmt, hinter dem bereits erwähnten Spätburgunder und dem Dornfelder. Man findet ihn in der Pfalz, in Rheinhessen, Württemberg und an der Ahr.

Trollinger

Was wäre der Schwabe ohne seinen Trollinger? Er widmet ihm einen Trollinger Song Contest und im Heilbronner Land findet jedes Jahr der Trollinger Marathon statt. Das schwäbische Nationalgetränk ist ein frischer, hellroter Wein mit ein wenig Restsüße, der oft auch als Weißherbst ausgebaut wird. Die Schwaben genießen ihn gern zu einem Teller Maultaschen.

Lemberger

Wenn wir schon einmal hier sind, bleiben wir noch in „the Länd", wie die baden-württembergische Landesregierung ihr Bundesland zu Werbezwecken nennt. Hier wächst ein weiterer Lieblingswein der Schwaben, der Lemberger. Man findet ihn als leichten, fruchtigen Tropfen, aber auch als schweren, schwarz-roten Barriquewein mit einem langen Abgang. In guten Lagen erreicht er Spitzenqualität. Der Lemberger soll der Lieblingshauswein des ersten deutschen Bundespräsidenten, Theodor Heuss, gewesen sein.

Schwarzriesling

Zu guter Letzt sei der dritte im Bunde der Württemberger Rotweine genannt, der Schwarzriesling. Außer dem Namen verbindet ihn nichts mit der weißen Riesling-Traube. Löß-Lehm-Böden sind ideal, durch späten Austrieb ist er wenig frostgefährdet. Sein Farbspiel reicht von mittlerem Rot bis zu Dunkelrot. Er besitzt ein fruchtiges Aroma und wenig Säure.

Cabernet Sauvignon

Nach so vielen schwäbischen Tropfen wird es wieder international, und zwar mit dem Cabernet Sauvignon. Die ursprünglich aus dem französischen Bordeaux stammende Rebe ist mittlerweile weltweit vertreten. In Deutschland findet man sie in Rheinhessen, an der Nahe und in der Pfalz. Der sehr dunkle Rotwein wird gern im Barrique ausgebaut und überzeugt den Weinkenner mit einem unvergleichlichen Geschmackserlebnis, das oft an schwarze Johannisbeeren erinnert.

Merlot

Der Merlot hat ebenfalls seinen Ursprung im Bordeaux. In Rheinhessen und in der Pfalz ist er mittlerweile gut vertreten. Dunkelrot im Glas und mit Aromen von Kirschen oder Pflaumen erfreut er sich wachsendem Zuspruch bei deutschen Winzern. Er reift sehr früh, weshalb auch Amseln gern die Trauben im Weinberg genießen. Sein Name Merlot leitet sich von französisch „merle" (Amsel) ab.

Regent

Eine ebenfalls früh reife Traube ist der Regent. Die Neuzüchtung ist u. a. gegenüber Mehltau resistent. Im Pflanzenschutz kann auf den Einsatz von Chemie weitgehend verzichtet werden, weshalb man ihn häufig im biologischen Anbau findet. Er kommt rassig, spritzig daher, man redet auch von feurig.

Domina

Als letzter Rotwein sei noch der Domina zu erwähnen. Die Rebe mit fast schwarzen Beeren wurde in der Pfalz aus Portugieser und Spätburgunder gezüchtet. Der dunkle, geschmacksintensive Rotwein wird heute überwiegend in Franken angebaut.

Neuzüchtungen

Die Sortenbeschreibungen könnten unendlich fortgesetzt werden, kommen doch fast jährlich Neuzüchtungen hinzu. Zurzeit hört man Vielversprechendes über sogenannte PIWI-Reben. PIWI steht für pilzwiderstandsfähig, was den Weinbauern den Einsatz von Chemie weitgehend erspart. In den kommenden Jahren wird man noch viel von PIWI-Sorten hören, z. B. Cabernet Blanc, Solaris, Muscaris, um nur einige zu nennen. Man darf gespannt sein!

Neuzüchtung aus den 1950er-Jahren: der Dornfelder

Neuer Wein

Neuer Wein wird auch Federweißer, Rauscher, Sauser oder Brauser genannt. Immer handelt es sich um ein Getränk, das im Gärungsprozess zwischen Traubensaft und Wein liegt. Wenn er süß ist, mit einem leichten „Bitzeln auf der Zunge", dann hat er ca. 5 Vol.-% und ist fertig zum Genuss. Vorsicht: Er gärt bei Zimmertemperatur weiter und sollte deshalb unverschlossen im Kühlschrank stehen.

Bildnachweis

Umschlag: unten Mitte: ©Alessandro Biascioli (AS), alle weiteren Bilder: ©Gaby Gölz

Vorspann: alle Bilder ©Gaby Gölz

Tour 1: alle Bilder ©Gaby Gölz

Tour 2: S. 39: ©EKH-Pictures (AS), alle weiteren Bilder: ©Gaby Gölz

Tour 3: alle Bilder ©Gaby Gölz

Tour 4: alle Bilder ©Gaby Gölz

Tour 5: alle Bilder ©Gaby Gölz

Tour 6: S. 103: ©Sandra Nichelmann, alle weiteren Bilder: ©Gaby Gölz

Tour 7: S. 108: ©Sina Ettmer (AS), alle weiteren Bilder: ©Gaby Gölz

Tour 8: alle Bilder ©Gaby Gölz

Tour 9: alle Bilder ©Gaby Gölz

Tour 10: S. 161 unten: ©Evgeni (AS), alle weiteren Bilder: ©Gaby Gölz

Tour 11: alle Bilder ©Gaby Gölz

Tour 12: S. 211 unten: ©Kur- und Bäder GmbH Bad Krozingen, alle weiteren Bilder: ©Gaby Gölz

Anhang: S. 219: @illustrez-vous (AS), S. 223: @beatuerk (AS), alle weiteren Bilder: ©Gaby Gölz

Bei Fotografen mit dem Zusatz (AS) stammen die Bilder von stock.adobe.com.

IMPRESSUM

Womo & weg: Deutschlands Weinstraßen – Die schönsten Touren zwischen Mosel, Main und Kaiserstuhl

erschienen im
Reise Know-How Verlag Peter Rump GmbH,
Osnabrücker Str. 79, 33649 Bielefeld

1. Auflage 2023
ISBN 978-3-8317-3659-1

Printed in Germany

Druck und Bindung:
mediaprint solutions GmbH, Paderborn

Autorin: Gaby Gölz
Herausgeber: Klaus Werner
Layout: amundo media GmbH (Inhalt), Reise Know-How Verlag (Umschlag)
Lektorat: amundo media GmbH
Karten: Ingenieurbüro K. Wendler, amundo media GmbH

Herrliche
HIN Heilbronn
Sie planen eine Fahrt auf
der Württemberger Weinstraße?
Dann kommt hier unser Geheimtipp:
Machen Sie Halt in Heilbronn.
Die älteste Weinstadt Württembergs liegt
idyllisch am Neckar und bietet wunderbare
Weinlandschaften, urbanes Flair
und szenige Weinbars.
Entdecke
die älteste Weinstadt
Württembergs!
ERLEBNISANGEBOTE
IN HEILBRONN
IN HEILBRONN
EVENTS | SHOPPING
LandschafteN

Das ist noch nicht alles!

Mehr Reise Know-How gibt es hier:

www.reise-know-how.de

Zugspitze, Foto: Aneta Niemitz

Reisen? We know how!

Grüss Gott in Franken

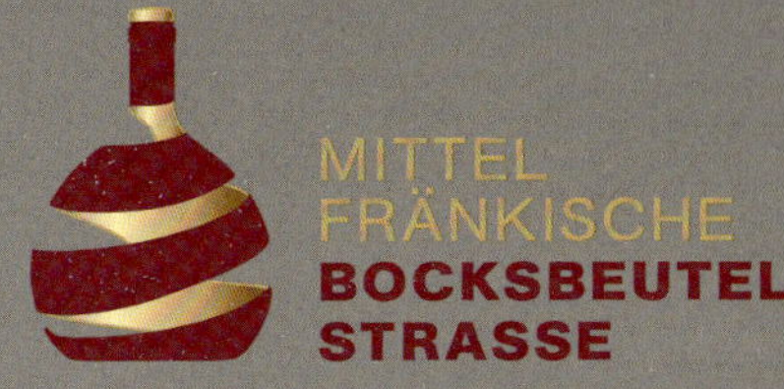

Hier im südlichsten Anbaugebiet des Frankenweins fügen sich die Rebflächen mit Feldern, Wiesen und Wäldern in ein harmonisches Landschaftsbild. Auf rund 350 Hektar gedeihen feine, fruchtige Weißweine – vorwiegend Silvaner, Müller-Thurgau oder Bacchus – ausdrucksstarke, vollmundige Rotweine, wie Domina oder Dornfelder, und leichte, frische Roséweine und Secco.

Die Landschaft entlang der Mittelfränkischen Bocksbeutelstraße lädt zur Entdeckertour ein, obgleich beim Wandern oder Radfahren zum Beispiel entlang der Bocksbeutelrunde.

Am Fuße der Weinberge bestechen die idyllischen Winzerdörfer durch ihre historischen Gebäude. Bei Keller- oder Weinbergsführungen informieren Winzer und Weinerlebnisführer aus erster Hand über die Feinheiten und Besonderheiten der fränkischen Weine.

Gasthöfe, Restaurants und Heckenwirtschaften laden allerorts zur Einkehr, Weinprobe oder auch Übernachtung ein. Weingenießer treffen dabei auf urige Winzerstuben ebenso wie auf junge, moderne Vinotheken mit spannender Architektur.

Jährlich ab Mai startet die Weinfestsaison an der Mittelfränkischen Bocksbeutelstraße. Neben den stimmungsvollen Weinfesten in den Winzerorten finden auch weitere Veranstaltungen wie z.B. Weinwandertage oder Hofschoppenfeste statt, die die Winzer selbst organisieren und ihre Höfe für Gäste öffnen.

Die Weinfesttermine sind unter **www.bocksbeutelstrasse.de** zu finden.

© Florian Trykowski

© Florian Trykowski

© Florian Trykowski

Weinfeste an der Mittelfränkischen Bocksbeutelstraße

Pfingsten	Pfingstsonntag	Wein- und Honigfest in Krassolzheim
Juni	Wochenende um Fronleichnam	Tauberzeller Weinfest
Juli	1. Wochenende	Seeweinfest in Ulsenheim
	3. Wochenende	Weinfest im Schlosshof in Ippesheim
	letztes Wochenende	Markt Nordheimer Straßenweinfest
	Ende des Monats	Summer Wine Time in Ipsheim
August	1. Samstag im Monat	Mondscheinweinfest in Krassolzheim
	2. Wochenende	Winzers Wandertag in Ergersheim
	2. Wochenende	WeinMarktPlatz in Neustadt a.d.Aisch
	vorletztes Wochenende	Weigenheimer Weinfest
September	Anfang des Monats	Tag des Offenen Hofes in Ipsheim
	Mitte des Monats	Tauberzeller Bremserfest
Oktober	1. Wochenende	Bremsertour in Krassolzheim und Ingolstadt

© Florian Trykowski

www.bocksbeutelstrasse.de

Register

A

B

C

D

T

U, V

W

Z